华章科技

HZBOOKS | Science & Technology

U0361327

工业控制与智能制造丛书

Industrial Internet Design and Innovation towards Intelligent Enterprise

智慧企业工业互联网
平台开发与创新

彭俊松◎著

机械工业出版社
China Machine Press

图书在版编目（CIP）数据

智慧企业工业互联网平台开发与创新 / 彭俊松著 . —北京：机械工业出版社，2019.4
（工业控制与智能制造丛书）

ISBN 978-7-111-62430-1

I. 智… II. 彭… III. 互联网络 - 应用 - 工业发展 - 研究 IV. F403-39

中国版本图书馆 CIP 数据核字（2019）第 063608 号

智慧企业工业互联网平台开发与创新

出版发行：机械工业出版社（北京市西城区百万庄大街 22 号 邮政编码：100037）

责任编辑：佘 洁　　　　　　　　　　　　　　责任校对：殷 虹

印　　刷：北京文昌阁彩色印刷有限责任公司　　版　　次：2019 年 4 月第 1 版第 1 次印刷

开　　本：170mm×230mm　1/16　　　　　　　印　　张：17.25

书　　号：ISBN 978-7-111-62430-1　　　　　　定　　价：79.00 元

凡购本书，如有缺页、倒页、脱页，由本社发行部调换

客服热线：（010）88379426　88361066　　　　投稿热线：（010）88379604

购书热线：（010）68326294　　　　　　　　　　读者信箱：hzit@hzbook.com

工业互联网驱动的数字化智能转型正进入一个新的发展阶段，从理念倡导、架构设计、先行者探索逐步扩展到产业界更广领域、更宽范围、更深程度的应用实践。然而，对于每个行业、每个企业而言，工业互联网可能仍然是一个新的意义多元的概念，也可能仍然意味着不同的理解、不同的痛点、不同的目标、不同的价值、不同的挑战。工业互联网与现有信息化系统是何关系，工业互联网与传统工业的业务流程如何有效结合，工业互联网平台如何真正发挥作用，企业如何落地实施，又如何最终实现商业价值，这仍是当前面临的突出问题。彭俊松博士此前关于工业数字化转型已有多部佳作，本书是作者的最新思考，针对当前发展热点工业互联网及工业互联网平台，从理论和实践上给出了自己的答案，如书中所指出的，"工业互联网是IT/OT融合下的企业新一代数字化整体架构""工业互联网架构的特点是数字和流程混合驱动"，系统的理论阐述再加上对大量全球实践案例的深度剖析，相信本书对于我国工业互联网及其平台的发展与探索具有很好的参考和借鉴意义。

余晓辉

工业互联网产业联盟 秘书长

中国信息通信研究院 总工程师

推荐序二 | Foreword

　　彭博士的这本新书,以深入探究的精神和多年的实践,为我们搭建了一个理解工业互联网的完整框架,并从业务和技术角度,剖析了打造智慧企业、建设工业互联网的理论和实践。中国企业正处于攻坚克难的关键期,急需深入理解领先国家的发展模式的精髓,从而在智能时代找到属于自己的真正价值。我相信各位企业家朋友能从这本书中得到耳目一新、却又合情合理、丝丝入扣的解答。

吴晓波

著名财经作家

吴晓波频道创始人

一、制造业正在进入关键指标指数级增长的年代

近年来，随着以物联网、大数据和人工智能为代表的一大批数字化技术广泛和深入的应用，制造业终于开始走出长期以来在效率、成本、质量等方面缓慢改善的历史，进入指数级增长的新时代。"工业互联网"这一诞生不久的新名词成为在制造业中综合应用这些数字化技术的整合性概念，并得到了广泛的宣传和推动。

如图 1 所示，根据凯捷（Capgemini）数字化转型研究机构在 2017 年的分析，以制造业为例，从 1990 年开始到 2017 年，凭借学习曲线效应[⊖]和不间断的技术改进，包括信息技术的贡献在内，制造业每年在各个关键指标上提高和改善的速度，无论是总生产率、人工成本、物流与运输成本、资金与库存成本，还是质量、按时交货，均停留在千分之四到七左右的水平。

奇迹发生在接下来的五年。凯捷认为，在数字化技术的推动下，这些指标的改进速度将会有 7 ～ 13 倍的大幅增长。以总生产率这一指标为例，在 1990 年到 2017 年长达 27 年间，制造行业在这个关键指标上平均只提高了 22% 左右；但是在接下来的 5 年里，将会再提高 34%——也就是说，我们在接下来 5 年里取得的增长是过去 27 年里增长的 1.5 倍还要多。无疑，以制造业为代表的传统行业在数字化转型的推动下，即将进入一个指数级增长的年代。而毫无疑问，集众多数字化技术于一体的工业互联网就是把握这个增长机会的抓手。

⊖ 学习曲线（learning curve）效应是指在一个合理的时间段内，通过连续进行固定模式下的重复工作，工作效率将会按照一定速率递增。

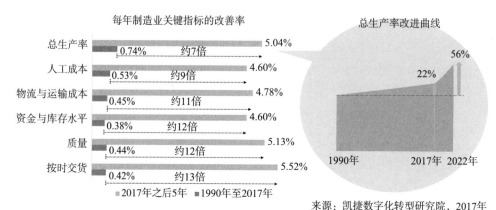

图 1 传统行业即将进入指数级增长的年代

SAP 认为，工业互联网从本质上来说是"IT/OT 融合的新一代企业数字化整体架构"，是对企业传统 IT 架构的一次彻底转变。企业打造工业互联网的过程是一个运用数字化技术对业务进行创新、对战略进行赋能的过程，将使企业的商业模式和业务流程产生巨大的变革。将工业互联网的建设与传统的信息化建设相比较，两者既有密切的联系和相似性，又在规划方法、系统架构、实施过程和价值实现等方面存在区别和不同。在当下中国企业纷纷准备或已经投身于工业互联网建设时期，我们需要不断地对工业互联网的理论、方法和技术进行深入研究，才有可能收到预期效果。

目前，市场上关于工业互联网的书籍大多数都是从宏观的角度出发，介绍为什么要打造工业互联网（Why），以及实现了工业互联网之后的前景（What）。而关于企业应如何一步步建设工业互联网（How），则少有书籍涉及。本书没有在"Why"和"What"上花费过多笔墨，而是重点关注"How"，针对中国企业在打造工业互联网时普遍面临的一些课题进行深入剖析，从业务和技术两个方面深入浅出地介绍和总结领先企业在每个课题上的理解、进展和实现手段，并结合相关案例进行详尽分析，务必使得读者掌握相关的知识和技能。

伴随着一轮又一轮新的数字化技术的诞生和推广，企业不断看到工业互联网背后强大的创新能力，从而迫不及待地希望立即使用它们。在开源技术日益流行的今天，人们很容易获得免费的软件、平台和算法，以帮助搭建自己的创新应用，并沉浸在新架构和新技术之美所带来的满足感之中。但是，人们在看到这些新技术的创新能力的同时，也常常会忽视或低估其背后存在的一些需要解决的问题。我们需要清醒地认识到，建设全新的企业数字化架构会带来一系列的技术不确定性和挑战。我们不能寄希望于让每家制造企业都成为专业的软件企业并进行重复开发，不仅是因为这不符合社会化专业分工的集约化规律，而且因为数字化技术的引入会使得企业的工业 App 复杂度大大提高，而这两点恰巧就是商品化软件存在的价值。有鉴于此，彭博士在书中结合了 SAP 在 2017 年推出的数字化创新系统 Leonardo 以及 2018 年推出的智慧企业解决方案，希望让广大读者了解 SAP 如何将最新的数字化技术以商品化软件的方式推向市场，从而加快企业建设工业互联网的速度，同时降低建设风险。

二、SAP 的创新之旅与中国市场

作为全球最大的企业应用软件供应商，面对着数字化转型时代不断涌现的热点，SAP 必须对自己的产品不断进行创新。SAP 先后推出了一系列数字化产品，及时跟上了市场的热点和节拍。

近年来，中国市场的发展保持了与全球数字化创新技术高度同步的节奏和速度。中国已成为 SAP 紧跟数字化时代潮流，与客户密切合作、共同创新的重要市场。

2012 年，维克托·舍恩伯格的《大数据时代》一书的中文版发行，引发了国内的大数据热。就在 2011 年，SAP 也首次成功推出了高性能分析应用软件 HANA（High-Performance Analytic Appliance），拿到了进入大数据市场的门票。当 2015 年"国家大数据战略"被列入十八届五中全会公报的时候，以 HANA 为核心的 SAP 大数据平台及应用已经成为市场上领先的产品。

2013 年，德国政府正式对外提出了"工业 4.0"，并积极与中国政府开展合作。2015 年，中国政府也相应地提出了"中国制造 2025"，计划用 10 年时间成为世界制造强国。2016 年，中国政府发布"智能制造发展规划（2016—2020年）"，计划到 2020 年在传统制造业重点领域基本实现数字化制造。而在同一时间段，2012 年，SAP 成功地推出了 SAP HANA 云，进入平台即服务（Platform-as-a-Service，PaaS）领域；并在 2015 年又推出了 S/4 HANA 和 HANA 云平台物联网；2016 年，SAP 推出整合了物联网与数字化供应链的解决方案。这些产品让 SAP 在中国的智能制造领域有了坚实和领先的方案基础。

2015 年，中国政府还提出了"互联网 +"（Internet Plus）行动计划，试图推动移动互联网、云计算、大数据、物联网等技术与现代制造业的结合，促进电子商务、工业互联网和互联网金融的健康发展。而在此之前的 2012 年、2013 年和 2014 年，SAP 密集地收购了 SuccessFactors、Ariba、Hybris、Concur、Fieldglass

等产品，获得了 B2C 和 B2B 的电子商务能力，并建立了全球最大的商业网络云，加上 2015 年 S/4 HANA 的诞生，使得 SAP 成为在中国全面推动"互联网＋"的领先 IT 厂家。

2017 年，在中国政府提出《新一代人工智能发展规划》，以及《关于深化"互联网＋先进制造业"发展工业互联网的指导意见》，结合实施"中国制造 2025"和"互联网＋"，加快建设和发展工业互联网，促进新一代信息技术与制造业深度融合的时候，SAP 又及时推出了 SAP Leonardo，整合了物联网、大数据、人工智能、区块链、数据智能和分析等技术，定义了数字化创新系统，以迎接人工智能时代的到来和工业互联网的巨大市场空间。

进入 2018 年，在两会上，中国政府强调了运用最新的数字化技术，在建设制造强国、推动实体经济转型升级过程中发挥重要的作用。紧接着，工信部推出了《工业互联网 App 培育工程实施方案（2018—2020 年）》，推动企业基于云平台和工业 App 库开发专业化应用软件。与此同时，SAP 推出了 C/4 HANA，并在中国正式落地 S/4 HANA Cloud，为工业互联网的 App 提供丰富的来源。在同年举办的蓝宝石大会上，SAP 正式宣布了"智慧企业"（Intelligent Enterprise）战略，进一步指明了当前和未来企业的数字化发展方向。

对于 SAP 这样一个有着 40 多年历史的企业软件巨头来说，每一次新的数字化产品的推出都是一场产品创新的战役。无疑，在过去这些年，SAP 产品创新的步伐跟上了市场的脚步，这也是 SAP 超过西门子、戴姆勒、大众、宝马等企业，成为目前德国市值最高的上市公司的原因。

如果我们将企业的结构化业务经营数据称为"小数据"，而将海量的、多维的、非结构化的企业内部和外部数据称为"大数据"，那么 SAP 已经通过历史的表现和如今的辉煌，证明了自己是"小数据"时代当之无愧的"王者"，以及"大数据"时代令人瞩目的"领跑者"。我们完全有理由相信，SAP 将会在未来的竞赛中继续保持领先。

最后，希望本书能够为那些投身于工业互联网项目的企业和人士提供一些启发和帮助。

李强

SAP 全球高级副总裁，SAP 中国总经理

2018 年 10 月

近年来，工业互联网已经成为市场上一股势不可挡的潮流和趋势。大批制造企业都投入到自身的工业互联网建设和对外的工业互联网平台开发上，并将其作为提高企业竞争力、创造新的商业模式、颠覆现有市场格局的利器。一般认为，工业互联网是制造企业数字化转型的高级阶段，它是企业综合运用物联网、大数据、人工智能、商务分析和智能设备等数字化技术，对业务进行变革、对战略进行赋能的创新过程。它所建立的 IT/OT 融合的新一代企业数字化整体架构，是对企业传统 IT 架构的一场彻底转变。在这个过程中，架构的设计、路线的规划，以及方案的选择和应用，决定了工业互联网转型项目的成败，其重要性不言而喻。

结合这一出发点，本书将以全球最大的企业应用软件公司 SAP 在 2017 年发布的数字化创新系统（Digital Innovation System）——SAP Leonardo，以及 2018 年发布的智慧企业解决方案为背景，介绍制造企业在建设工业互联网过程中所需要了解和掌握的理论、方法和技术。作为全球最大的企业应用软件提供商，SAP 创新地在其提出的智慧企业一体化架构中实现了企业应用软件和工业应用软件在云端的融合，可以真正有效地帮助企业建设可落地、可进化、可扩展的工业互联网，从而实现商业模式转型和高质量发展的目标。

本书的主要内容包括如何理解和搭建企业的工业互联网数字化架构、如何在这一架构之上规划企业数字化转型的技术路线，以及制造企业如何运用工业互联网技术在数字化产品、数字化制造、数字化服务三个领域中进行转型与创新。本书内容涉及物联网、工业 4.0、大数据、数字化双胞胎、数字化主线、大规模定制、数字化供应链、分布式制造、人工智能与机器学习、预测性维护、制造向服务转型等技术。这些内容都是目前国内企业非常关心和热门的话题，它们对企业工业互联网项目的成功实施发挥着非常重要的作用。

本书作者具有 12 年的商业信息化专业书籍写作历史，以及在 SAP 公司十多年的工作经验，在制造企业数字化转型领域有着丰富的积累和心得。本书可以看作 2016 年作者在机械工业出版社出版的《工业 4.0 驱动下的制造业数字化转型》一书的延续和深入。为了便于读者理解，在写作过程中，作者尽可能从业务和管理的视角展开讨论，并开辟专门的篇幅进行案例和产业的深度分析，避免堆砌技术名词，力求做到内容翔实、逻辑流畅、可读性强，对于读者具有较高的可信度和宝贵的参考价值。

本书的读者包括对工业互联网感兴趣的企业高级管理人员和业务骨干，以及在咨询公司和 IT 公司工作的相关技术人员。本书可以在推进工业互联网的项目过程中，对项目的规划、设计和实施提供借鉴。此外，本书还可以为各研究机构、高等院校和其他对工业互联网感兴趣的相关人员提供参考。

本书导读

本书一共分为五篇，共 12 章（如图 2 所示）。在章节安排上，第一篇主要介绍工业互联网的架构与规划，这是企业利用工业互联网技术、开展数字化转型的基础。第一篇包括以下两章：

- 第 1 章：工业互联网是 IT/OT 融合下的企业新一代数字化整体架构
- 第 2 章：工业互联网架构的特点是"数字和流程混合驱动"

第二篇围绕 SAP 在 2017 年推出的以达·芬奇命名的 Leonardo 平台，以及 2018 年推出的智慧企业解决方案，介绍 SAP 在面对以工业互联网为代表的数字化浪潮下，如何制定自身的产品战略，打造企业新一代的数字化整体架构，迈向智慧企业的愿景目标。第二篇包括以下三章：

- 第 3 章：基于数字化"双模"理论打造工业互联网
- 第 4 章：迈向工业互联网的 SAP 产品理念
- 第 5 章：工业互联网的愿景目标——智慧企业

后三篇主要围绕着具体的工业互联网实践，从数字化产品、数字化工厂和数字化服务三个方面，具体介绍如何利用工业互联网进行数字化转型与创新的原理、方法和案例。后面这三篇章节的命名均遵循"从 xx 到 xx 的创新"的方式，可以让读者清楚地了解创新的来龙去脉。这里讲述的七大创新在企业的数字化转型实践中都是十分重要的课题，非常值得深入地进行研究，七大创新具体如下：

- 第 6 章：数字化双胞胎从面向资产向面向生态网络协同的创新
- 第 7 章：从传统的基于 PLM 的文档管理向端到端数字化主线的创新
- 第 8 章：从大规模制造向大规模定制的创新
- 第 9 章：从传统的线型供应链向数字化网状供应链的创新
- 第 10 章：从集中式制造到分布式制造的创新
- 第 11 章：从被动式维修向基于机器学习的大数据预测性维修的创新
- 第 12 章：从以制造为中心向以服务为中心的创新

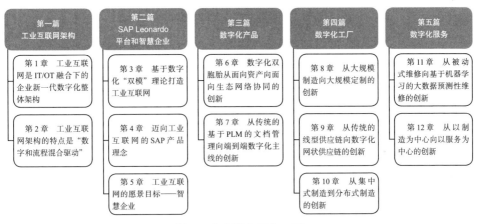

图 2　全书核心章节一览

后记将结合 SAP 近些年来在业务和产品上的转型，以"从最佳业务实践到联合创新工厂"为名，探讨 SAP 市场策略的转变。

建议读者在拿到新书之后，尽可能从头开始逐篇阅读，从而对工业互联网的创新技术，以及 SAP Leonardo 以及智慧企业解决方案的设计精髓，有一个通盘而系统的了解。

现在，让我们一同开启工业互联网的创新之旅吧！

目　录 | Contents

工业互联网架构

工业互联网是 IT/OT 融合下的企业
新一代数字化整体架构

近年来，众多工业互联网平台在市场上如雨后春笋般不断涌现。据统计，目前全球工业互联网 / 物联网平台数量已经超过 300 多个，并且这一数量还在不断增加。在中国，近一两年内也涌现出了大批的工业互联网平台。如此之多的平台背后是宝贵的资源在企业信息化领域的大量投入。在中国市场，一个值得关注和不得不承认的现象是：尽管信息化在企业领域的应用水平关系到中国作为制造大国的竞争力，但与消费者领域的信息化应用相比，两者的从业企业无论是在营收规模还是资本认可和人才流向等方面，近 10 年来前者都处于劣势地位——用通俗的话讲就是，2B 市场的认可度远低于 2C 市场。做一个简单的比较，将国内从事企业应用软件开发的老牌软件公司与以开发消费者应用为主的腾讯或者是阿里巴巴相比，根据笔者 2017 年的统计，前者的市值大约是后者的 1% 左右。正因为存在如此巨大的差距，因此在企业信息化领域里投资的每一分钱，在迈向"中国制造 2025"的道路上都显得弥足珍贵，值得我们认真研究，力争使其发挥出最大的效益。

1.1 方兴未艾的工业互联网市场

当前，工业互联网平台不仅在中国市场的热度要高于国外市场，并且在软硬件企业的构成占比上也与国外市场有着明显的区别。如图 1-1 所示，参照 Gartner 在 2018 年对全球工业物联网平台的魔力象限图分析，在目前全球领先的 11 家工业物联网平台中，除了日立（Hitachi）之外，其他主要来自软件企业和与软件相关的咨询企业。工业物联网是工业互联网的核心，所以 Gartner 的分析报告其实也反映了全球工业互联网目前的市场格局。而根据 2018 年对中国工业互联网解决方案前 100 家提供商的一项分析，有 27 家在其产品和方案中冠以"平台"，其中 22 家是硬件企业，软件企业只有 5 家。显然，中国的工业互联网平台提供商以硬件企业特别是制造业为主，这也反映了中国制造企业迫切希望转型的心态。

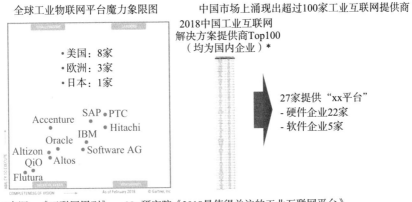

*来源：《互联网周刊》、eNet研究院《2018最值得关注的工业互联网平台》

图 1-1　中国的工业互联网市场上的"平台提供商"主要来自硬件企业

工业互联网的概念源于美国通用电气提升其高端工业产品附加价值，进而对服务进行业务转型的尝试。作为一家老牌的工业企业，通用电气对自己提出的工业互联网的出发点和目标有着自己独到的认识，但也存在着一些局限性。

首先，工业互联网的出发点是在通用电气多年完善的企业信息化应用基础上，应用最新的数字化技术的提升。通用电气在对工业互联网的描绘中所强调的技术大都与设备和设备数据相关，包括物联网技术、智能设备、大数据和分析技术，并没有扩展到整个企业的全局信息化应用。但实际上，离开了整个企业的全局信息化应用，通用电气所描绘的工业互联网的功能也只能是"空中楼阁"。可以试想，当监测和分析到若干台发动机可能会发生类似故障之后，接下来如何应对和彻底排除故障隐情——是对这一批发动机进行修理、更换还是召回，是否能够从配送中心获得修理所需的配件，是否追溯到制造环节进行排查，是否修改制造工艺，是否调整生产计划，是否通知供应商冻结相关零件的生产？……工业大数据的分析只是提出了一个对工业大数据进行洞察的结果，而后续一连串的问题才是真正从中获取价值的关键。然而在通用电气的工业互联网架构中，这些关键的问题都丢给了后面的商业应用（见图 1-2）。显然，这种边界划分与通用电气偏硬件的基因有关。对后续商业应用软件描述的缺失也为通用电气后来遇到的困境埋下了伏笔。但实事求是地说，工业互联网理论的提出确实为企业信息化发展开拓了一个新的方向，推动了从事企业信息化的 IT 企业向硬件方向的扩展。这两股力量的融合和市场的接受程度决定了工业互联网的未来架构。

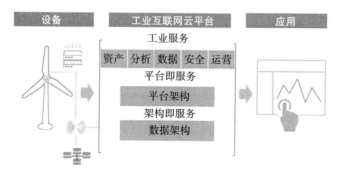

图 1-2　在通用电气提出的工业互联网架构中，应用系统实际上是被排除在工业互联网云平台之外

　　其次，通用电气在给工业互联网设定的目标中特别强调"1%的力量"。这是一种"百尺竿头，更进一步"的提升。尽管"1%"看似很小，但如果能将这"1%"应用到整个行业，则会带来相当可观的收益（见图1-3），在通用电气的角度来看十分难得。显然，"1%"的实现是通用电气穷尽各种管理手段和技术手段之后的创新之举，需要很多前提条件，绝不是一个入门级技术。与同一时期出现的德国工业4.0相比，工业互联网的理论没有很好地回答它的阶段性问题。德国工业4.0报告提出了从工业1.0到2.0、3.0和4.0的阶段划分，并在后续报告中对3.0到4.0的成熟度做了进一步的细化。而通用电气提出的工业互联网理论在企业发展的整体阶段划分方面的缺失，使得其技术路线缺少延续性。在实际工作中，笔者经常被客户问到类似问题："我们已经在信息化上做了大量的投资，也已经涉足大数据的分析应用领域。是否需要接入一个工业互联网平台，把已经做好的大数据分析都迁移过去？如何评估这个项目的投入产出？"

如果在关键的领域里提高绩效会如何？			
行业	领域	节省类型	未来15年的预计价值
航空	商用	节省1%的燃料	300亿美元
电力	燃气发电	节省1%的燃料	660亿美元
医疗	整个系统	减少1%的系统低效率	630亿美元
铁路	运输	减少1%的系统低效率	270亿美元
石油天然气	开采	减少1%的资本开支	900亿美元

图 1-3　通用电气对工业互联网的"1%"的行业提升的价值预估

在工业互联网的概念得到广泛传播的过程中，市场也逐渐对它的内涵进行了更多的扩展和演绎，并赋予了新的含义。特别是对于中国这样一个尚未完全实现工业化的制造大国，有很多现实的问题和困难，需要借工业互联网的热潮来推动工业化进程。这些问题和困难主要表现在以下三个方面。

首先是信息化建设水平在不同企业之间参差不齐，甚至于在同一个集团企业里，信息化水平的差异也很大。这一现状影响了企业建设工业互联网的路线图，常常需要"两步合一步走"，以加快建设步伐。因此，扩大工业互联网的内涵，并将其上升到"工业全要素链接枢纽"的地位，有其现实意义。

其次，与 B2C 和 C2C 领域相比，在国内从事企业信息化的高质量的专业公司规模相对较小，数量不多，缺少一批提供专业软件和服务的 B2B 领域大型企业。因此，将工业互联网打造成一个"一站式解决方案"并在企业中进行推广，有其市场价值。正如本文开头所说，如果将阿里定位为 B2C 公司，用友定位为 B2B 公司，前者的市值是后者的 100 倍。而从全球范围来看，最大个人应用软件公司微软的市值和最大企业应用软件公司 SAP 的市值，前者是后者的 5 倍⊖。这中间 20 倍的差别足以说明我们在这方面的差距。

同样，由于人才的流动性，与 B2C 和 C2C 领域相比，国内从事企业信息化的人才无论在企业还是在社会上都相对匮乏，近 10 年来事实上已经形成了一个"断档"，影响了企业进行整体规划、分布实施的决策，而更多地偏向小步快跑的模式，即先进行一些低风险、小规模交付。但是，平房再怎么叠加，也不能变成一幢高楼。工业互联网的建设不会仅仅停留在对几台机床、几台设备所采集数据进行优化，而必然是一场对企业信息化架构和相应业务流程的重构。

综上所述，在通用电气所提出的工业互联网概念的基础上，对其外延进行适当扩张，打造既有先进性又有落地性的风险可控的工程化方案，帮助企业尽快获得收益，有其现实意义。

1.2　为什么工业互联网平台遍地开花，而工业 4.0 平台寥寥无几？

尽管工业互联网是一个来自于美国的只有 5 年历史的新概念，但一个十分有趣的现象是，与几乎同一时期来自德国的工业 4.0 相比，工业互联网平台在很短的时间内就已经遍地开花，而据称能够对外提供工业 4.0 平台的企业却寥寥无几（见图 1-4）。虽然很多人都认为，德国工业 4.0 和美国工业互联网异曲同工，德国和美国双方的专业组织也在积极就"工业 4.0 参考架构模型 RAMI"和"工业互联网

⊖　根据新浪财经的数据，在 2018 年 1 月 31 日，阿里市值 5083 亿美元，微软市值 7154 亿美元，SAP 市值 1361 亿美元，用友市值 340 亿元人民币。

参考架构 IIRA"进行标准对接。但是为什么会在市场表现上有如此大的差别呢？

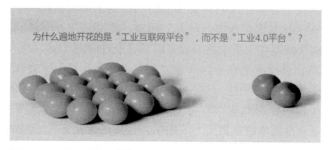

图 1-4　工业互联网平台遍地开花，而工业 4.0 平台寥寥无几

工业互联网虽然最早来自从事工业装备制造的通用电气公司，但它所采用的标志性技术除了智能设备技术之外，如物联网技术、大数据技术和分析技术等都是典型的 IT 技术（如图 1-5 所示）。而工业互联网平台则直接使用了 IT 技术中发展多年并已相对成熟的云计算技术，为工业互联网提供集约化和商品化的交付手段，让企业可以快速应用。

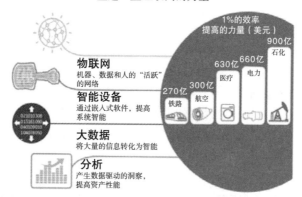

图 1-5　塑造工业互联网的力量

对于工业互联网中使用的这些 IT 技术，近年来随着云计算、开源软件和人工智能算法的发展，其建设成本已经逐渐下降到非常低的水平。如图 1-6 所示，据估算，2016 年在美国开办一家类似的从事互联网服务的初创公司，通过直接购买云服务、使用开源软件和公开的人工智能算法，其启动资金已经从 2000 年的 500 万美元降低到 5000 美元。换句话说，如果你有一套不错的算法，可以对某类设备的实时运行数据进行故障预测诊断，那么只需要很少的启动资金（很可能就是硅谷程序员一个月的工资），就可以开发出一个收费的 App，放在云平台上，对外提供数

据服务，并逐步完善这套算法。由于这类 App 的核心是算法和知识，而算法和知识本身具有高度的抽象性，无须过多地考虑设备之外所处的环境，所以起步相对比较容易。这其实也是今天工业互联网平台大量出现的重要原因。

图 1-6　开办一家互联网服务初创公司的启动资金不断下降

然而工业 4.0 的技术和实现手段却要比工业互联网复杂得多。无论是工业 4.0 强调的从企业管理层下探到工厂设备层的"垂直集成"，或者是跨供应链上下游部门、组织和企业的"水平集成"，还是覆盖研产供销服的产品全生命周期的"端到端集成"，以及人机互动技术等，均涉及企业的方方面面（见图 1-7）。在一条生产线上，设备的种类和型号成百上千。除了考虑设备之外，还要考虑生产线的生产计划、执行、物流、质量等。这些内容在不同企业之间差异很大，或者说个性化程度非常高。这就是为什么开发出一个针对某种设备的工业互联网平台相对较容易，而开发出一个面向企业的工业 4.0 平台则要困难得多的缘故。

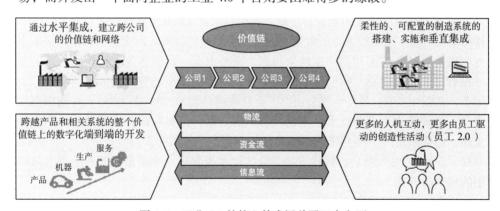

图 1-7　工业 4.0 的核心技术涵盖了四大方面

将工业互联网与传统互联网相比较，由于价值导向的不同，决定了其发展道路也是截然不同的（见图 1-8）。传统互联网是以消费价值作为间接导向，其策略常常被形容为"羊毛出在猪身上，狗来买单"——利用广大消费者的消费习惯和从众心理，利用风投输血，先烧钱，圈住客户，在形成一定规模之后收钱或寻求变现退出。因此，传统互联网的软件在早期阶段较少考虑长期的软件拥有成本，可以通过自开发的方式进行建设。而工业互联网则是以工业价值作为直接评判标准，对于每一位工业客户来说，都需要遵循"双边市场规律"——不但要让客户尽快感受到有形的价值，也要让工业互联网提供商获利。为了实现这一点，需要精心选择建设方案，以总体拥有成本最低为目标。只有成功地经历了从项目到方案再到平台的工业互联网提供商，才能在这个市场中取得成功。这对于今天遍地开花的工业互联网平台来说，将会是一场真正的考验。

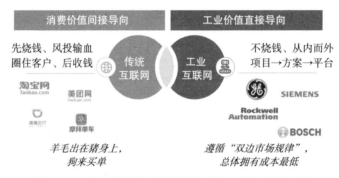

图 1-8　工业互联网的发展道路与传统互联网截然不同

1.3　工业互联网是新一代企业数字化整体架构

分析到这里，给人的感觉是工业互联网和工业 4.0 完全不在一个层面上。前者提供的是"点"上的技术，后者则是面向整个企业的技术。但实际上，作为执掌全球制造业牛耳的美国和德国这两个国家，在考虑下一代制造业发展技术和方向时并没有这么大的区别。我们感受到的差异，更多的是市场包装侧重点的不同。实际上，在图 1-3 中，通用电气公司给工业互联网描绘的"1% 的力量"，是通用电气穷尽了各种管理手段和技术手段之后的创新之举，需要有很多的前提条件和技术支撑，而绝不是一个接上线缆、打开水龙头就可以使用的入门级技术。与工业 4.0 一样，在这"1%"背后，同样需要企业实现垂直集成、水平集成和产品全生命周期的端到端集成。

实际上，如果我们将德国工业 4.0 和美国工业互联网的功能合并为一个大的集合，我们会发现它们的很多功能都是相似相通的。通用电气推出的 Predix 平台只是其中的一小部分，大量的基础功能、配套功能和其他功能都不在 Predix 系统中。例如，通用电气在 Predix 之外，也提出了与工业 4.0 类似的一些概念，如数字化双胞胎、数字化总线等，它们与工业 4.0 的三大集成技术具有异曲同工之妙。这些技术的实现需要由分布在企业的研产供销服各环节的一系列应用软件来协同完成。这些软件都落在各个企业应用软件厂商的产品范围中，而远非通用电气力所能及。换句话说，Predix 可以看作建立在工业 4.0 之上的基于工业大数据的智能服务。Predix 对于通用电气的真正效力，离不开通用电气内部数十年逐步建立和完善起来的大量第三方信息系统的支撑。但是在市场宣传上，有意无意地形成了一种误区，就是只要接入了工业互联网平台，企业就实现了工业互联网，就可以实现"1%"的全行业提升，这其实也是很多平台供应商乐于看见的误区。但是对于客户来说，这可能就是陷阱。

2018 年 7 月，通用电气宣布出售工业互联网核心业务（如图 1-9 所示），这代表着 2015 年成立的通用电气数字化部门，耗资近百亿美元打造的以 Predix 为核心的数字化业务并未真正成为被市场接受的"新物种"。事实上，如图 1-10 所示，Predix 的技术架构分为三个部分——设备、工业互联网云平台和应用。前两部分是 Predix 花费较多笔墨的部分，也是很多工业互联网平台商大力宣传的部分。但是，它们只是企业数字化整体架构的冰山一角。新一代的企业数字化整体架构才是真正的"新物种"。

GEDigital大楼
作者摄于2018年7月30日

图 1-9　通用电气宣布出售工业互联网核心业务

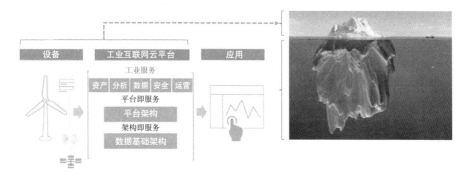

图 1-10　通用电气的工业互联网云平台其实只是企业数字化整体架构的冰山一角

溯本追源，工业互联网本质上是制造型企业向服务升级的数字化转型成果（如图 1-11 所示）。以装备制造企业为例，从最初从事大批量生产，到后来进行成套设备生产，再到成为解决方案提供商，直至将自己打造为数字化产品服务系统运营商——对于大多数装备制造企业来说，包括通用电气在内，产业升级的线路大体如此。在这个过程中，企业从被强制要求提供基本服务的制造商，到成为产品增值服务的提供商，最后演进为产品 – 服务系统的提供商，企业的商业模式经历了几个不同的服务化升级阶段。而与之对应的信息系统也经历了从 IT 标准方案，到复杂的信息与通信技术方案，直至工业互联网系统等不同类型。工业互联网系统是为了帮助制造企业完成从制造向服务的转型升级，对企业信息系统不断建设、完善和重构的结果。它不能与企业目前正在建设的信息系统完全割裂开来。

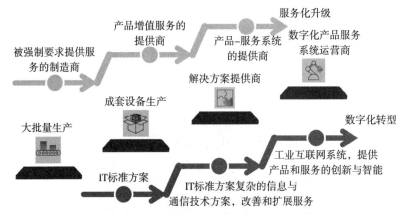

图 1-11　工业互联网是制造企业向服务升级的数字化转型成果

总的来说，我们今天所了解的冰山一角的工业互联网并不是它的全部。工业互联网应该被理解为 IT 与 OT 相互融合之下的新一代企业数字化整体架构。工业互联网所借助的很多技术，无论是云计算技术、大数据技术还是分析技术，在工业互联网这个概念被提出来之前，在企业信息化应用领域中早已得到广泛的应用。工业互联网的出现进一步推动了信息技术（Information Technology，IT）与运营技术[⊖]（Operational Technology，OT）的融合，将 IT 背景下的企业应用软件与 OT 背景下的工业应用软件，用云计算、大数据和人工智能等数字化技术加以融合，从而构成新一代的企业数字化整体架构。

长期以来，IT 与 OT 之间的协作或交叉有限（如图 1-12 所示），两者以相对独立的方式存在。造成这种情况的部分原因是 IT 和 OT 需要不同的流程、系统和措

⊖　按照 Gartner 的定义，运营技术（OT）是对企业的各类终端、流程和事件进行监控或控制的软硬件技术，主要包括数据采集和自动控制技术。OT 既包括硬件设施如机器人、电机、阀门、数控机床等，也包括对这些设施进行控制的各种软件技术。

施，甚至是不同的"操作语言"。其结果是 IT 和 OT 两方面都无法利用更广泛的业务洞察力使其受益。而通过 IT 与 OT 的融合（IT/OT Convergence），通过业务和业务数据的增强集成，基于历史、实时和预测分析，以及后续一系列的控制和交互，可以在整个企业跨部门的横向和由上至下管理的纵向两个维度上为企业带来新的价值。工业互联网的出现无疑大大加快了 IT 与 OT 的融合进程。

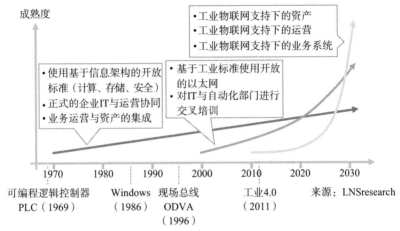

图 1-12　IT/OT 融合的成熟度发展历程

　　融合的手段之一就是今天大多数工业互联网平台所依赖的云计算。实际上，如图 1-13 所示，在 IT 领域，企业应用软件的 SaaS（Software as a Service）早在 20 多年前就已经在业界出现。经过近 10 年的快速发展，企业应用软件从 On-Premise（本地独立部署）向 SaaS 迁移的趋势已经十分接近颠覆的临界点。其中，客户关系管理（Customer Relationship Management，CRM）在 2016 年就已经率先实现了 SaaS 对 On-Premise 的反超；预计在 2021 年左右，在企业资源计划（Enterprise Resource Planning，ERP）这一企业信息化的标志性应用市场上，也将出现同样的转换。与此同时，借助 SaaS 化的进程，企业应用软件也同步完成了面向数字化的改造，从过去仅支持业务流程的"小数据"扩大为支持整个企业经营环境的"大数据"，即所谓的企业信息化应用的"数字化核心"改造过程也已经基本完成。

　　融合的另一个重要的手段就是大数据。大数据的概念自 2008 年《自然》杂志专刊提出以来，得到了迅速的发展。IT 和 OT 都各自从大数据的应用中获益匪浅。大数据对来源的多样性要求推动了 IT 大数据和 OT 大数据的整合。事实上，所谓的工业大数据是指在工业领域中，从客户需求到销售、订单、计划、研发、设计、工艺、制造、采购、供应、库存、发货和交付、售后服务、运维、报废或回收等整个产品全生命周期各个环节所产生的各类数据及相关技术和应用的总称。工业大数据既包括来自 OT 的设备物联数据，也包括来自 IT 的生产经营相关的业务数据，以及外部数据，如图 1-14 所示。

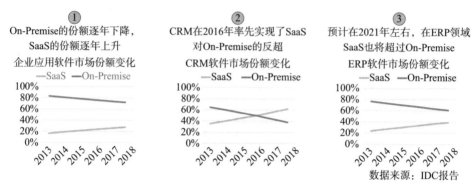

图 1-13　企业应用软件市场的 On-Premise 向 SaaS 的迁移趋势

图 1-14　数据湖将来自 IT 和 OT 的大数据融合在一起

在云计算和大数据这样宏大、波澜壮阔的背景下，工业互联网的出现以工业大数据为血液，以云计算为平台，打通了底层物理设备的 OT 系统到上层管理控制的 IT 系统的经络，从 IT/OT 融合的角度，推动了企业数字化整体架构的落地和普及。从企业建设路线图的合理性来看，我们不应该孤立地来看待工业互联网、工业 4.0 或者企业云的架构，而应该结合 IT/OT 融合的发展趋势，打造统一的 IT/OT 融合的企业数字化整体架构（如图 1-15）。

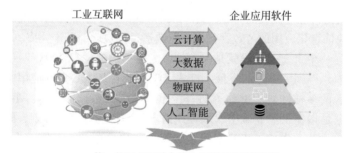

图 1-15　打造统一的 IT/OT 融合的企业数字化整体架构

1.4 新架构的特点是支持业务从 "流程驱动" 转向 "数字和流程混合驱动"

在 "云大物移" 等数字化技术的推动下，企业的系统架构正在发生一场深刻的改变，其特点是支持业务从过去传统的 "流程驱动" 向新一代的 "数字和流程混合驱动" 的变革（见图 1-16）。工业互联网和工业 4.0 是推动企业向数字驱动转变的重要力量。通过将数字驱动与流程驱动紧密结合，完成了新的价值闭环。这一新的架构涵盖了来自各个方面，包括工业互联网和工业 4.0 各方面的应用场景的要求，具有旺盛的生命力。

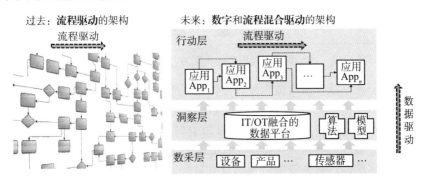

图 1-16　在数字化技术的推动下，企业的系统架构正在发生一场深刻的改变

目前，无论是流程驱动的系统，还是数字驱动的系统，都在云计算的技术发展趋势下向云端进行迁移，在顶端以预定义场景下的应用 App 组装形式，构成完整的各类企业应用。这里的应用 App 既包括了流程驱动的应用 App（如企业应用的云计算版本），也包括了数字驱动的应用 App（如工业应用软件的云端应用）。而真正完整的工业互联网平台或工业 4.0 平台应该是 "数字和流程混合驱动" 的一整套系统在云计算形式下的集约化和商品化的落地形式。

事实上，很多业务场景都涉及流程驱动的应用 App 与数字驱动的应用 App 的协作。我们以工业互联网最常用的预测性维护与服务（PdMS）为例来说明这一过程。如图 1-17 所示，它涉及企业上下游和企业内部各个部门之间的相互协同，需要各个应用（ERP、EAM、CRM）之间的相互配合。常见的情况是，即便从现场采集了设备的运行数据，如果没有来自 EAM 数据的对照，就无从了解与设备运行数据对应的设备状态究竟是正常还是异常，无法为这些数据打上标签，从而给后续的算法和训练带来很大的困难。而没有 ERP 和 CRM 的配合，在诊断出故障之后，也不能及时进行修理，使得 PdMS 的效果大打折扣。显然，只有处理好两类应用 App 的基础共享、模块共用和数据集成，实现最大程度的集约化，才有可能打造出真正有经济价值的可持续发展的平台——这也是称作 "平台" 的应有之义。

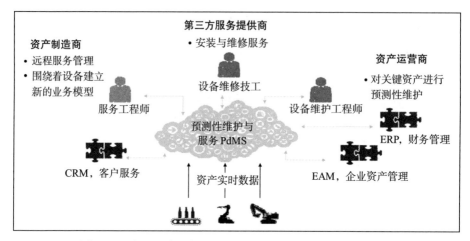

图 1-17　流程驱动的应用 App 与数字驱动的应用 App 的协同

　　目前有一种说法，认为微服务技术的出现可以方便地实现应用 App 之间的连接，将应用 App 作为一个个微服务，从而打破 App 供应商之间的技术藩篱。应该说，在工业界这是一种愿景目标。目前微服务或 API 在 B2C 或 C2C 领域，如 CRM、营销、财务、电商、社交等领域比较流行。在非 B2C 或非 C2C 的领域，微服务存在很多难以克服的缺陷，包括计算效率、边界划分、版本管理和升级协调等。在比较长的时间内，微服务架构尚不可能成为企业中解决跨供应商的 App 调用和连接的普遍方法。将工业领域 App 之间集成的不确定性一股脑儿丢给未来的"微服务"架构的做法，在目前仍只是一种愿景。

1.5　小结

　　事实上，对于企业应用的 SaaS 软件市场，近年来中国市场虽然也在快速前进，但还是不够快，并且主要还是集中在中小型企业。与欧美国家相比，整体差距甚至有可能还在拉大。近年来，欧美已经有一大批大型企业开始逐步将其全球核心业务的企业应用系统，从 On-Premise 转为基于公有云的 SaaS，并在这一过程中向统一的全球化的数字化整体架构转型。工业 4.0 或工业互联网是这一转型的推动力之一，但主推力还是来自 SaaS 对 On-Premise 的全面替换。反观中国市场，目前鲜有大型本土企业将核心业务系统转向基于公有云 SaaS 的案例。仅靠工业互联网平台来推动工业应用向云端迁移，其力量是远远不够的，需要从整体架构的角度，对企业应用和工业应用进行通盘考虑。而工业互联网平台提供商之间的竞争，最终也将演化为基于公有云的 SaaS 软件之间的竞争，遵循 SaaS 市场的一般发展规律和严酷的竞争规则。

工业互联网架构的特点是
"数字和流程混合驱动"

在参加工业互联网的一些会议和支持一些实际项目的过程中，笔者常常会听到企业客户对工业互联网的一些疑惑。其中比较典型的问题就是：工业互联网与企业过去和现在投资的信息化项目之间的关系究竟是什么？如果从物联网和大数据的角度来看，很多企业在这方面都已经有所布局。这两年工业互联网的出现是不是意味着一定要另外搭建一个工业 PaaS 平台和处理工业大数据的系统，是不是可以在现有的 IT 架构上进行扩充？对于物联网和大数据应用，除了工业领域之外，其在商业领域也有很多应用场景，是不是一定要将两者分开进行建设？甚至有人提出，工业互联网的英文原名 Industrial Internet 中的 Industrial 究竟应该翻译为工业还是行业或产业？支持翻译为"行业或产业"的原因是，工业互联网具有很强的行业化特点和企业的个性化特点，即便是通用电气以电力、航空等行业为背景开发出来的 Predix，也无法用于汽车、高科技等行业。这些问题很多都涉及工业互联网的基本定义。造成这些困惑的部分原因是，之前的很多宣传资料过于强调工业互联网的革命性和首创性，而较少谈及它的历史沿革和发展历程。

如第 1 章所述，工业互联网作为 IT/OT 融合下的企业新一代数字化整体架构，其特点是对应的业务从过去的"流程驱动"转向"数字和流程混合驱动"。这一转变对于制造型企业来说，不可能一蹴而就，它是一个循序渐进的升级过程。本章借助工业 4.0 的成熟度理论，以生产系统为例来介绍这一转变的历程。之所以"跑题"到工业 4.0，一方面是因为两者之间存在相似性；而另一方面是因为工业 4.0 在命名上较好地厘清了它与历史沿革的关系。德国工业界和学术界一贯严谨的研究态度使得工业 4.0 在理论体系上更加清晰，可以较好地回答前面提到的这些关于工业互联网的问题。

2.1　工业 4.0 的实施路径和成熟度

2017 年 8 月 26 日，笔者代表 SAP 公司参加了 "2017 中国两化融合大会" 中的 "企业数字化转型论坛" 嘉宾圆桌讨论。主持人向笔者提出了一个问题："与德国企业相比，中国企业实现智能制造的改造路径是什么？需要打通哪些数据点？" 笔者的回答是，在当今经济和技术全球化的今天，中国的制造企业与德国的制造企业相比，在实现智能制造的路线图上不应该有路径的差异，区别只在于起点的先后和步伐的快慢。以汽车行业为例，通过合资，国内的汽车工业从国外学到了现代化的汽车制造技术和管理经验。今天的自主品牌企业在制造技术和流程上与国外企业并没有本质上的区别。对于未来汽车的发展，包括在新能源和自动驾驶上，国内企业与国外企业相比也不存在制造模式上的根本差异。

但是从另一方面来说，中国企业与德国企业相比，在实现智能制造或工业 4.0 的道路上显然普遍存在起点落后的情况。目前在国内，比较大众化的评定方法是按工业 1.0 到 4.0 四个阶段进行划分。例如有的企业说自己的水平是 2.0 或 2.5，也有说 3.5 的。这种评定方法无疑比较模糊。事实上，今天的企业多多少少都有一些计算机应用，不可能处于第二次工业革命或者工业 2.0 的水平。那么，究竟应该如何回答工业 4.0 的实施路径问题，以及在这一过程中应该打通哪些数据点呢？

2.1.1　工业 4.0 的价值体现

设计工业 4.0 的成熟度模型，首先要有一个出发点——究竟是从技术的角度来评估成熟度，还是从应用效果的角度来进行评估？尽管工业 4.0 被描述为信息和通信技术在工业制造中广泛进行整合的结果，但仅仅从技术的角度来阐述工业 4.0 的发展是不够的，原因是企业必须要改变它们的组织和文化。尽管凭借先进的技术，企业可以获得更多的数据，但是有效利用这些数据的能力，除了技术之外，还取决于公司的组织结构和文化。工业 4.0 的最终目标是帮助企业成长为一个敏捷的学习型组织，可以持续灵活地适应不断变化的环境。

如图 2-1 所示，在一些研究机构提出的工业 4.0 成熟度模型中，采用了偏技术的划分方式，通过对工业 4.0 的技术要素进行分解并分别打分，来对应不同的成熟度。我们认为，这种脱离企业的组织结构和文化、脱离整体应用效果的划分方式显得比较机械，在实践中存在很多问题。

为此，我们从目前众多的工业 4.0 成熟度模型中选择了德国国家科学与工程院 acatech 推出的 "工业 4.0 成熟度指数模型" 作为本书的讨论依据。acatech 作为德国工业 4.0 最终工作报告的发布单位，在工业 4.0 领域具有十分权威的地位。

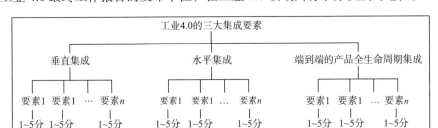

图 2-1　对工业 4.0 的技术要素进行分解，然后逐一打分的成熟度定义方式，存在很多问题

acatech 认为，在工业 4.0 的目标中，敏捷性是一个非常重要的特性。敏捷性意味着企业实时地推进变化的能力，包括最基本的系统化的变化，甚至是公司商业模式的变化。工业 4.0 的重要性就是在帮助企业快速适应变化的过程中发挥信息处理的关键作用。对于一个导致变化的事件，企业适应它的速度越快，企业最后得到的好处就越大。这里的事件既可以是紧急的事件，如生产线发生故障；也可以是长期的事件，如产品需求的变化以及对产品设计自身的改动；或者是日常发生的事件，如制造、采购、服务流程中发生的事件。

然而普遍情况是，当这些事件发生时，从收集数据到进行分析、制定决策，直至做出响应的每一个步骤都存在延迟。原因可能是多方面的。常见的原因可能是系统之间不够集成，无法实现整个端到端的数据处理。对于工业 4.0 的应用场景来说，因为数据的获取常常来自于设备，而分析和决策则由软件来完成，再接着由硬件做出响应，这一延迟甚至脱节的情况会更加严重。管理学的常识告诉我们，从事件发生到做出响应之间的延迟时间越短，企业得到的价值越大。从另一个角度来看，如果企业能够在发生事件后立即做出正确的响应，就能够获得最大的价值；延迟的时间越长，获得的价值就越少（见图 2-2）。

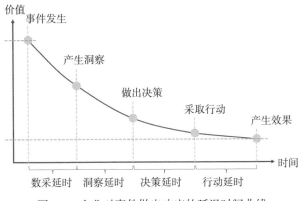

图 2-2　企业对事件做出响应的延迟时间曲线

如图 2-3 所示，通过实现工业 4.0，制造企业可以极大地缩短从事件发生到产生效果之间的延迟时间。在实践中，这意味着当现场采集的制造数据表明产品的加工品质出现下降的趋势，企业就可以启动设备检测流程，并对生产计划和零部件配套计划进行同步调整。这种迅捷的反应速度，在过去的工业 3.0 时代是无法想象的。

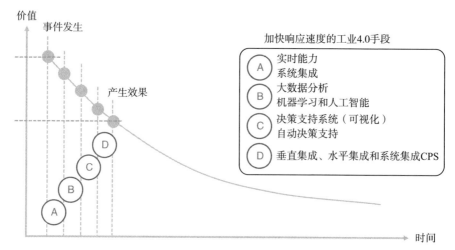

图 2-3　通过应用工业 4.0 技术，可以显著地加快从事件发生到产生效果的延迟时间

事实上，目前流行的增强现实（Augmented Reality，AR）技术也是一种缩短延迟的重要手段。通过在真实的世界中叠加数字信息，可以实现很多新的应用场景。通过实时显示三维计算机辅助设计（Computer-Aided Design，CAD）模型、从传感器采集到的数据或 IT 系统计算出来的数据，AR 系统可以大大缩短操作人员获取信息的速度，从而大大加快操作人员的工作速度，提高工作精度（见图 2-4）。相比之前通过查阅手册或电话查询的方式，AR 技术的价值是十分明显的。

图 2-4　通过在真实世界叠加数字信息，AR 极大地加快了现场工人的响应速度

2.1.2　工业 4.0 的成熟度模型

为了更深刻地理解工业互联网"数字和流程混合驱动"的架构特点，我们需

要将它放在工业 4.0 的成熟度模型这个大的背景中看待。正如"罗马不是一天建成的",在"流程驱动"盛行了数十年后出现"数字和流程混合驱动",有其深刻的技术背景。

按照德国国家科学与工程院 acatech 推出的"工业 4.0 成熟度指数模型",它将工业 4.0 的成熟度分为如图 2-5 所示的六个阶段。其中,阶段 1 和阶段 2 属于工业 3.0;阶段 3 到阶段 6 属于工业 4.0。

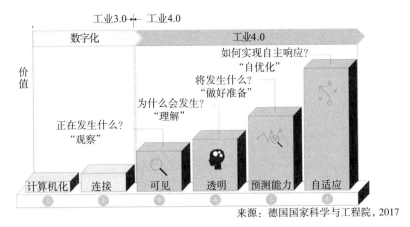

图 2-5   工业 4.0 成熟度指数模型

有趣的是,工业 3.0 被冠上了"数字化"的帽子,也就是说,从企业实现计算化的那一刻起就已经开始进入数字化阶段。按照德国工业的观点,数字化并不是工业 4.0 的同义词,而是工业 3.0 的代名词。事实上,从 20 世纪 90 年代开始,代表德国工业发展风向标的汉诺威工博会就已经将"数字化工厂"(Digital Factory)作为一个每年固定布展的展馆。图 2-6 所示是汉诺威工博会对"数字化工厂"展馆定义的展出内容。"数字化工厂展"和"集成自动化与动力传动展"是汉诺威工博会上与工业 4.0 技术关系最密切的两个展馆。所以,按照德国工业界的认识,企业和工厂的数字化应该是企业在工业 3.0 阶段完成的任务。而工业 4.0 阶段的工作重点应该放在如何利用这些数字上。

数字化工厂展		集成自动化与动力传动展
• 虚拟产品开发(CAx)	• 可视化	• 制造和流程自动化
• 产品生命周期管理PLM	• 供应链管理SCM	• 预测性维护
• 企业资源计划ERP	• 机器学习ML	• 动力传统和流体技术中的零件和系统
• 制造执行系统MES	• 虚拟调试、离线编程	• 无线、M2M和物联网
• 增量制造	• 工业安全	
• 工业中的大数据管理	• 工业客户管理CRM	

图 2-6   汉诺威工博会上与工业 4.0 技术关系最密切的两个展馆的主要内容

那么，从"工业 3.0"到"工业 4.0"的六个阶段究竟有什么区别呢？

阶段 1 的标志是"计算机化"（Computerization），它是在公司内孤立地应用信息和通信技术（Information and Communication Technologies，ICT），高效地从事重复性任务，将员工从重复性任务中解脱出来，达到自动化水平。

阶段 2 的标志是"连接"（Connectivity），它是指企业中孤立应用的信息系统被互相连接的结构化系统取而代之。这一阶段常见的标志是实现了以 ERP 为骨干的企业 IT 应用，在系统中实现了核心的业务流程，并通过技术手段将不同的业务流程打通。

上面这两个阶段都是工业 3.0 的特点，它们通过计算机的处理能力实现了自动化并打通了业务流程。接下来的几个阶段则都属于工业 4.0——从初级到高级的四个阶段，并且这几个阶段不可跳跃，每一级都建立在前一级的基础之上。

阶段 3 的标志是"可见"（Visibility），通过现场总线和传感器等物联网技术，企业可以获得大量的现场实时数据，建立起企业的"数字化映像"（Digital Shadow），从而改变以前基于人工经验的决策方式，转为基于数字进行决策（这对于制造现场经理来说往往特别有用）。在背后支撑"数字化映像"的数据不仅有来自生产现场的 OT 数据，也包括来自 PLM、ERP 和 MES 的 IT 数据。

阶段 4 的标志是"透明"（Transparency），即通过对实时反映企业现状的"数字化映像"中的数据进行分析，帮助企业认识过去的事情已经发生的原因，以及当前的事情正在发生的原因，并利用这一认识，通过根本原因分析（Root Cause Analysis）的方法产生知识。在这个阶段，企业不再只是关心衡量一些特定的 KPI，而是能够理解每一件事情，从而进行决策，而不局限在历史数据造成的影响上。这些功能的实现，离不开大数据分析在企业各个业务流程的广泛应用。企业在阶段 2 建立的业务系统不仅要实现"连接"，还需要全面拥抱大数据，进行相应的改造和升级。

阶段 5 的标志是"预测能力"（Predictability），企业能够了解未来要发生的事情，模拟不同的未来场景并评估它们发生的概率，这样就可以有更长的提前期，以便在人的辅助下执行恰当的动作。这一阶段需要采用更加先进的数据分析技术，甚至包括人工智能中的机器学习技术，实时地对大数据流进行数据和事件模式的分析。实际上，这一阶段的预测能力与前一阶段的对过去和现在的理解能力一脉相承。如果没有对过去和现在的理解，何谈对未来的预测。在这里，预测只是一部分工作，接下来还要有相应的推演能力，这就对业务系统的承接模拟能力提出了很高的要求。

阶段 6 的标志是"自适应"（Adaptability）。一旦企业能够利用"数字化映像"中的数据对未来进行决策，就达到了自适应的目标，不用人为辅助，通过系统就可以进行自主控制，从而达到最好的效果。这一等级可以看成是工业 3.0 阶段的自动化和连接的极端发展，可以对变化做出自主响应。如果要在企业中广泛实现自适应，那么不但需要深度理解企业流程的每个片段，而且还要明确包括企业内外各个组成部分之间的相互关系。实际上，在本书第 5 章我们会谈到 SAP 提出的"智慧企业"战略，其与"自适应"阶段是一脉相承的。

对于工业 4.0 这四个阶段，我们可以简单地描述为：阶段 3 解决了数据的采集问题；阶段 4 根据采集的数据，对已发生的事件做出判断和决策；阶段 5 则进一步对未来将要发生的事情做出预测；阶段 6 在阶段 5 做出预测的基础上，可以自动和自主地做出调整和适应。

显然，国内企业大多处于第 1、第 2 阶段，已经有一些企业在向第 3 阶段进军，并在一些局部领域进行第 4 阶段或第 5 阶段的尝试和创新。与德国企业相比，总体上来说，国内企业落后了整整 1 到 2 个阶段。在德国，使用像 SAP 这样集成化的商品化套件的企业已经非常普及。并且由于德国企业在传感器和嵌入式软件技术上相对领先，因此在向第 3 阶段和第 4 阶段进军时，其要比中国企业具有先发优势。

当然，从这个成熟度模型中，我们可以看到企业需要打通的几个数据点。

首先包括阶段 1 的部门级面向业务自动处理的数据流，以及跨业务部门的核心业务流程数据流。这两部分因为都是工业 3.0 的内容，因此相对比较容易理解。

由于第 3 个阶段是工业 4.0 的起步阶段，所以非常重要，打通数据点这个任务基本上都会在这个阶段完成。对于制造企业，需要打通从 ERP 到 MES 乃至现场设备的数据流，这是目前国内很多企业都在做的一件事情。但实际上，对于制造企业来说，ERP 到 MES 的打通只是生产计划到执行的打通，这还远远不够，还应包括设备数据、产品数据和供应链数据的打通。如果企业应用了企业资产管理（Enterprise Asset Management，EAM）系统，以及基于条件的维修（Condition-based Maintenance，CBM）系统，或者是预测性维护与服务（Predictive Maintenance & Service，PdMS），那么就需要将 EAM 和 CBM 或 PdMS 打通，进一步降低设备的故障率。此外，在这个阶段，还常常对产品进行智能化改造，加入物联网功能，对产品在使用状态中产生的大数据进行采集和分析，并对企业内部的产品研发、零部件采购、生产制造、质量管理等部门提供反馈，形成闭环的"Live Engineering"，以不断提高产品的质量和客户满意度。同理，供应链数据的打通形成"Live Supply Chain"，也可以起到提高供应链运作效率的目标。事实上，在理想的完美工厂（Brilliant Factory）中，为了实现"20/20 愿景"（也就是产品研发速度和产品交付效率分别提高 20%），除了 ERP 和 MES 的打通之外，其他几套数据的打通也是至关重要的。

2.2　工业 3.0 时代面向 "流程驱动" 的工业金字塔的形成和解体

讨论工业 3.0 到工业 4.0 的阶段划分，对实际工作的重要贡献之一就是可以帮助我们更好地理解不同阶段系统架构的变迁，从而指导系统的建设工作。同时，也只有从一个较长的阶段跨度上才能够更好地把握未来系统的发展方向，而不至于被一些过于 "遥远的" 理想化的概念和 "架构之美" 所迷惑。

2.2.1　工业 3.0 阶段一："计算机化" ——覆盖产品部分生命周期

如前所述，工业 3.0 第一个阶段的标志是实现企业部分业务流程的 "计算机化"。事实上，这也是很多企业进入数字化的第一步。

如图 2-7 所示，以汽车零部件行业为例，大多数企业进入 "计算机化" 阶段的原因是，在汽车零部件行业，有一些专有的业务流程必须要使用计算机加以处理。在销售领域，整车厂对供应商的要货指令有专门的格式，需要用计算机系统进行记录和转换；在生产领域，需要将对不同整车厂的供货要求汇总并转化为生产计划，并对生产过程进行跟踪和记录；在发运领域，需要根据整车厂的物流要求进行包装和运输。大多数零部件供应商的信息化都是从这几个业务流程开始的[⊖]。

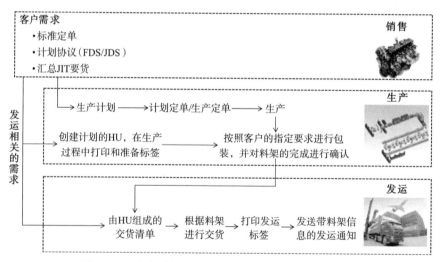

图 2-7　以汽车零部件供应商为例的 "计算机化" 阶段

事实上，SAP 就是伴随着这一阶段而发展起来的。如图 2-8 所示，在 1973 年，SAP 推出了以财务流程为重点的 R/1 系统；在 1992 年，SAP 推出了完整的 ERP

⊖　关于这部分内容可以参考笔者 2014 年在清华大学出版社出版的《SAP 汽车零部件供应商行业解决方案》一书，里面有非常详细的描述。

系统，涵盖了企业内部的大部分核心业务流程。在这一时期，大量企业通过实施一套完整的 ERP 系统走过了"计算机化"阶段。

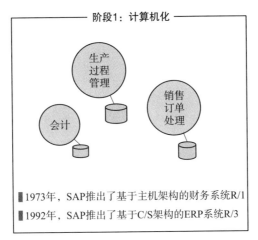

图 2-8　工业 3.0 的"计算机化"阶段的 IT 系统结构

2.2.2　工业 3.0 阶段二："连接"——产品生命周期的全覆盖

接下来，汽车零部件企业开始将信息化覆盖到从产品开发到批量生产直至中止生产的整个生命周期，从而进入工业 3.0 的"连接"阶段。这一阶段的主要特点是利用计算机系统实现了更大范围的业务流程覆盖，并着重完成了这些业务流程之间的连接和打通。如图 2-9 所示，围绕着汽车零部件产品的全生命周期与来自整车厂的产品订单之间的关系，计算机系统需要覆盖不同阶段的各种业务流程，并以产品的生命周期为主线，将这些流程打通。对于企业来说，这种转变是一种管理深化的必然。任何一家企业都不会一直只关注于价值链的一个环节。通过向上下游的扩展，企业可以获得更大的收益。这种扩展其实也为后续的业务模式转型奠定了基础。

随着企业计算机系统覆盖的业务流程的扩张，除了 ERP 之外，这一阶段还出现了一系列的业务部门 LoB（Line of Business）应用，如产品生命周期管理（Product Lifecycle Management，PLM）、供应商关系管理（Supplier Relationship Management，SRM）、客户关系管理（Customer Relationship Management，CRM）和供应链管理（Supply Chain Management，SCM）等。它们围绕着 ERP，以中间件平台为基础，形成了一整套完整的企业级系统，企业的 IT 架构也随之发生改变。在这一时期最典型的代表就是 1999 年 SAP 推出的基于 SOA 的集 ERP/PLM/CRM/SRM/SCM 于一体的商务套件 mySAP（见图 2-10）。

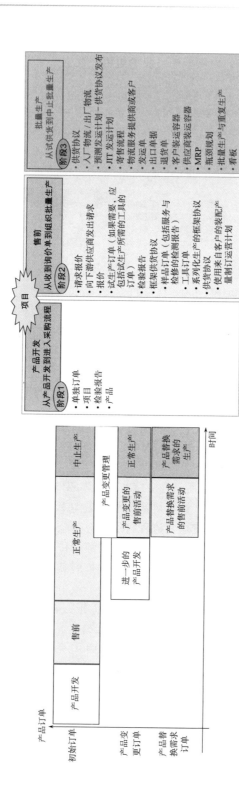

a）产品全生命周期与产品订单的对应关系

b）产品全生命周期里的各主要业务流程

图 2-9 以汽车零部件供应商为例的"连接"阶段

图 2-10 工业 3.0 的"连接"阶段的 IT 系统结构

2.2.3 工业 3.0 的巅峰——IT/OT 集成的制造金字塔架构

在工业 3.0 时代，企业在制造领域广泛采用的是福特制流水生产线。与这种生产线的结构相对应，制造执行系统（Manufacturing Execution System，MES）也是按照生产线的布局和硬件的配备而实现的静态系统——这是一种典型的"集中式生产自动化金字塔"（见图 2-11）。

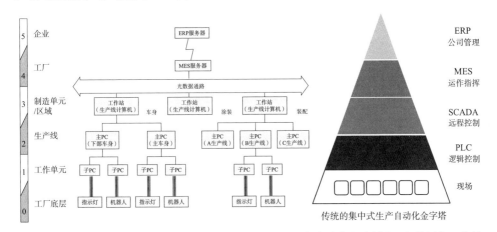

图 2-11 工业 3.0 时代对应的 IT 架构是一种"集中式生产自动化金字塔"，它是固定工艺的流水线生产方式在 IT 系统中的映射

在这种金字塔架构下，信息流沿着自上而下的方向，从 ERP 向 MES，再向下面的数据采集与监视控制系统（Supervisory Control And Data Acquisition，SCADA），乃至可编程逻辑控制器（Programmable Logic Controller，PLC）进行流动。其特点具体如下。

- 上层：总是发起通信（作为客户端）。
- 下层：应答（作为服务器）。
- 数据传输依赖于多道转换，从"电气信号"到"数据"到"功能"再到
  "服务"。

应该说，这种金字塔形的集中控制架构是 2000 年左右工业 3.0 的产物（见图 2-12）。实际上，正如第 1 章所提到的，从 20 世纪 70 年代开始，计算机技术和通信技术在制造企业中的应用就被分为两条主线——信息技术（Information Technology，IT）和运营技术（Operation Technology，OT）分别发展。IT 的发展经过了主机应用、ERP 诞生和 ERP 各个模块成熟、互联网等阶段。OT 的发展经过了直接数字控制（Direct Digit Control，DDC）、远程 I/O、现场总线协议等阶段。这一阶段被称为"IT/OT 孤岛的架构"。到了 2000 年左右，出现了 IT 与 OT 集成的架构，即金字塔形的分层架构。在这个架构中，上下层之间实现了数据的交换、传递和集成。这种集成架构从 2000 年左右成型发展到今天，围绕着 ERP 又出现了一系列 LoB 应用，组成了完整的商务套件。与此同时，以 ERP 为核心的商务套件与 MES 之间的接口也开始提上议事日程。

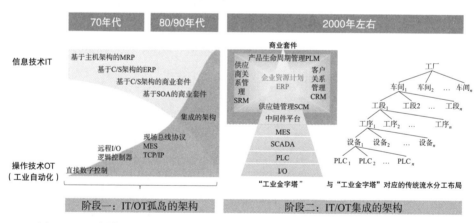

图 2-12　金字塔型的集中控制架构作为工业 3.0 的代表在 2000 年左右已经定型

1995 年，国际自动化学会（International Society of Automation，ISA）召开了第一次会议，启动了以 ERP 为代表的企业系统和以 MES 为代表的控制系统之间的集成，目的是在 ERP 与 MES 实现接口的时候减少成本、降低风险和失误，这套标准称为 ISA-95。如图 2-13a 所示，ISA-95 标准委员会将标准分为 5 个部分，分别集中在 ERP 与 MES 的接口，以及 MES 内部的制造操作功能上。

尽管 ISA-95 标准的制定花费了较长的一段时间，但是在 2000 年左右，在汽车行业，ERP 与 MES 的集成化系统就已经达到比较成熟的水平。如图 2-13b 所示，无论是处理销售的 ERP 还是编制生产计划的 SCM，以及执行生产计划并反馈的

MES，在汽车行业里都早已经成为标准，并在 2000 年左右在全行业得到实施和推广。传统的集中式金字塔架构在汽车行业得到了巅峰式应用[⊖]。

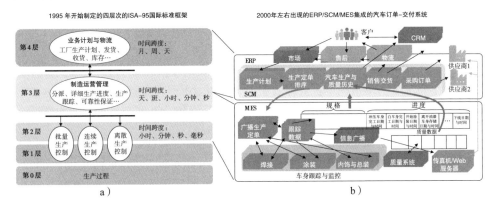

图 2-13　ISA-95 标准和 ERP/SCM/MES 的集成系统

2.2.4　进入工业 4.0 时代之后的工业金字塔解体

那么，究竟是什么技术松动了这个集中式的工业金字塔的架构呢？答案其实就在企业的网络上。如图 2-14 所示，目前大多数的企业存在三个网络：一个是对外的互联网，主要用于与外部客户和合作伙伴的商业信息交互；一个是企业信息网络，主要供企业管理人员和业务人员使用，ERP、SCM、PLM 等系统都主要运行于这个网络上，但是难以延伸到生产现场；还有一个是工业控制网络，主要用于连接企业的生产设备，里面产生和存储了大量生产数据，然而这些数据却难以突破自身范围，基本上都消失在工业控制网络中。

图 2-14　金字塔的背后是割裂的网络，其阻碍了企业生产力的进一步提升

⊖　关于这部分内容，可以参考笔者 2006 年和 2009 年分别在电子工业出版社出版的《汽车行业供应链战略、管理与信息系统》《汽车行业整车订单交付系统》两本书，里面有非常详细的描述。

目前在工业互联网领域出现的一些新模式和新业态，如智能化生产、网络化协同、个性化定制和服务化延伸等，都需要打破这种网络割裂的现状，实现数据的无障碍共享和流通，这在业界已经成为普遍的共识。

企业的业务发展迫切地希望打通企业内部的信息网络和工控网络，以及外部的网络，实现企业设计、研发、生产、管理、服务、系统各个环节的各类要素的互联，俗称"一网到底"。这意味着，对外需要实现生产企业与智能产品、用户、协作企业等工业全环节的广泛互联，推动网络化协同、服务化延伸；对内需要实现工厂内生产设备、信息采集设备、生产管理系统和人等生产要素之间的广泛互联，实现智能化生产和个性化定制。如图 2-15 所示。

来源：工业互联网产业联盟

图 2-15　业界希望将工厂的内网连接、外网打通，以建立一体化的大网

随着企业内网和外网的融合与统一，在工业控制领域的工业现场总线技术和工业以太网技术，以及传感器技术的推动下，开始从底层逐渐瓦解原有的金字塔架构（如图 2-16）。例如，很多传感器企业开始在物理传感器的基础上，在生产现场设置与传感器配套的网关，在云端建立传感器云，为 ERP 系统提供虚拟传感器，从而提供"传感器即服务"（Sensor as a Service）——碰巧它的缩写也是 SaaS。在以前，如果 ERP 想获取 PLC 或传感器数据，需要层层向下索取。由于每一层的协议和情况都不同，以至于 ERP 厂商放弃了这方面的努力，将这部分个性化程度很高的工作交给了 MES 和 MES 的实施商去完成。今天，通过这种"传感器即服务"直接在云端获取传感器数据的做法，在以前几乎是难以想象的。PLC 的情况也是一样。对于传统的金字塔架构，PLC 云的出现也是一种釜底抽薪式的巨大改变。接下来一个很自然的问题就是，如果 ERP 可以十分便捷地拿到 PLC 和传感器数据，那么 MES 存在的价值在哪里？毕竟来说，MES 的代码体量可能还不及 ERP 的一个模块，它的业务逻辑与 ERP 相比也要简单许多。

如图 2-17 所示，以德国 IFM、Festo 为代表的传感器和工控设备厂家普遍提供了自己的物联网网关,将自身产品的运行大数据直接传到云上。这种设备上云的趋势在装备制造行业已经十分普遍和成熟。

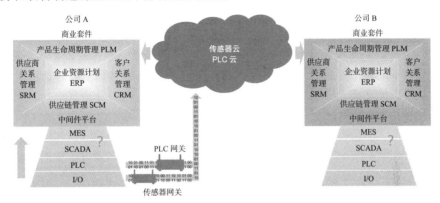

图 2-16　传感器云和 PLC 云的出现,正在从底层开始改变传统的工业金字塔架构

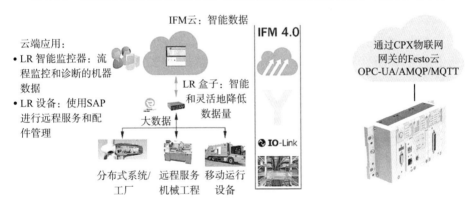

图 2-17　以德国 IFM、Festo 为代表的传感器和工控设备厂家普遍实现了设备上云

在迈向工业 4.0 的过程中,随着 PLC 和传感器通信能力的提升和标准化程度的提高,传统工业金字塔架构正在逐渐瓦解。如图 2-18 所示,在未来的制造工厂里,无论是 OT 领域的设备嵌入式软件,还是传感器和 PLC 的应用,抑或 IT 领域工人使用的应用系统,都将会连入云端,甚至直接驻留在云端,从而打破传统的 IT 与 OT 的分隔,实现比" IT/OT 集成"更加紧密的" IT/OT 融合"。在这一背景

图 2-18　在未来的制造工厂中,无论是产品、设备还是系统都将会在云端形成一个虚拟的映射

下，工业 4.0 最为关键的技术——信息物理系统（CPS）出现了。

2.3　工业 4.0 和工业互联网时代基于 IT/OT 融合的 CPS

在谈及历次工业革命的时候，人们的目光常常会被一些耀眼的技术所吸引，从而不自觉地将工业革命与技术革命等同。但实际上，在技术革命的背后一定有着科学革命的支撑。往往是科学的理论、概念、规范，或者说是范式或模式的突破，推动了技术革命。

系统论、信息论、控制论（三论）是第二次世界大战后诞生的一组新兴学科，为工业 3.0 提供了新思路和新方法。而在工业 4.0 的背后，同样可以找到上述"三论"的影子，并且在其基础之上诞生了新的范式和模式——信息物理系统（Cyber Physical System，CPS）。

2.3.1　从工业 3.0 的控制论走向工业 4.0 的 CPS

在工业 3.0 时代，人们总是试图按照控制论的原理，将制造企业定义为一个可以集中控制的系统。这样一个系统具备四个特征（如图 2-19 所示），具体如下。

- 要有一个预定的稳定状态或平衡状态，如生产线的生产节拍。
- 从外部环境到系统内部有一种信息的传递，如对设备状态的监控。
- 配备一种设计用来专门校正行动的装置，如对设备的调整。
- 这种系统为了在不断变化的环境中维持自身的稳定，内部都具有自动调节的机制，如全局生产管控。

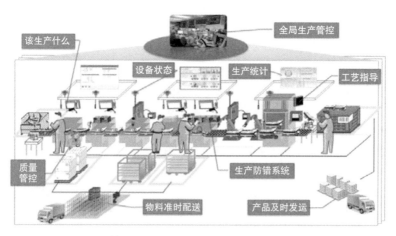

图 2-19　传统的基于控制论设计的生产制造过程管理

在工业 3.0 时代，这样一种基于传统控制论的生产制造过程管理方式，配合计算机技术和网络技术，已经发展到了顶峰。在设计工厂和业务时，人们总是"尽可能详尽地预先定义所有的流程"，既包括正常运行的流程，也包括意外处理的流程，从而让所谓的"集中在中央"的"业务处理流程"变得极为复杂，同时也极不稳定。面对日益复杂的制造需求，以及一些经常充满矛盾的业务需求，如大规模定制，其经常力不从心，优化提高的空间已经十分有限。

　　与工业 3.0 相比，工业 4.0 背后的理论技术是分布式人工智能（Distributed Artificial Intelligence，DAI）领域的信息物理系统（CPS）技术。按照 CPS 理论，"权利的分散和自我组织的程度与系统的复杂性呈正相关性"——也就是说系统越复杂，就越需要通过权力分散和自我组织的分布式控制系统来实现。通过这种自组织的分布式控制，可以大幅度地优化现有的生产制造过程。

　　CPS 在企业中的应用不仅仅局限在车间中。未来，企业将建立全球化网络，将它们的机器、仓储系统和生产设施都纳入 CPS 中。在这样一个新的制造环境下，这些 CPS（包括智能的机器、仓储系统和生产设施）相互之间可以自由地进行信息交换，独立地触发相应的动作和控制。这种做法可以为企业的工业流程，如制造、工程、材料使用、供应链、生命周期管理等带来根本性的改变（见图 2-20）。

图 2-20　由分布式人工智能技术催生的 CPS 成为工业 4.0 的核心架构技术

2.3.2　CPS 的定义

　　从结构上来看，CPS 由以下四个部分组成。
- 传感器：用于感知物理世界的信息。
- 控制器或执行器：用于执行对物理实体的操作。
- 计算部件：可以是集中式的，也可能是分布式的，能够根据物理世界传递的信息进行恰当的处理与分析，并制定控制和执行策略。
- 通信网络：用于连接以上各个单元以及相关的信息、对象、事件和人。

在实践中，CPS 是带有嵌入式软件的系统（可以是设备、建筑、运输工具、运输路线、生产系统、医疗过程、物流过程、管理过程的一部分），它可以实现的功能如下。

- 使用传感器直接记录物理数据，通过执行器影响物理流程。
- 评价和保存已记录的数据，主动地或被动地与物理世界或数字世界进行交互。
- 在全球网络中，通过数字化通信设施（无线或有线，局域网或广域网）相互连接。
- 使用全局可获得的数据和服务。
- 具有一套专门的、多种模式的人机界面。

图 2-21 给出了一个典型的 CPS 结构。我们可以将 CPS 抽象为"感""连""知""控"四个字。其具体含义如下。

- "感"是指多传感器协同感知物理世界的状态。
- "连"是指连接虚拟世界与物理世界的各种对象。
- "知"是指通过对感知数据的认知和推理，正确、深入地认知物理世界。
- "控"是指根据认知结果，确定控制策略，发送控制指令，指挥各执行器协同控制物理世界。

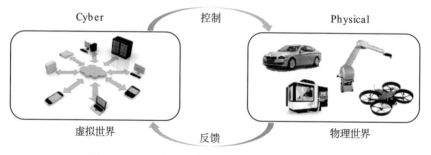

图 2-21　CPS 打通了物理世界与虚拟世界的交互

事实上，CPS 并不是一个很容易理解的概念。从英文的角度，cyber 和 physical 是两个形容词，system 是名词，因此不少人会认为 CPS 是一个"网络的物理的系统"，看起来似乎有些矛盾。但实际上，如果把 CPS 理解为"CS + PS"，也就是"Cyber System + Physical System"，即"信息系统加上物理系统"，就容易理解了。在制造行业，物理系统（PS）通常是指物理世界中的物理资产，它们通过物联网与网络世界中的虚拟资产相映射，即与网络双胞胎或网络映像，或者说是信息系统（CS）相映射。这样一对相互映射、相互映像的物理系统和信息系统的组合，就被称为 CPS。在图 2-22 中，CPS 的物理部分通过传感器，与网络部分实现了数据相连；网络部分通过执行器，促使物理部分做出改变。细心的读者不难发现，CPS 的概念与今天流行的数字化双胞胎具有极强的关系性。

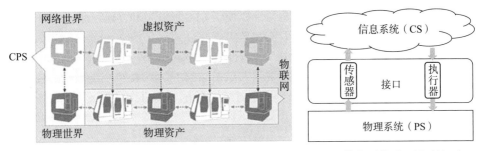

图 2-22　信息物理系统（CPS）实际上是"物理系统（PS）"＋"信息系统（CS）"的组合

　　CPS 在实际中的应用已经形成了一种范式（也就是整个行业所共同接受的技术方式），为工业 4.0 在制造业的应用奠定了基础。如图 2-23 所示，以制造行业的工厂为例，"物理世界"中的设备或产品被附上了多种传感器，它们将收集到的数据发送到云端。在云端，建立起设备或产品的"虚拟世界"，对设备和产品进行模拟、预测等运算。由于传感器发来的数据量通常很大，无疑这属于大数据的范畴。当然，在云端可以利用的数据往往不仅仅局限于这些传感器数据，同时也要与设备或产品的"交易数据"混合起来，形成"智能大数据"，并据此做出更加全面、及时的决策，由此对设备或产品发出动作指令。与此同时，这种数据收集不仅仅局限于工厂内部，工厂的上下游也会收集数据、发出指令，从而推动整个工厂及其上下游的运行。

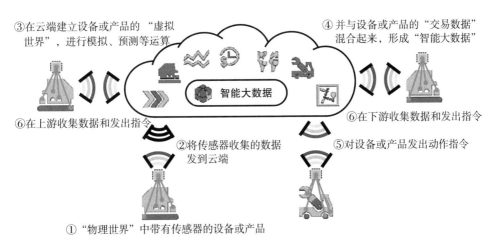

图 2-23　CPS 的应用使工业 4.0 为制造业的数字化转型提供了新的创新范式

2.3.3　基于 CPS 理论建立新的企业数字化架构

　　在新的制造业创新范式中，由于 CPS 的日益普及，在搭建新的企业数字化架构时，有必要对 CPS 进行组织和分类，以便于 CPS 的开发和互连互通。

在工业 4.0 的工业标准，即参考架构模型工业 4.0（Reference Architectural Model Industry 4.0，RAMI 4.0）中，可通过三维坐标轴的方式，将工业 4.0 中 CPS 复杂的相互关系分解为小且简单的群组。如图 2-24 所示，构成三维坐标的轴分别是分级层次（Hierarchy Level）轴、生命周期与价值流（Life Cycle & Value Stream）轴、层级（Layer）轴。

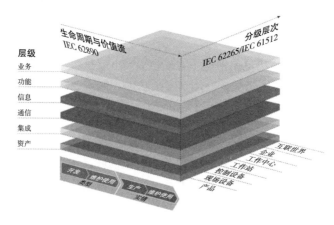

图 2-24　参考架构模型工业 4.0

分级层次轴：这条轴位于模型的右方，其标准来自于 IEC 62264 / IEC 61512——企业 IT 和控制系统国际标准系统。分级层次轴里面包含的多个分级层次代表了工厂或设施的不同功能。为了代表工业 4.0 的环境，这些功能被加以扩展，包括工件、带有标签的产品、与物联网和服务网的连接，以及带有标签的"互联世界"，如图 2-25 所示。

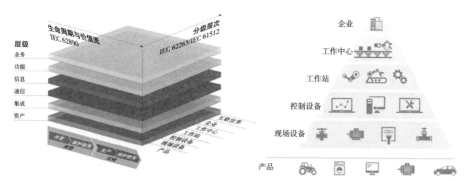

图 2-25　第一个轴是从外部到企业，从企业到产品的层级结构

生命周期和价值流轴：这条轴位于模型的左方，代表了设备和产品的生命周

期。它的定义基于生命周期管理的 IEC 62890 标准。进一步地，RAMI4.0 还对"类型"和"实例"进行了区分。当设计和原型试制工作完成，实际的产品投入生产之后，一个"类型"就变成了一个"实例"，如图 2-26 所示。

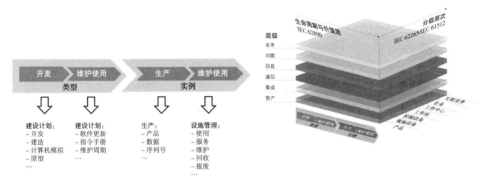

图 2-26　第二个轴是围绕着产品的生命周期，从开发一直到维护使用

层级轴：在垂直的方向分为六个层次，用来将一台机器设备按照属性结构，一层一层地进行分解，即机器设备的虚拟映射。这里每一层属性的划分都参考了通信行业著名的七层协议结构[⊖]，将复杂的系统分解到具体的一个个层次上，如图 2-27 所示。由下至上，它们分别如下。

- 资产层：例如传感器、执行器、机械零件、文档，等等。
- 集成层："真实的世界"与 IT 代表之间的接口，以及资产的人机接口。
- 通信层：实现与信息层之间协调的通信。在需要的情况下，如对于时间特别敏感的应用，可以通过实时的网络实现直接通信。
- 信息层：实现对数据的工业 4.0 兼容数据的代表与访问。
- 功能层：实现对资产的工业 4.0 兼容的功能访问。此外，它也是业务流程的基本服务。
- 业务层：组织和业务流程的实现。

在 RAMI4.0 的三维坐标轴中，最能体现工业 4.0 精髓的就是第三个轴。在它的六个层级中，我们可以将 CPS 划分为两大部分：一是物理世界中的"资产"和一部分的"集成"；二是数字世界中的"业务"、"功能"、"信息"、"通信"和一部分的"集成"。我们将数字世界部分称为"管理壳"（Administration Shell），它由 CPS 的整个数字部分构成。与"管理壳"对应的就是物理世界部分，由整个 CPS 的实物部分构成，称之为"物"（Thing）——也就是说：CPS ="管理壳"+"物"。

⊖　通信行业普遍使用的是 OSI 的通信系统互连参考模型。它有 7 层结构，7 层从上到下分别是：应用层、表示层、会话层、传输层、网络层、数据链路层、物理层。其中高层，即 4 ～ 7 层定义了应用程序的功能，下面 3 层，即 1 ～ 3 层主要面向通过网络的端到端的数据流。

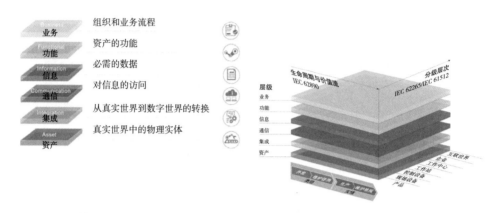

图 2-27　第三个轴是系统架构的分层，分为"业务 – 功能 – 信息 – 通信 – 集成 – 资产"

"管理壳"和"物"的分离是 RAMI4.0 的精髓之一，它为整个工业 4.0 的系统架构奠定了重要的基础。我们可以设想，在工业 4.0 的系统中，无论是产品还是设备，每一个"物"在某一个时间点都对应有一个"管理壳"。随着时间的推移，当产品移动到另一台设备，或者离开工厂进入消费和使用环节，无论这个"物"是否有实质上的材料或装配或性质上的改变，它的"业务""功能""信息""通信"等一定都发生了改变，这个"物"就会对应于另一个"管理壳"。所以，一个"物"可以对应多个"管理壳"。同样的，"物"既可以是一个最小的资产，也可以是多个资产的组合。如图 3-28 所示，"管理壳"作为与物对应的数字部分，既可以集中部署在云端，也可以部署在"物"上，这与嵌入式系统或今天流行的边缘计算等概念十分吻合。

无疑，工业 4.0 系统的架构目标可以用如下两句话来描述：
- 工业资产变成可以通过标准的接口提供数据和服务的"工业 4.0 组件"。
- "管理壳"将一个"工业 4.0 组件"的数据和服务暴露给另一个"工业 4.0 组件"。

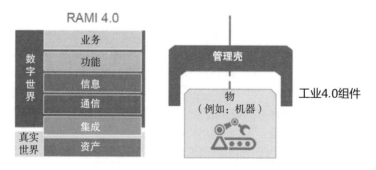

图 2-28　工业 4.0 标准将 CPS 的数字化部分抽取出来，称之为"管理壳"

对于传统的在各个业务部门或业务人员之间以文档 / 单证驱动的业务来说，"管理壳"和"物"的出现是一个革命性的变化。工业 4.0 将会转向由"管理壳 + 物"构成的"工业 4.0 组件"之间的数据交换和服务请求与提供来驱动的业务（如图 2-29 所示），具体表现在以下几个方面：

- 业务部门或业务人员之间的协同，转变为"工业 4.0 组件"之间的服务请求与提供，其自动化水平和智能化水平将大大提高。
- 业务执行过程从过去的集中执行（预先在中央服务器上集中定义所有的文档 / 单证流处理逻辑），转变为"工业 4.0 组件"之间通过服务 - 请求方式的分布执行，业务逻辑驻留在"工业 4.0 组件"的"管理壳"上。
- 业务的执行从过去业务部门或业务人员的手工处理或在 IT 系统中的人机交互处理，转变为"工业 4.0 组件"进行自动处理。
- 文档与单证在业务部门或业务人员之间的流转，转变为"工业 4.0 组件"的数字化映像的共享和交换，共享和交换的内容得到大大丰富。
- 业务部门或业务人员对文档和单证的处理逻辑，将被"工业 4.0 组件"的"管理壳"所取代，其功能将大大提高。

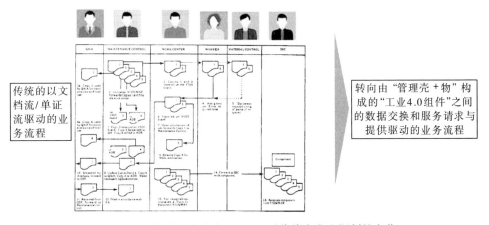

图 2-29　业务推动方式在工业 4.0 时代将会发生深刻的变化

在新的业务流程架构下，以往难以实现的很多功能利用新的思路可以迎刃而解。如图 2-30 所示的生产线上多个设备的协同场景中，在吹塑机、包装机、贴标机和自动导引运输车（Automated Guided vehicle，AGV）之间，当某一个设备的产能发生波动时，从生产线整体优化的角度来看，需要另外的设备加以配合。按照以往的实现方式，需要在集中的 MES 中将这些场景提前编入程序。而在工业 4.0 下，可以通过这些"工业 4.0 组件"之间的服务请求和执行，用一种更加自然、易于扩展和维护的方式加以实现。

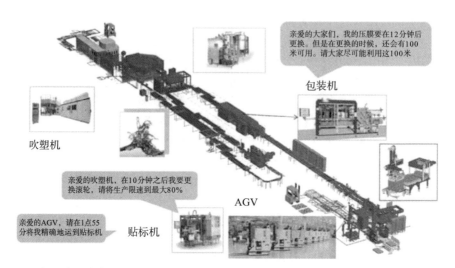

图2-30　每一台设备都可以在"管理壳"的支持下进行"设备 - 设备"间的协商，从而推动
　　　　业务流程

事实上，"管理壳"的概念和标准正在 SAP 的系统中得到应用和实现。所有的产品和设备都将对应到一个或多个资产管理壳（Asset Administration Shell，AAS）中，使其成为承载产品和设备业务处理逻辑的载体。

随着管理壳概念的引入，ERP 和 MES 之间的界限在工业 4.0 的环境下也会不断地淡化和融合，企业层的功能和应用会被不断地整合到车间的生产管理中，而车间层的功能和应用也会不断地被整合到企业层中。换句话说，IT 与 OT 将会从上一阶段的集成架构走向 IT/OT 融合架构。MES 中的一些典型功能将在 ERP 系统中执行，传统的 ERP 系统的计划任务也可以转移到 MES 的详细计划中执行。

总的来说，在工业 4.0 的环境中：

- 设备会变得更加智能。
- ERP 和 MES 之间的边界会更加模糊，ERP 和 MES 都有可能直接访问设备。
- 整个架构会变成一个智能系统的网络。
- 以"服务到服务"的方式进行协作。

自动化金字塔固定等级划分的消失并不意味着各个层面上的系统变得多余，它更多的是让不同的层面实现无缝连接，以达到工业 4.0 所提出的要求。实际上，不仅是 ERP 与 MES 之间的界限会更加模糊，在 IT/OT 融合的大背景下，ERP、MES、SCADA 和 PLC 之间的界限也会逐渐模糊。最终，这些系统的功能会形成云端的多个服务节点（"管理壳"），相互之间可以柔性地组合、通信和交互，从而实现更加灵活的制造流程（如图 2-31 所示）。

在实现这一目标的很长一段时间里，ERP、MES、SCM 等应用作为商品化软件仍将存在。在目前阶段，一个比较现实的方案是在私有云或公有云的平台上搭建虚拟世界中的智能工厂系统，将 ERP、MES、SCM 等软件提供的功能，按照服务的颗粒度进行组合，并通过统一的制造服务总线，供物理世界中的设备和人员接入——这就是如图 2-32 所示的基于云计算的面向制造行业的新一代系统架构。在图 2-32 中标明的制造服务总线就是本书后面章节里要谈到的数字化双胞胎网络。

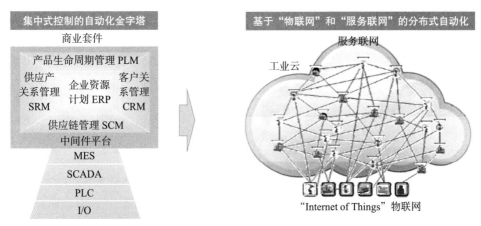

图 2-31　基于"物联网"和"服务联网"的分布式自动化，是集中式控制的自动化金字塔
　　　　转型的终极阶段

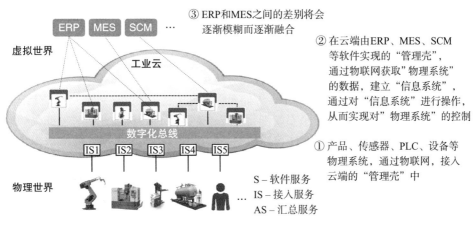

图 2-32　在目前阶段，搭建数字化架构的第一步是"上云"，利用云端的 ERP/MES/SCM 打
　　　　造面向制造的新一代系统架构

　　IT/OT 从分散走向集成，再到融合，不仅涉及技术和系统的升级，也包括对应的产品、设备、工艺、流程和业务的改造。目前大部分企业现状距离 CPS 的理想状态还有很长一段道路要走。

如图 2-33 所示，对于任何一个新技术来说，前期都会面临一个相对尴尬的时期——人们对其期望的高速膨胀，而技术的发展则仍处于相对不成熟的阶段。"集中式生产自动化金字塔"从建立到打破，再到建立分布式云端结构，需要仔细考虑其中的技术路线和策略——"自上而下"，还是"自下而上"，或者是两者兼备？

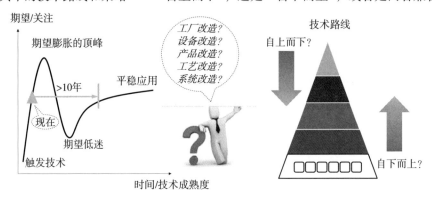

图 2-33　实现新一代架构的两种技术路线需要经过仔细的考虑

按照目前软件行业的发展趋势，ERP、SCM 乃至 MES 的 SaaS 化都是自上而下朝着未来的"服务联网"方向发展的一股力量。而按照目前工业界的发展趋势，围绕着设备、PLC 和传感器进行数据采集和汇总，在云端开发各种工业 App，则是自下而上朝着未来的"服务联网"方向的另外一股力量。对于这两股力量所分别代表的两种技术路线，企业需要进行仔细的研究和斟酌。

2.3.4　基于 CPS 的 CPPS

如前文所描述，工业 4.0 认为，权利分散和自我组织的程度与系统的复杂性呈正相关性。而在工业 4.0 的愿景中，人们面临着更加复杂的制造系统。按照传统的做法，解决复杂系统的做法是不断细化流程，对流程进行梳理并使之标准化。大量的管理技术都是建立在这个主导思想上的。这种统一化和标准化的做法相当于是对未来事件进行预测性的尝试，其目的是在这件事情真的发生的时候，我们能够用标准化的行为模式来应对它们。而这种统一化和标准化的背后无疑反映了集中式控制的思想，即对一个事件的应对逻辑或者流程的流动去向，最好都能在事前进行精密的勾画，并放在一台服务器和一套系统中。

然而在工业 4.0 时代，随着要求和标准的提高，必须要处理更加个性化的客户需求、更加灵活的生产工艺、更加精密和敏感的机器设备、更加多变的环境变化，其背后是更多的数据，以及更多的预测和判断。由于预测和判断结果的组合与信息量一样呈指数增长，人们已经无法完备地穷尽所有的可能性，因此得到了这样一条原理：越详尽地预先定义一个流程，这个流程越不可能按照之前计划好的形式和预计的时间出现。在工业 4.0 的环境中，对业务流程的控制将不再是基于事先完备的定义，而必须要通过自组织的分布式决策系统来实现。

　　我们仍以汽车的生产为例来说明这一问题。如图 2-34 所示，今天的汽车生产组织的特点依旧沿袭了福特流水线的做法，它所能实现的大规模定制是对传统的流水线生产方式的一种增强——我们称之为"大规模定制 1.0"。

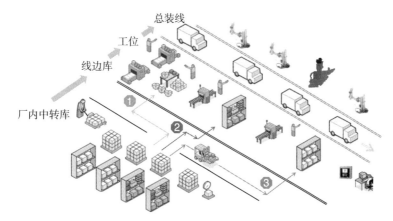

图 2-34　传统的福特制汽车生产流水线

　　打个形象的比喻，这种大规模定制 1.0 就像一个能工巧匠制作的八音盒，在一个金属滚筒的表面上，根据乐谱，十分精密地焊上表面凸起的焊点。然后让滚筒按照恒定的转速，在精确的时间和位置上拨动下方的金属细条，发出美妙的声音（见图 2-35）。这种发音的方式整齐、划一、可重复，但实现一套曲目的过程同时也很僵化和漫长。

图 2-35　八音盒的原理

　　八音盒的原理其实与目前大规模定制 1.0 下的汽车生产如出一辙。如图 2-36

所示，客户可以在订单中配置自己想要的车辆。每一张订单对应一个客户的定制车辆。这些订单在生产之前要进行精确的排序，然后在生产线上按照顺序依次移动。而反映客户定制要求的零部件也会按照订单的顺序，提前运送到生产线上，然后依次被装到车辆上，其顺序与事先安排的顺序一模一样。

这种生产方式存在明显的缺陷，具体原因如下。

- 生产线上各道工序的布置是固定的，车辆必须在这些工序之间依次移动。如果客户所要的定制化车辆需要有特殊的工序，则难以对生产线进行调整并加以满足。
- 生产订单和客户的订单之间是一一对应的关系，其排序需要考虑生产线的节拍平衡，以及供应商的供货能力。排序计划需要提前与供应商进行沟通。一旦生产订单顺序发生异常变化，就需要有一定的缓冲时间和缓冲库存来进行调整。
- 员工的工作内容机械单一，缺乏参与感和创造力。

总的来说，大规模定制 1.0 带来的是高成本下的有限定制能力（固化的硬件投资、有限的产品配置选项、对外界执行误差的低容忍）。到目前为止，制造工艺（包括加工顺序和路线、工作中心分配等）始终是作为固化的前提条件，限制了大规模定制生产进一步提高柔性和降低成本的可能。

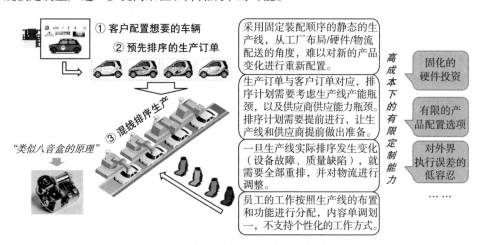

图 2-36　大规模定制 1.0 存在的缺陷

为了解决这些问题，按照工业 4.0 的理论，只有通过分散的智能主体（即CPS）相互之间的协同，才能够实现。也就是说，分散、委托责任及建立自主的主体是绝对必要的。

图 2-37 形象地展示了智能工厂中使用 CPS 技术后的全新生产方法。在这里，被加工的产品可以被看成是一种 CPS（称之为"智能产品"），可以被唯一地加以标

识，可以在任何时间和地点被定位，并像一个具有"智能"的人一样，知道自己的历史、当前的状态，以及为了实现目标准备可以备选的加工路线。工厂里的嵌入式制造系统也可以被看成是一种 CPS（称之为"智能设备"），不仅在企业内部实现垂直的网络连接，而且还在跨企业的价值网络之间实现水平的连接，从而实现实时的管理——让订单从下单的那一刻起，一直到对外交付。通过智能产品与智能设备、智能设备与智能设备之间的协商，动态地确定出一条加工路线。这种基于 CPS 理论的生产系统称为信息物理生产系统（Cyber Physical Production System，CPPS）。

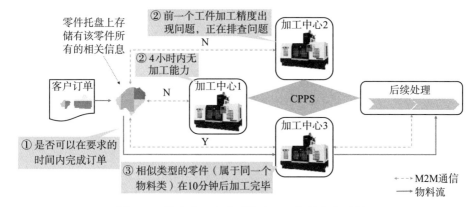

图 2-37　信息物理生产系统（CPPS）的生产运行

　　以德国奥迪汽车为例。对于未来基于 CPPS 的生产，奥迪有着自己的愿景。如图 2-38 所示是奥迪对 2030 年的未来数字化工厂的诠释——传统的生产流水线已经不存在了，零部件通过无人机在车间里进行传递，客户通过三维扫描获得身体尺寸以定制座椅，工人与机器人协同工作，车身零部件由 3D 打印机打印，汽车以自动驾驶的方式驶离装配线。在本书后面的章节里，我们会详细介绍奥迪在这一项目上的最新进展。

图 2-38　奥迪对未来数字化工厂的设想

不仅是在整车生产领域，在汽车零部件生产领域，德国戴姆勒－奔驰也正在进行类似的尝试。后轴装配是整车装配中仅次于发动机装配的最复杂和最重的工序。在戴姆勒－奔驰的一个创新获奖的项目中（见图2-39），采用了类似的网络化生产的技术路线。完整的后轴装配由45台联网协同的机器人共同完成，直到工序的最后，后轴总成才会被放置在由12个工作台组成的人工装配工序上。这种方法可以将所有的人工工序尽可能地压缩并汇总到一起，以确保整个工厂无须改变人工装配节奏或工作内容，即可应对数量和BOM变化的灵活性和柔性要求。此外，机器人之间的协作体现了极高的协作效益。当零件在各个机器人之间移动时，传统的人工工位之间转移的时间浪费被消除，生产节拍大大加快，并且每道工序的完整装配记录均可以自动保存到质量检测数据库中，以保证整个过程可追溯。

图2-39　获奖创新项目：梅赛德斯－奔驰在C Class的后轴装配中取消流水线

2.4　小结

微服务架构是工业互联网未来的发展方向。它的实现依赖于在CPS理论的指导下，将传统的在部门之间通过"单证＋文档"的流程驱动方式，转变为以管理壳承载业务逻辑，以"工业4.0组件"之间通过服务请求和服务执行的数字驱动方式。在未来很长一段时间里，这两种方式将会在企业中并存，形成"数字和流程混合驱动"的模式。

"管理壳"＋"物"的组合及其对于CPS的映射与实现，与微服务的理念十分贴合，将会推动微服务架构在工业互联网领域的应用和发展。目前，企业软件从On-Premise向SaaS的迁移和开发工作正在主流企业级SaaS供应商的主导下进行。以SAP为代表的企业软件商已经开始将工业4.0的相关体系标准（如RAMI 4.0）纳入新的产品架构中。但是，我们也应该意识到，即便完成了从On-Premise向SaaS的迁移，也仅仅是迈出了万里长征的第一步。在很长的一段时间里，工业App作为企业级SaaS软件的补充与增强，仍将处于辅助地位。寄希望于从一开始就用工业App的功能划分方式完成目前大型工业软件的解耦合，将会是一条十分艰辛的道路。

SAP Leonardo 平台和智慧企业

第 3 章 | Chapter 3

基于数字化"双模"理论打造工业互联网

在过去 20 年里,管理软件领域最大的成就之一就是出现了以 ERP 为核心的商品化套件业务管理软件。它将相互之间集成的、从功能上覆盖全价值链的多个软件打包成一个整体,功能上相互呼应,数据上互为补充,流程上互相集成,实现了管理软件的规模化、经济化和集约化,降低了软件厂商的开发成本、客户的拥有成本和实施成本。软件厂商通过不断地吸纳客户的最佳业务流程实践,让套件日臻完善,从而为客户带来最大的长期价值。SAP 正是商品化套件管理软件的提出者和最大的受益人。

但是进入工业互联网时代,人们开始意识到这是一个"软件定义的世界"(Software defines world)。软件战略地位的提升推动我们对软件的定位进行重新认识,思考商品化套件软件的未来,最终诞生了数字化"双模"的旗舰产品体系。这套体系不仅被软件公司用于指导相应的软件开发,对于企业打造工业互联网、规划新一代的数字化整体架构也有着重要的指导意义。

3.1 数字化时代下的市场趋势

今天,许多商业领袖及其所在的企业都普遍认识到,数字技术的作用正在从提高边际效率转向对商业基础(如商业模式)的重塑和创新,有时甚至是"颠覆式创新"(Disruptive Innovation)。企业面临的困境是:虽然它们已经意识到市场的这种变化,并且也愿意为未来做准备,但同时却常常被现实所束缚——这些企业毕竟已经在传统的 IT 系统上进行了大量的投入。而对于传统企业的高管来说,在市场上流行的关于数字化转型的很多成功故事,如苹果、谷歌和亚马逊,以及一些新兴商业模式的创造者，如 Uber 和 Airbnb，这些例子过于特殊和传奇，难以借鉴。

数字化转型意味着重新定义 IT 规则和首席信息官（CIO）的作用。目前有一种观点就是，在数字化转型时代，CIO 的力量正在被削弱——这其实是一种误解。目前，企业对于商业软件的定位正在从将软件即资产（Software as an Asset，SaaA）——对应为资本费用，向软件即服务（Software as a Service，SaaS）——对应为运营费用进行转变。企业采购软件和相关服务的决策中心正在从 IT 部门转向业务部门 LoB（Line of Business）。而业务部门的买家不仅期望在使用软件的时候能够尽可能方便，在购买软件之后也希望尽快能够获得收益。IT 的价值不再是为了让业务更加有效率，而是为了将业务、知识和技巧编入软件——在今天，软件就是业务。同时，商业软件不再仅仅被视为一项投资，让买方来承担实施和后续运维的全部风险。相反，商业软件越来越被视为一项服务，并且会持续产生运营费用。而 CIO 在企业当中的角色也将从代理纯技术提供商转为代理技术集成商。

3.2 客户和咨询公司对商业软件的新要求

3.2.1 来自客户的新要求

在以工业互联网技术为代表的数字化时代，企业对商业软件提出了更高的要求（如图 3-1 所示）。从 SAP 的角度来看，具体可以归结为以下三点。

一是对传统商业套件覆盖的功能进行数字化改造，无论是在数据处理性能、决策支持能力还是在人机交互方面，都要能够满足数字化时代的要求。这对于 SAP 来说，需要对原有的商务套件在数据库层面、数据结构层面、系统架构层面和用户体验上进行彻底的更换、重新设计和规划。

二是快速拥抱新技术，特别是云计算技术。这对于传统的商业套件来说，无疑是一个浩大的工程。SAP 的愿景是成为一家云产品公司，不仅要在全产品线上向 SaaS 迁移，同时也要继续在本地独立部署（On-Premise）软件上进行创新，保护客户的已有投资。此外，物联网、人工智能、区块链等新技术不仅会极大地丰富现有的产品功能，也可能会对目前产品中内含的流程带来颠覆性变化。

三是在系统架构上的变化，要求 SAP 提供 PaaS 平台、微服务、API 等开发能力，对 SAP 的 On-Premise 系统和云产品进行扩展和集成，并支持目前流行的诸如 Google、亚马逊、微软等 IaaS 平台。目前 SAP 结合自己的公有云 SaaS 产品和 PaaS 平台，在全球建设数据中心，以及推动建设合作伙伴生态系统。

在这样的背景下，SAP 将采取什么样的对策无疑将会决定未来很长一段时间内 SAP 的产品战略。而决策的核心则是在数字化转型的过程中，如何处理 IT 与业务之间的融合方式。

对传统商业套件的功能进行数字化改造	快速拥抱新技术	让商业软件采用开放灵活的系统架构
• 高数据吞吐率 • 大数据的支持 • 五大子系统的合并和精简 • 实时性 • 预测、建议、模拟 • 新型人机界面 • 引导型系统配置 • 多类型设备支持 • …	• 大数据 • 云计算 • 物联网 • 人工智能 • 区块链 • 开源技术 • …	• PaaS • 微服务 • API • 多云架构 • 合作伙伴生态系统 • …

图 3-1　在数字化时代，企业对商业软件提出了更高的要求，推动 SAP 不断发展和创新

3.2.2　咨询公司给出的新概念

无独有偶，在 2014 年到 2016 年，Gartner、麦肯锡和 IDC 都分别提出了相似的概念，并从不同维度诠释了企业 IT 部门如何更好地支持业务部门的数字化转型的战略和方针。

2014 年，Gartner 提出了"双模 IT"（Bi-Modal IT）的概念。它将企业的 IT 部门分成了两个部分，具体如下。

- 第一个部分称为模式 1，是传统的 IT 架构，可确保企业业务的平稳运行。
- 第二个部分称为模式 2，更多地采用敏捷开发、快速迭代的方式，以应对最新的挑战。

如图 3-2 所示，Gartner 的划分方式主要是从业务需求的角度出发，将明确而又稳定的需求划归到模式 1，将不明确的甚至连目标客户群都无法准确定位的需求划归到模式 2。Gartner 形象地将这两个模式比喻为武士和忍者或者马拉松选手和短跑选手，前者的行为可预测，善于应对复杂场景；后者的行为则多为探索，善于应对不确定的场景。

马拉松选手

短跑选手

模式1 可靠性	目标	模式2 敏捷性
性能的代价	价值	收入，品牌，客户体验
瀑布式，V形模式，高度和谐的迭代增量的软件开发	方法	敏捷的，看板式的，低和谐的迭代增量的软件开发
计划驱动，基于人工批准来运转	治理	实验性质，持续的，基于流程的
企业供应商、长期的订单	采购	小、新的供应商，短期的订单
善于应对传统的流程和项目	人才	善于应对新的和未知的项目
以IT为中心，远离客户	文化	以业务为中心，靠近客户
长（数月）	周期	短（数天、数周）

来源：Gartner

图 3-2　在双模 IT 理论中，区分模式 1 与模式 2 的关键是企业软件开发和实施的方式

如图 3-3 所示，Gartner 更进一步将企业 IT 系统划分为三类：即记录型系统、差异化系统和创新型系统。Gartner 认为模式 1 更加偏向于记录型系统，模式 2 更加偏向于创新型系统，而差异化系统则处于记录型系统和创新型系统之间。

- 记录型系统：多为已有的套件应用程序或传统的本地生产系统，用于支持企业的核心事务处理和管理企业的关键主数据。因为这类系统的流程被大多数企业所接受，变化速度很慢，并常常受制于监管要求，因此系统的生命周期最长，通常在 10 年以上。
- 差异化系统：用于实现独特的企业流程或行业特定的应用。这类系统的生命周期长度居中（一到三年），但需要经常复查，以适应不断变化的商业实践或客户要求。
- 创新型系统：指的是在临时的基础上为新的业务需求或商机开发的应用。这些应用通常是生命周期较短的项目（0 到 12 个月），可使用企业 IT 部门或外部资源，以及消费者级技术来实现。

变化步伐	生命周期	计划时段	治理模型	利益相关者/所有者	资金	架构	应用生命周期管理方法
快，非常频繁和临时。"用完就扔"的定制。每周甚至每天变化。	0~12个月	最多6个月	灵活的，随时的	业务高管中等程度介入，部分赞助和支持，都是技术性的。最终用户高度介入，通常通过业务用户甚至是绕开IT。	主要是OPEX使用部门开发预算。创新预算。	轻量的，新的技术，主要使用IT服务。移动和云为主导。	瀑布式开发方法占到10%，交互式和渐进式占到30%。敏捷和精益的方法论占到60%。
中等速度，更加频繁。配置性是关键。每3到6个月发生变化。	1~3年	1~2年	响应的和业务引领的	业务高管高度介入，但却是由业务条线驱动的。最终用户中等程度介入，在热点上进行业务介入，IT负责弥补差距。	CAPEX和OPEX混合。使用公司IT预算或部门开发预算。决策较为任意。	采用SOA架构和云计算，混合了IT服务消费和生产。通过翻新的和现有的商品软件包和定制方案，不断增加使用复合应用。	瀑布式开发方法占到40%，交互式和渐进式占到50%。敏捷和精益的方法论占到10%。
慢，不频繁，渐进。每6到12个月才发生变化。	10年以上	7年以上	正式的，全球的	业务高管高度介入；在业务和IT之间协调一致。最终用户低度介入，从业务向IT正式移交。	CAPEX加上相应的OPEX。使用公司或部分资金。纳入年度预算。	大型的、模块化的设计，通过正式的、提前的蓝图阶段实现。	瀑布式开发方法占到70%，交互式和渐进式占到30%。

来源：Gartner

图 3-3　Gartner 提出的"双模 IT"概念

2014 年年底，麦肯锡提出了"双速 IT 架构"（Two-Speed IT Architecture）的概念（见图 3-4）。这是从 IT 交付的角度出发，认为企业在 IT 交付中存在着快速、以客户为中心的前台系统，以及慢速、关注交易的后台系统。与 Gartner 的模型不同的是，麦肯锡模型的目的是要让企业加快 IT 交付速度。因此，企业需要引进数字化产品管理的理念，也就是将用户的需求和洞察主动、系统地纳入开发工作。开发团队需要对数字化产品或体验负责。其他如市场、物流、客户服务等部门可以作为协同者，但最终根据结果进行考量的责任仍然需要由开发团队的数字化产品经理来承担。

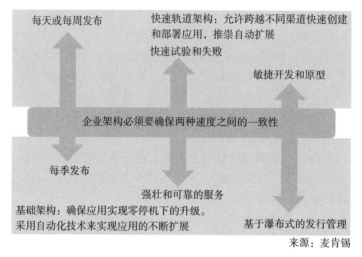

图 3-4　麦肯锡提出的"双速 IT 架构"概念

2016 年，IDC 提出了"领导力 3D"（Leading in 3D）模型。它主要是从 CIO 如何带领 IT 部门，在业务的数字化转型过程中发挥有效作用的角度出发，将 CIO 的领导力分为以下三个方面，并分别给出了 CIO 的行动框架（见图 3-5）。

- 创新能力（Innovate）：能够与业务部门合作，结合业务实际情况，在数字化方面推动或实现创新。
- 融合能力（Integrate）：能够将新技术逐步转变为可靠的业务服务，从而在企业平台上建立数字化能力，将新技术融入企业业务当中。
- 吸收能力（Incorporate）：通过吸收新技能、新技术和新文化，推动整个企业平台的完善与发展。

17%
最重要的场景：IT 部门与业务部门一同工作来驱动创新

48%
最重要的场景：尽管集成是一个不断浮现的优先任务，但业务和 IT 部门仍然需要艰难地一起实现

35%
最重要的场景：尽管新的技能和技术周期性地出现，但是文化的变革管理在执行中始终是一个挑战

来源：IDC

图 3-5　2017 年～ 2018 年最优秀的 CIO 的期望产出

上述三家咨询公司从不同的视角，对数字化转型过程中未来企业 IT 建设给出了各自的战略观点。Gartner 和麦肯锡更多的是从"What"和"Why"的角度，以

及宏观的角度讲述了企业未来 IT 架构组成。IDC 则是从"How"的角度，给出了指导 CIO 行动的一般性分析框架。这三家咨询公司的观点在 SAP 制定产品开发战略的过程中都被一定程度上吸纳。

3.3　SAP 2020 年的产品战略目标和实现

3.3.1　SAP 2020 年的产品战略目标

SAP 继承了这三家咨询公司，尤其是 Gartner 的观点，按照"双模 IT"的原则，将自身的产品线分为两大类，分别制定相应的战略目标。SAP 认为，模式 1 是由企业核心的业务流程和创新来定义的，它关注在自动化、优化和效率等方面。模式 2 的特点则表现为与模式 1 不同数量级的速度，用来实现更快的创新、更容易的使用，以及在开发不同解决方案时最大程度上的自由度，包括快速原型和交付周期。

为此，SAP 制定了 2020 年的产品战略目标。如图 3-6 所示，在模式 1 领域中，SAP 计划继续保持绝对领先的地位，具体表现如下。

- 在 ERP 的 SaaS 应用领域：市场第一名。
- 在每一个业务条线（Line of Businers，LOB）SaaS 应用领域：市场第一名或第二名。
- 在本地部署的应用领域（无论是 ERP 还是业务条线应用）：市场第一名。

图 3-6　将 Gartner 的"双模 IT"作为 SAP 产品战略的基础，分别树立 SAP 在 2020 年的领导地位

在模式 2 的领域中，与竞争对手们相比，SAP 尚是一个刚刚进入市场的企业。SAP 必须要借助于在模式 1 中的领导地位和信誉，在模式 2 中建立自己的地位。SAP 计划在 SAP 客户和合作伙伴的 PaaS 领域（即 SAP 云平台）占据市场第一名。

为了实现这一目标，SAP 需要支持客户在它们的端到端的价值链上智能地连接人、物和业务流程，从而不断壮大 SAP 云平台的规模。与此同时，SAP 还需要围绕着云端应用，建立新的生态体系，包括建立应用市场，将 SAP 的 API 和客户的 API 在任何一个开发环境中连接起来。

3.3.2 基于四条主线实现 SAP 2020 年的产品战略目标

为了实现上述目标，SAP 将这些目标分解为四条主线，分别按照计划投入执行。

第一条主线是借助 SAP 的 HANA 技术，完成对传统商业套件的彻底改造，满足数字化企业在大数据环境下对核心业务流程的实时操控和实时决策的要求。

众所周知，传统的商业软件虽然采用了关系型数据库技术，但仍然存在大量的数据冗余，而这主要是为了规避性能上的缺陷。例如，在决策过程中用到最多的计算就是加法。而就是这个看似最简单的加法，因为数据库性能的问题，如果在每次调取发票、订单、报表的时候都临时进行加法计算以得出总额，那么会给系统带来难以忍受的时间延迟。为此，传统的商业信息系统被设计为以汇总信息（库存汇总、财务汇总等）为中心，汇总的数据被存储在单独的汇总表中以供使用。换句话说，我们在系统中看到的库存总额不是实时计算出来的，而是提前算好放在那里的。

实际上，这种数据冗余不仅表现为汇总数据的冗余，还可以是数据视图、计算结果、信息存储的冗余，等等。这种冗余会导致数据的不一致性和信息损失，并且限制系统的决策分析能力（如 what-if 分析）。现在，SAP 已经可以将核心 ERP 数据库压缩到 GB 级别的大小。对于这些数据，如果依旧采用老旧的技术，进行一次复杂的物料计划可能就要耗时数个小时。那么，如果我们有 TB 级别甚至 PB 级别的大数据要处理，又该如何保证数据处理的实时性和正确性呢？

SAP 的处理方法是导入自己研发的内存计算技术 HANA，对商业软件的核心数据模型进行重构，实现无信息损失的决策支持，以及基于行项目明细粒度的创新。这是 SAP 在工业 3.0 时代成名之作 SAP R/3 基础上的一次飞跃，我们称之为 S/4 HANA。而 S/4 HANA 也正是后面将会提到的数字化核心系统。

第二条主线是围绕着 S/4 HANA，通过并购和开发，建立全球最大的商业网络云，以及完整的 SaaS 产品体系。

"商业网络"（Business Network）这个概念建立在以不同商业实体之间核心互动为重点的架构和解决方案之上。在数字化时代，仅仅自动化和加速企业内部的业务流程已经远远不够了，企业的业绩需要建立在与供应商、渠道商、合作伙伴、政府、金融机构等其他实体的互动上。建立全球最大的商业网络云是 SAP 迎接数字化时代的一项重要举措。

2012 年，SAP 收购电子采购 Ariba 云是这一举措的第一步。Ariba 消除了与采购和财务等复杂流程相关的障碍，使得企业消费者能够像在亚马逊和 eBay 等网站上一样轻松地进行交易。Ariba 每秒支出 2.6 万美元，其中 160 万家是联网的公司，每 13 秒新增一家公司。接下来，SAP 收购了提供电子商务、多渠道商务解决方案的 Hybris 公司，以及用于获取和管理企业临时用工的 Fieldglass 云和连接了公司差旅生态系统（包括航空公司、酒店和租车公司）的 Concur 云。在此基础上 SAP 打造的商业网络云，将使得 SAP 有机会为每年超过 10 万亿美元的商务支出进行系统交易。事实上，SAP 的这套商业网络云在全球 2000 强的企业支出中已经占据了重要的一席之地。2017 年，SAP 商业网络上的交易金额达到 2.4 万亿美元，远超 2017 年中国网络零售总额 6.7 万亿元人民币。

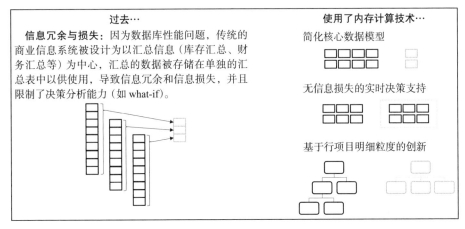

图 3-7　主线 1#：借助 SAP 的 HANA 技术完成对传统商业套件的彻底改造

与此同时，SAP 也在积极地推进"向云端迁移"（Move to the Cloud）的战略：如图 3-8 所示，2012 年收购了人力资源 SuccessFactors 云，2014 年发布了客户云 C4C，并在 2017 年发布了 S/4 HANA 的公有云版本，2018 年发布了 C/4 HANA，实现了以 S/4 HANA 为核心的商业套件的云计算迁移。

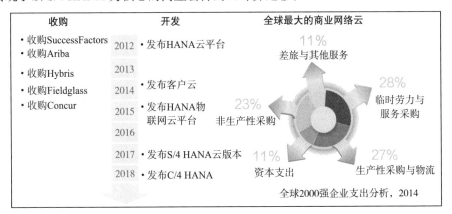

图 3-8　主线 2#：并购和开发并重，建立全球最大的商业网络云，以及完整的 SaaS 产品体系

　　第三条主线是 PaaS 平台的开发。在数字化转型的时代，SAP 不仅要满足客户将软件作为记录系统的要求，也必须支持客户基于软件的差异化和创新的策略，而不会将这一空间留给其他竞争对手。

　　考虑到超大规模 IaaS 云供应商的全球影响力和普遍性，在基础架构层面上的竞争已经没有意义了，因此 SAP 的 PaaS 平台，即 SAP 云平台（SAP Cloud Platform，SCP）的目的是在全球最强大的 SAP 业务解决方案和全球最大的 SAP 商业网络的基础上，帮助客户进行构建、扩展和集成，从而使其成为 SAP 的客户和合作伙伴在构建、扩展和集成 SAP 业务解决方案和全球最大的 SAP 商业网络时的首选 PaaS 平台。

　　SAP 云平台的项目起始于 2012 年，运行于 SAP 的数据中心，它是最早应用 SAP 自己的 PaaS 操作系统的 SAP 云平台（经典版）。为了适应客户采用超大型 IaaS 产品的趋势，SAP 决定将自己的云平台变为一个"便携式平台"，可以运行在 OpenStack（这是一个在市场上得到广泛接受的、几乎所有硬件商和基础设施提供商都支持的开放的行业标准）之上。为此，SAP 将自己的 PaaS 操作系统迁移到 Cloud Foundry⊖的 PaaS 操作系统之上，这样，在 SAP 云平台上构建的服务和应用就可以方便地从一个 IaaS 提供商转移到另一个 IaaS 提供商。这就是 SAP 的"多云架构战略"（Multicloud Infrastructure Strategy）。如图 3-9 所示。

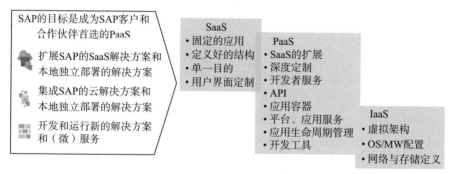

图 3-9　主线 3#：通过开发和借助开源技术，打造 SAP 的 PaaS 云，建立 SAP 的平台生态

　　第四条主线就是本书重点谈论的 SAP Leonardo 技术。

3.3.3　SAP Leonardo 简介⊖

　　SAP Leonardo 的重要性体现在哪里？用一句话来概括，就是因为它代表了全

　　⊖　Cloud Foundry 是 VMware 推出的业界第一个开源 PaaS 云平台，它支持多种框架、语言、运行时环境、云平台及应用服务。

　　⊖　这部分引用了笔者在"2017 中国 IT 价值峰会"第一天会议上所做主题演讲的主要内容（2017 年 7 月 27 日，海南三亚）。

球最大的企业管理软件商 SAP 的未来（见图 3-10 ）。

图 3-10　SAP Leonardo 代表了 SAP 的未来

　　回顾历史，在过去的 40 年里，市场先后经历了主机、客户端 / 服务器和互联网的时代。在每一个时代里，SAP 都相继推出了自己的旗舰产品，奠定了 SAP 在企业管理软件市场的领导地位。在市场步入数字化时代的今天，SAP 的主打产品是 S/4 HANA 与 SAP Leonardo 这样一对"双模"组合，分别定位为"数字化核心系统"与"数字化创新系统"。在之前的三个阶段，SAP 的 R3 和 ERP 产品一直被誉为企业 IT 的骨干系统（Backbone System），很多企业都是围绕着 SAP 系统来进行企业系统的布局的，这种方式也符合之前企业业务模式和管理方式相对内敛和稳定的状况。但是在数字化时代，每一家企业都需要进行数字化转型，企业在各个方面都面临着巨大甚至是颠覆性的变化，仅仅在原有的 SAP 系统上利用数字化技术进行一些投入和升级已经远远不够。客户要求 SAP 必须对之前的产品进行颠覆性的重新思考，甚至是改头换面的再造。数字化核心系统 S/4 HANA 和数字化创新系统 Leonardo 就是 SAP 交出的一份答卷。

　　那么，SAP Leonardo 究竟是什么呢？

　　Leonardo 这个词取自文艺复兴时期意大利名人达·芬奇的名字。莱昂纳多·迪·皮耶罗·达·芬奇（Leonardo di ser Piero da Vinci）不仅是一位著名的画家，同时也是一位多产的天才发明家。如图 3-11 所示，达·芬奇在一生中有非常多的发明创造——从汽车到飞机、从大炮到坦克、从城建到桥梁——涉猎之广，令人赞叹不已。SAP 用这个名字来给 SAP 的数字化创新系统命名，也正是取其发明创造之意。

　　简单来说，SAP Leonardo 基于 SAP 云平台之上提供的六大创新技术及其相关的应用。如图 3-12 所示，这六大技术包括物联网、大数据、机器学习、区块链、数据智能和分析。SAP 云平台不仅可以让客户以微服务和开放的 API 来调用这些技术——这无疑是目前市场的发展趋势，而且还可以通过灵活的运行实例来使用相关的应用，并与 SAP 的其他业务系统或第三方系统进行集成。SAP Leonardo 的基础即 SAP 云平台，既可以部署在 SAP 的数据中心，也可以部署在其他基础设施即服务（Infrastructure as a Service，IaaS）云上，如谷歌云、微软云和亚马逊云，这也就是前文提到的 SAP 的多云基础设施战略（Multi-Cloud Infrastructure）。

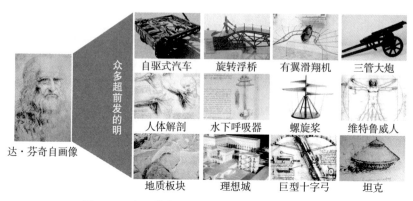

图 3-11 达·芬奇的自画像和他的一些科学发明

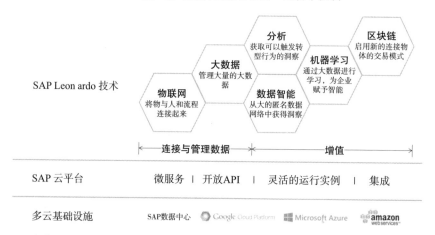

图 3-12 主线 4#: 在 SAP 的 PaaS 云平台上, 打造集多项创新技术的创新应用和合作伙伴平台

SAP Leonardo 中六大技术的龙头无疑就是将物与人和流程连接起来的物联网技术。物联网作为连接物理对象的网络, 在大数据的支持下, 内嵌了感知环境的智能, 可以与业务流程和系统进行交互, 极大地改变了传统的业务流程, 如数字化供应链（产品设计、制造、物流和资产管理）。通过实时地掌握物理世界发生的情况, 结合基于大数据的各种智能算法, 可以帮助企业持续地对业务流程进行优化, 获得更高的效率和出众的业务产出, 并最终成为"具有活力的业务"（Live Business）。但是, 物联网对于业务流程的影响还不止于此, 相反, 它为全新的商业模式和全新的业务连接奠定了基础, 跨越了行业的价值链和边界。

根据麦肯锡咨询公司的估计, 2025 年物联网对全球经济的影响将达到 3.9~11.1 兆亿美元。波士顿咨询公司的研究表明, 在 2020 年物联网的软件、服务和云的整体市场规模为 2500 亿欧元。然而, 尽管这两个数字看起来很大, 但是目前这一市场却充满了竞争和分散的解决方案，其原因就在于物联网背后 IT 和 OT 的融合。像通用电气、西门子、博世或施耐德这样的工业企业将它们的 OT 系统连接到 IT 系统之上，从而可提供自己的物联网平台。传统的数字化供应链企业（如 PTC），以及边缘计算的硬件供应商（如思科），也都已经收购了物联网平台。电信公司，如 Verizon 和沃达丰，也已经在向远程信息处理的领域扩展。而 PaaS 供应商，如微软（Azure）和亚马逊（AWS），也推出了基于云的物联网大数据平台。

从 2016 年年底开始，SAP 首先将自身旗下的物联网解决方案合并到 SAP Leonardo 旗下，加快进入这一市场。SAP 的应用程序和技术解决方案可以帮助客户将物与人和流程相连接。来自相互连接的货物、资产、车辆和基础设施的实时信息不仅可以帮助企业优化和创新业务流程，还可以为运营商和服务技术人员提供上下文和决策支持。更进一步的，在 2017 年，SAP 又将其他新的技术也归并到 SAP Leonardo 体系中，从而增强了 SAP Leonardo 的实力。例如，机器学习通过数据进行学习，可以为企业赋予智能；区块链技术可以启用新的连接物体的交易模式等。

3.4 基于"数字化核心 + 数字化创新系统"的 SAP 双模产品体系

经过前文所述的近 10 年的不断努力，通过践行 Gartner 的"双模 IT"理论，SAP 打造出了数字化时代的旗舰产品，也就是"数字化核心 + 数字化创新系统"的 SAP 双模产品体系（如图 3-13 所示）。

图 3-13　SAP Leonardo 与 S/4 HANA 共同构成了数字化时代 SAP 产品的旗舰组合

正如前文所说的，数字化核心是对相对稳定的 SAP 传统商业套件进行数字化改造和 SaaS 迁移而成的，其目标是将企业业务的各个环节连接起来，运行在 SAP 的云产品上。数字化创新则是建立在 SAP 的 HANA 云平台基础之上，帮助企业利用最新的数字化技术，对数字化核心进行快速调整、集成与扩展，从而满足数字化转型的不断变化的敏捷性、创新性要求。SAP 不仅在这些领域提供现成的应用软件，还提供相应的开发环境、可被调用的服务和 API 等支持企业定制开发的功能。

数字化核心与数字化创新这一对产品是互生的。一方面，数字化创新所需的大量业务数据和主数据都会来自数字化核心，其功能可以看成是数字化核心的扩展；另一方面，数字化创新也为数字化核心提供了创新的机会，如通过调用机器学习的服务，可以提高数字化核心相应功能的智能化水平。

3.5 深度分析：工业互联网在汽车零部件行业中的应用展望

近年来，在自动驾驶技术和新能源技术的带动下，汽车行业正处于颠覆性转型的边缘。与其他行业相比，可能没有一个行业像汽车行业那样，因数字化技术给产品和整个行业的商业模式带来如此剧烈的改变，因此，研究汽车行业的数字化转型具有十分典型的代表意义。

汽车零部件行业作为汽车工业的基础，在这一轮转型的浪潮下势必受到剧烈的影响，而工业互联网技术将会是汽车零部件行业应对转型的重要手段。

3.5.1 汽车零部件行业面临的挑战

1. 目前的汽车零部件行业正在享受最后的繁荣

经过 2008 年的全球金融危机之后，汽车零部件行业重新回到了快速发展的道路上。在 2014 年，全球汽车零部件供应商创造了 1.4 万亿欧元的销售收入，相比 2009 年的 0.9 万亿欧元有了明显的增长。从图 3-14 中我们可以看到，根据罗兰贝格对 600 家汽车零部件供应商的统计，从 2007 年到 2015 年的 8 年间，在危机之后，不但销售收入增长了 34%，而且利润还提高了 1%（相当于增长了 16%）。虽然从整体来看，目前的汽车零部件行业正处于历史最好的水平，但是整个行业的拐点即将到来。

2. 行业集中度的提高和中国市场的高速发展是推动繁荣的主要原因

应该说，全球汽车零部件行业之所以可以取得这样的成绩，除了市场增长（特别是中国市场容量的大幅增加）之外，汽车零部件行业自身的结构调整也发挥了重要的作用，在降低成本方面取得了明显的进展。特别是由于持续的企业并购，行业的集中度显著上升。其实 2008 年的金融危机反倒是加快了这一进程。

一直以来，汽车行业都是一个高度复杂的行业。经过过去数十年的成本挖潜，汽车行业已经用尽了几乎所有的技术管理手段。如图 3-15 所示，无论是采用标准化、平台化和模块化的产品战略，还是采用外包生产、供应商金字塔和各种质量管理手段，或者是在业务流程上采用混线生产、生产线专业分工、精益管理和供应链管理，都是应对产品、技术和流程的复杂性，以及降低成本、提高生产率的手段。在尝试过所有办法之后，通过并购加大规模效益则成为零部件行业甚至是整车行业最后的法宝（如图 3-15 所示）。在 2008 年金融危机过后的 2009 ～ 2011 年，行业兼并与收购浪潮一浪高过一浪，在 2011 年达到了高峰。

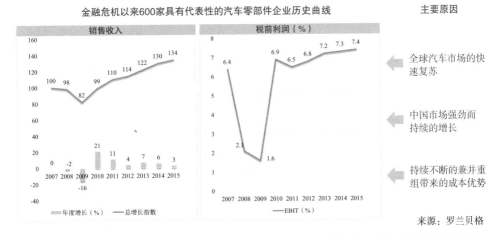

图 3-14　金融危机之后，全球汽车零部件行业的销售收入和利润水平在今天都达到了最好水平

图 3-15　全球汽车零部件行业的并购浪潮

　　如图 3-16 所示，按照麦肯锡的分析，2004 年全球汽车零部件百强企业的销售收入在整个行业中的占比是 36%，而 2014 年则达到了 50%。集中度的增加为发挥规模经济、降低成本创造了空间，使得行业利润分布明显倾向于大的企业。同样

拿全球汽车零部件百强企业为例，2014 年这 100 家企业中的巨型企业（销售收入超过 100 亿欧元）的加权平均 EBIT 为 7.6%，而其他百强企业则为 6.3%。另外还有一个原因是整车厂的平台数在不断增加，这也便于大型零部件供应商的全球化布局。

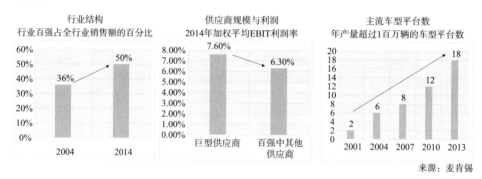

来源：麦肯锡

图 3-16   汽车零部件企业的规模大小对于利润水平发挥着重要作用

这一点在罗兰贝格的研究中也有同样的体现。在选择的 600 家零部件企业中，巨型企业（销售收入超过 100 亿欧元）的 EBIT 从 2007 年的 6.8% 上升到了 2015 年的 7.6%；规模在 25 亿到 50 亿欧元的大型企业则最为尴尬，2007 年的 EBIT 仅为 4.8%，2015 年的 EBIT 也仅为 6.7%；小型企业（销售收入小于 5 亿欧元）的利润水平最低，2007 年和 2015 年的 EBIT 分别为 5.7% 和 5.5%。

3. 挑战一：在销售放缓的背景下，零部件行业将面临利润下滑的巨大压力

然而，尽管汽车零部件企业通过规模效应降低了成本，但是下降的空间大部分很快又被吐了出去，给零部件企业留下的比例极为有限。如图 3-17 所示，根据麦肯锡的分析，以美国汽车市场为例，在 2001 年每台车的平均零部件成本为 13400 美元，尽管通过降低成本减少了 2900 美元，但是因为宏观经济（如原材料涨价）、燃料排放和安全的规定，以及整车厂为了让自己的车型保持差异化而加入了新的功能甚至是新的零部件，2900 美元这部分的成本降低又全部被回填，以至于到了 2010 年，每台车的平均零部件成本依旧还是 13400 美元。这样，对于零部件企业来说，理论上每年都必须实现约 3% ~ 4% 的成本降低，这样才能满足整车厂的要求。在现实中，供应商每年被整车厂压低价格的百分比会更高。

近年来，汽车零部件行业的增长速度已经大为放缓。从图 3-14 中的全球汽车零部件行业销售收入曲线可以看到，目前销售收入的增长已经降低到 3%，使得零部件企业降低成本的空间日益狭窄。并且由于日益激烈的市场竞争，在作为推动全球汽车零部件行业增长龙头的中国市场，汽车零部件企业的平均 EBIT 已经从 2007 年的 8% 逐渐下滑到 2016 年的 7.4%，并且这一趋势还将继续下去，从而会对零部件企业带来更大的冲击。

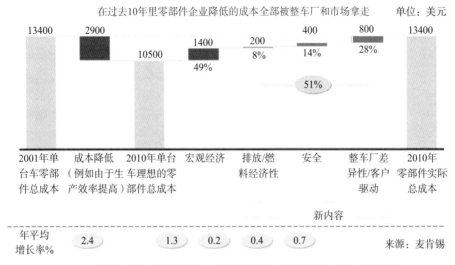

图 3-17　供应商在零部件成本上的改善最终全部被整车厂和市场拿走

4. 挑战二：零部件行业面临着新能源和自动驾驶技术的洗牌风险

而与此同时，随着近年来新能源和自动驾驶技术的快速发展，汽车零部件企业还面临着被洗牌的风险。与从事电子、软件和智能化服务的供应商相比，传统的以机械加工为核心竞争力的供应商在未来的竞争中有可能会处于相对劣势的地位。据测算，在整个汽车行业的利润分配上，来自传统的整车销售和服务的占比将从 2014 年的 94% 急剧压缩到 2035 年的 50%，而以出行服务和车联网为代表的新的收入类型的占比将从 2014 年的 6% 急速上升到 20%，余下的 30% 的利润则将成为两股势力的争夺空间，如图 3-18 所示。但是，无论争夺的结果如何，与今天相比，都势必会大大压缩零部件供应商的利润空间。

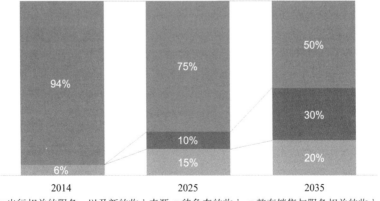

图 3-18　汽车零部件行业面临着新能源和自动驾驶技术的洗牌风险

5. 挑战三：围绕客户出行的数字化将成为未来新的汽车商业模式的核心

在整车厂的车联网和出行业务战略的影响下，延续百年的汽车行业的商业模式在未来可能会发生改变。传统的整车厂之间的相互竞争将会迎来更多的参与者。之前与汽车关联性不大或没有关联的企业现在也会逐渐介入汽车行业的供应链中，围绕着客户出行的数字化，整车厂将在一个更加复杂的市场格局中竞争（如图 3-19）。在整车厂的竞争格局发生变化的时期，汽车零部件行业也将面临不确定性，以及行业创新所带来的商业模式的不确定性挑战，并及时做好准备。

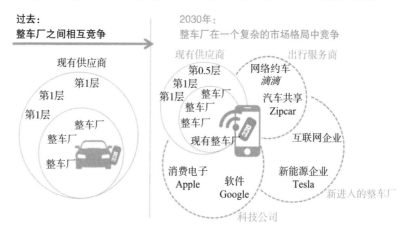

图 3-19　围绕客户出行的数字化将成为未来新的汽车商业模式的核心

6. 没有做好准备的零部件企业可能会很快被迫退出市场

如图 3-20a 所示，回顾汽车行业在过去 10 年的资本回报率，零部件百强企业甚至要高于整车厂十强企业。考虑到大部分的利润都集中在巨型的零部件集团手中，因此大多数零部件企业的状况并不乐观。而且即便是在最好的年份，零部件企业的资本回报率也仅仅是略高于行业的资本成本。

图 3-20b 和图 3-20c 分别显示了在未来的 15 ～ 20 年里自动驾驶技术和电动车的销售比例增长情况。自动驾驶的转折点或起始点将会在 2025 年，届时半自动驾驶的比例将达到 12.4%，而全自动驾驶也将登上舞台。电动车的比例增长也将在 2025 年左右进入快速增长的拐点。这两个拐点的快速到来（距离今天只有 7~8 年的时间），无论是在盈利水平还是在业务模式上，都可能会给零部件行业带来不可忽视的冲击，那些没有做好准备的零部件企业可能会很快被迫退出市场。

3.5.2　基于数字化技术的挖潜和创新是汽车零部件行业的两大对策

对于汽车零部件企业来说，在目前状况下，利用数字化技术进行成本挖潜和模式创新是可采取的两大对策。

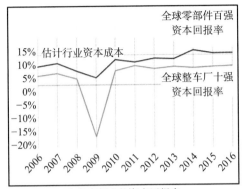

a) 汽车行业的资本回报率

2008—2009 年的经济危机过后，汽车零部件行业渡过了最好的时期，但即便如此，很多企业的投资回报仍不及投资成本。

b) 自动驾驶的销售比例

预计到 2025 年，半自动驾驶功能的汽车的比例将达到 12.4%，届时新的商业模式势必将成为现实。

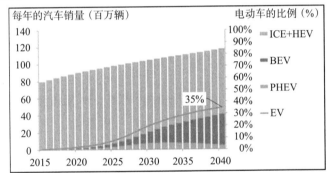

c) 电动车销售比例

2025 年将成为电动车市场份额快速增长的拐点，到 2040 年，纯电动车的销售比例将达到 35%。这一过程将对汽车零部件行业带来持续的影响，与传统的内燃机驱动相关的零部件企业市场份额将逐渐萎缩。

图 3-20 没有做好准备的零部件企业可能会很快被迫退出市场

　　成本挖潜是汽车零部件企业一直埋头苦干的事情。经过过去数十年的成本挖潜，汽车行业针对产品、技术和流程的复杂性，已经用尽了几乎所有的技术管理手段，远远走在了其他行业的前面。在几乎尝尽了所有的管理手段和技术之后，工业互联网将会是下一轮成本挖潜的驱动力。

　　另一个对策就是模式创新。如图 3-21 所示，在未来 20 年直至汽车自动驾驶技术商业化的时间段里，汽车零部件行业的模式创新将主要围绕着产品的智能化，以车联网、出行社会和产出经济为代表的数字化技术的应用而展开。通过模式创新，企业将能够另辟蹊径，创造出新的价值。

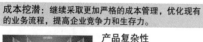

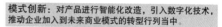
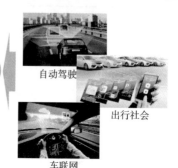

图 3-21　成本挖潜和模式创新是汽车零部件行业的两大对策，分别对应着"优化现有价值"和"创造新的价值"两种途径

如图 3-22 所示，通过成本挖潜的对策，运用工业互联网技术，对制造大数据和供应链与物流大数据进行挖潜，可以有效地帮助零部件企业降低成本。例如，对于制造过程中的设备大数据和工艺大数据，使用人工智能中的机器学习技术进行分析，可以帮助企业降低设备故障率和提高加工质量，打造完美工厂。根据 SAP 在某客户处的实施效果，企业每年的设备维护成本可以降低 31%，设备的生产率可以提高 8.2%，设备的计划外停机可以减少 25%。再例如，对供应链和物流中的大数据进行分析，可以提高供应链的预测能力、响应能力和纠错能力，降低供应链的运行成本，提高智能制造水平。根据 SAP 在某客户处的实施效果，企业的物流费用可以降低 12%，产品的准时交货率可以提高 22%。

如图 3-23 所示，通过模式创新的对策，对产品进行智能化改造，实现物联网、基于大数据的远程监控 / 诊断功能，可以帮助零部件企业实现新的商业模式。

- 例如德国大陆汽车公司，通过一系列的收购，形成了包括动力总成、电子、底盘安全等完整的系统，并对产品进行智能化改造，加入远程诊断和优化的功能，以适应未来车联网环境下的车辆运行要求。
- 例如美国约翰 – 迪尔公司，通过物联网技术获取产品的运行数据和环境数据，并将产品制造过程中的数据和运行过程中的数据结合起来，进行大数据分析，对企业内部的研发、采购、质量、生产、维护等部门提供改进输入。
- 例如意大利倍耐力轮胎公司，通过在轮胎上安装联网的传感器，实时收集车辆的运行大数据，帮助物流车队对轮胎进行管理和优化，实现按里程收费的新模式，从而推动企业从制造向制造加服务转型。

下面以德国博世集团为例，具体介绍一下基于工业互联网进行成本挖潜和模式创新的内容。

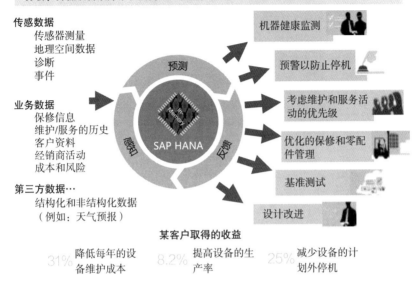

对制造过程当中的设备大数据和工艺大数据，使用人工智能中的机器学习技术进行分析，降低设备故障率和提高加工质量，打造"完美工厂"。

传感数据
  传感器测量
  地理空间数据
  诊断
  事件

业务数据
  保修信息
  维护/服务的历史
  客户资料
  经销商活动
  成本和风险

第三方数据…
  结构化和非结构化数据
  （例如：天气预报）

预测

SAP HANA

机器健康监测

预警以防止停机

考虑维护和服务活动的优先级

优化的保修和零配件管理

基准测试

设计改进

某客户取得的收益

31% 降低每年的设备维护成本　　8.2% 提高设备的生产率　　25% 减少设备的计划外停机

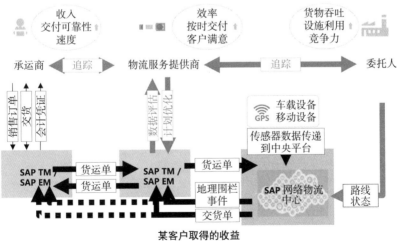

对供应链和物流大数据进行分析，提高供应链的预测能力、响应能力和纠错能力，降低供应链运行成本，提高智能制造水平。

收入
交付可靠性
速度

效率
按时交付
客户满意

货物吞吐
设施利用
竞争力

承运商 ◀ 追踪　物流服务提供商 ◀ 追踪 ▶ 委托人

销售订单　交货　会计凭证

数据评估　计划优化

车载设备
移动设备 GPS

传感器数据传递到中央平台

SAP TM
SAP EM

货运单
货运单

SAP TM /
SAP EM

货运单

地理围栏
事件

交货单

SAP 网络物流中心

路线状态

某客户取得的收益

12% 降低物流费用　22% 提高产品的准时交货率

图 3-22　对策一"成本挖潜"：对制造大数据和供应链/物流大数据进行挖潜，可以有效地帮助零部件企业降低成本

举例：Continental

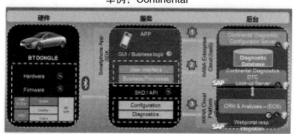

Continental通过一系列收购，形成了包括动力总成、电子、底盘安全等完整的系统。通过智能化设计和升级，提供围绕Conti设备的车联网远程诊断和优化功能。

举例：约翰–迪尔

设备数据　　**实时**　　　　　　　　**MII**　　**生产数据**
发动机温度　　油压　　　　　HANA　　　运行日期　设备速度
转速　　　　　二氧化碳　　　　　　　　设备温度　质量测试
故障代码　　　速度　　　计算引擎　　　扭力读数　操作人

⚒ **采购**　　　　　　　　　　　　　　　　**工程** ✎
哪一家供应商供货的零件造成了　　　　　我们是否需要验证一下在车型XYZ上
最多的产品故障？　　　　　　　　　　　安装发电机的扭矩值？

☞ **产品支持**　　　　　　　　　　　　　**生产** ✎
我们是否应该因为在2018年4月到6月发生的工厂　在生产拖拉机AB–1220的时候，
事故，修改同期生产的产品的维修服务规程呢？　生产设备的状况如何？

⚙ **售后配件**　　　　　　　　　　　　　**维护** ✂
工厂的生产节拍和某一个售后配件的　　　我们是否需要增加预防性维护的
需求之间是否有关联关系？　　　　　　　频率以减少设备的现场故障？

约翰-迪尔将产品制造过程中的数据和运行过程中的数据结合起来，进行大数据分析，对企业内部的研发、采购、质量、生产、维护等部门提供改进输入。

举例：倍耐力轮胎

倍耐力轮胎通过在轮胎上安装联网的传感器，实时收集车辆运行大数据，帮助物流车队对轮胎进行管理和优化，实现按行驶里程收费的新模式。

图 3-23　对策二"模式创新"：通过对产品进行智能化改造，实现物联网、基于大数据的远程监控／诊断功能，可以帮助零部件企业实现新的商业模式

2016 年，德国博世集团与 SAP 在物联网和工业 4.0 领域签订战略合作伙伴关系，扩大在云技术和软件解决方案方面的合作。双方期望加快工业领域的制造和物流流程，可以借助 SAP 云平台，使用博世集团提供的物联网微服务，连接不同的设备和组件，包括让车辆、制造机械或工具更安全、更高效地连接，为客户提供全新的智能服务等。

目前，两家企业已合作开发完成智能内部物流项目，旨在为企业提供智能、透明、高效的工厂及仓库内部物流调度、运输及存储服务，如图 3-24 所示。该项目同时引入由工业互联网联盟（Industrial Internet Consortium，IIC）指导并建立的"跟踪与追踪"（Track-Trace）试验台标准定位货架及运输车位置，实时收集并传导数据到 SAP HANA 云平台，其特点具体如下。

- 在室内和室外，通过使用全球定位系统（Global Positioning System，GPS）、相机、激光或无线信号，以每秒 25 次的频率精确记录车辆的位置，精度可以达到数厘米的级别，并进行实时的数据采集和分析。如果得出的结论是两辆叉车靠得太近，那么司机会被警告需要立即调整车速或停车。如果叉车靠近门口，那么大门会自动打开。一旦叉车通过，大门就会再次关闭，从而降低建筑物的供暖和制冷成本。
- 安装在叉车上的震动传感器不断报告车辆的振动情况。如果车辆撞上货物或发生事故，系统可以实时告知损坏的性质和位置，这样就可以快速呼叫帮助。由于传感器和定位系统之间的连接非常智能，因此正常发生的振动，如当叉车通过一条铁轨导致的振动会被忽略。另外，安装在叉车液压系统上的压力传感器可以确定叉车上的重量，从而显示叉车是空的还是有货的，以及是否正确地装载了货物。
- 系统还提供了叉车司机辅助功能，用来对叉车的速度进行自动控制，这有助于驾驶员遵守速度限制并提高路线的安全性。如果车辆在预定区域内行驶，那么其速度会自动降低至预设值。一旦车辆离开这个区域，它就会自动回到原来的速度。系统可以存储一些路线程序，以确保易碎的货物运输速度缓慢，从而降低对货物的损伤。
- 提供了更有效的物流数据分析。通过不断收集关于叉车位置、环境、速度、行驶方向和载荷状态的数据，可以改善货物的运输方式。易碎的货物可以得到特别谨慎的关照，叉车部件的磨损可以被持续不断地监测。同时，这些数据除了被用于进行后台分析之外，还可以以多种方式呈现给用户。例如，可以使用热图来显示交通量，以减少繁忙路线上的潜在危险。
- 实现了不使用条码扫描的货物追踪。一般来说，为了掌握始终精确的库存情况，在运输过程中，必须在每次更改货物位置时都进行条码扫描，这项工作常常是十分烦琐的。在这个解决方案中，可以仅通过定位车辆来进行跟踪，而无须费力地扫描运输单元。而且当叉车靠近时，系统会自动检测到每个库存的位置。从驾驶员取货开始，一直到开到目的地的这段时间里，被运输的货物会被自动跟踪。叉车司机可以在驾驶座上，随时使用平板电脑通过代码识别货物。通过这种方式，系统可以随时清楚地掌握整个库存水平，同时司机也可以不断地进行盘点，以确保没有任何损失。

图 3-24　以博世为例，其与 SAP 在厂内物流领域进行物联网与工业大数据的合作创新

3.6　小结

在数字化时代，每家企业都会因为"智能地连接人、物和业务"，而变成软件驱动的企业。在这句话的每个字背后是大量的新技术、新机遇和新挑战。只有积极主动地迎接它们，才能在数字化时代占得先机。如图 3-25 所示，SAP 基于这一理念，运用双模战略，有针对性地提出了 2020 年的产品战略，并由此推出了"数字化核心 + 数字化创新"的双模产品体系。

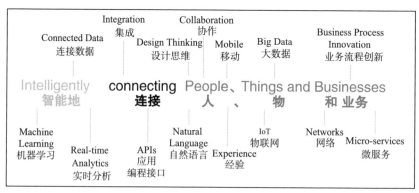

图 3-25　SAP 的数字化转型理念

如第 1 章所述，工业互联网是 IT/OT 融合的企业新一代数字化整体架构。SAP 的双模战略和双模产品体系既是对 IT/OT 融合实现策略的一个诠释，也是 SAP 做出的产品对策。

迈向工业互联网的 SAP 产品理念

在过去的 40 多年里，SAP 经历了从主机时代、客户机/服务器时代到互联网时代的三次转型，分别对应着不同的产品布局。在这一轮以物联网为代表的数字化转型过程中，企业创造价值的范式（也就是公认的模式）发生了根本性的变化。由物联网催生的万物互联，以及由此带来的数据量的爆炸正在颠覆性地改变企业创造价值的方式，从而带来业务流程的改变甚至是新的商业模式。SAP 需要新的理念进行产品的开发和布局。

作为万物互联在工业界的反映，工业互联网与物联网对应的体系架构是一脉相承的。所以，尽管本章的论述以物联网的角度展开，但得出的结论完全适用于工业互联网。

4.1 物联网时代企业创造价值的新价值链

在今天，物联网带动的"万物互联"不再只是趋势，而是已经成为现实。如图 4-1 所示，2008 年是一个分水岭，全球互联设备的数量进入快速增长的区间，并第一次超过了全球总人口。碰巧的是，也就在前一年，苹果公司推出了第一代 iPhone 手机。这部手机还谈不上是一个真正的联网设备。也是在 2008 年，苹果又推出了 iPhone 3G 手机，增加了 3G 和 GPS 定位系统，使其真正成为满足高速联网的设备。至此智能手机成为我们最常见的联网设备。

预计到 2025 年，联网设备将会超过 500 亿台。按照联合国的估计，到 2025 年全球人口预计为 81 亿，这就意味着平均每个人拥有超过 6 台以上的联网设备。2017 年全球手机出货量为 14.6 亿部。显然，在增加的联网设备中手机只占了一小部分。无疑，机器、设备、家电、汽车的联网数量正在快速增长，它们将成为带动物联网快速发展的主力，真正形成万物互联的局面。

图 4-1　以物联网的广泛应用为代表的数字化转型时代已经到来

在万物互联的这个时代，企业创造价值的范式（也就是公认的创造价值的模式）发生了一场根本性的变化，出现了一种新的价值链。之前的传统价值链是在数量有限的结构化数据的基础上，按照企业既定的流程路线，推动业务运行，从而间接地达到企业的经营目标。为什么说是"间接"呢？原因是企业能够获取的数据十分有限。一般来说，企业对外没有能力获取终端客户和终端产品的使用情况，不能形成闭环，无法从最终客户的角度来衡量价值实现；对内也常常因为种种限制，只能在有限的数据支持下了解自身的业务经营情况。

而在通过"万物互联"产生的海量数据的支持下，如图 4-2 所示，企业可以通过四个步骤，直接建立从数据源到所产生效果之间的价值链，四个步骤具体如下。

- 第一步：互联到数据。从互联的万物中采集和存储海量数据。
- 第二步：万物到洞察。从海量的数据中，知晓机会和风险所在。
- 第三步：洞察到行动。推动业务流程前进，将洞察转变为行动。
- 第四步：行动到效果。创造出新的商业价值和生态系统的优势。

这种新的价值链起源于从互联的万物中采集数据，然后从中产生洞察，进而快速转化为行动，并直接与最终的效果相连，从而为企业带来新的商业价值和生态系统的优势。由于数据千变万化，这条价值链既没有一条既定的流程路线，也没有一定的行动方案，反映出高度随机性和灵活性的特点。在这里，从"万物"到"效果"的这样一段旅程不但会成为企业数字化转型的催化剂，而且也指导着 SAP 的发展和技术方向。

下面就来列举一个美国第二大高端体育运动装备品牌安德玛（Under Armour）的例子。安德玛通过自己开发软件，以及耗资数亿美元的一系列收购，建立了一个采集客户社交数据、健身数据、饮食数据和运动数据的渠道。这种做法对于像安德玛这样的体育用品公司来说无疑是一种创新。安德玛将采集的数据与传统的企业数据融合在一起（见图 4-3）。在这些数据中，既有大量的来自分销商、零售商的传统的批发零售数据，也有来自个人的非结构化的生物计量数据以及社交数据。所有这些数据都将进入 SAP 设计的客户行为数据库中进行分析，对客户的需求进行感知和洞察，这不仅可以为客户提供更新运动装备的建议，同时还为驱动后台的物流与生产、建立实时的供应链提供了依据。

图 4-2　在数字化时代，企业创造价值的范式发生了深刻的变化

图 4-3　美国第二大运动品牌安德玛，通过实时采集传感器产生的运动数据，并融合社交数据和物流数据，建立实时响应的基于大数据分析的供应链，打造出独特的竞争优势

在这里，安德玛将企业的运营体系与客户的价值，也就是健身和运动的目标与感受结合了起来。驱动供应链的不是分销商或零售商的预测，而是一个个作为鲜活个体的客户的海量传感器数据。这些数据可以让安德玛洞察客户的需求，驱动后台的物流运作，以达到锁定客户持续购买安德玛产品的目标。这种新的创造价值的范式无疑是物联网驱动下数字化转型的代表。

那么，究竟应该怎样做才能一步步地实现这样的数字化转型呢？

4.2　第一步："互联"到"数据"——从互联的万物中采集和存储海量数据

无疑，采集和保管这些从互联的万物中产生的数据是第一步，但这件事情并不容易。

根据 IDC 的预测，从 2013 年到 2020 年，全球物联网数据将会有一个爆发性增长。在全球数据总量增长 10 倍的同时，物联网数据总量的增长则是 49 倍。这种增长反映出四个主要特点，具体如下。

- 大数据：由于传感器数量的增加，数据量正在不断膨胀。例如，运行一个包含 100 台风机的风场，每年就会有 100 亿行的数据；而一台赛车一天就可以产生 4 亿条记录。
- 快数据：对于从传感器流出的这些数据，我们需要快速进行消化。例如，一架 4 引擎的客机，上面有 3000 个传感器，每个传感器每秒采集 100 次数据，这也就意味着一秒钟就要处理 100 万行的数据。
- 边缘分析：由于物联网的数据大多在网络的"边缘"产生，因此很自然地需要"就地"进行处理。例如，全球的汽车保有量超过了 10 亿台，其产生的很多数据都需要在汽车内部进行处理。
- 实时洞察：很多业务场景都需要进行实时分析，甚至是少于 1 秒的查询响应时间。例如用仪表板的形式提供的查询界面，其查询频率有可能十分频繁。

物联网数据的增长
（从 2013 年预计到 2020 年）

全球数据总量
4.4ZB → 44.4ZB

10 倍

全球物联网数据总量
0.09ZB → 4.4ZB

49 倍

大数据 由于传感器数量的增加，数据量正在不断膨胀	>100 亿行 >5T 字节	· 风机：100 台风力发电机 ×1 亿行 / 每年 · 赛车：4 亿条记录 / 天 ×365 天试驾 · 电信：1000 部手机 ×1000 行 / 秒 ×1 天 · 交通分析：6 千万汽车 x 1 次读取 / 分 ×365 天 · 石油钻头：80 亿条记录 / 天
快数据 从传感器流出的数据需要快速消化	>100 万行 / 秒	· 网络监控：每个网格 100 万行 / 秒 · 资产监控：6000 万汽车 × 每分钟读取 1 次 · 飞机监控：4 引擎 ×3000 传感器 ×100Hz · 石油钻头：10000 传感器 ×100Hz
边缘分析 物联网数据大多都在网络的"边缘"产生	>100 个 地点	· 制造：全美 30 万家工厂 · 汽车：全球超过 10 亿辆 · 电信：全美超过 19 万个基站 · 石油：全球超过 95 万个油井 · 移动广告：分散的广告和监控
实时洞察 业务场景要求进行实时分析	<1 秒的查询 响应时间	· 仪表板：实时可视化，频繁查询 · 网络监控：根源分析，优化 · 资产监控：基于状态的监控，安全 · 安全：异常检测，建筑物安全 · 交通：地点位置建议

图 4-4　"互联"到"数据"阶段所面临的挑战

这几个特点对数据的采集、存储和应用都带来了巨大的挑战。

"工欲善其事,必先利其器"。SAP 针对物联网的数据采集、存储和处理,提供了由三个部分构成的基础平台。有了这样一个平台,就可以对这些数据进行有效的分析。这三个部分具体如下。

- 用来承载整个技术体系的 SAP 云平台,提供云计算的共性的平台功能,如安全、移动、数据与存储等。
- 用来提供物联网基础服务的部分,将与物联网相关的技术服务、业务服务打包在一起,供其他应用调用。
- 用来实现物联网边缘计算的部分,可以与硬件结合,对在物联网"边缘"产生的数据"就地"进行从最基础的流处理,一直到预测分析、机器学习等应用。

这三个部分形成了 SAP 对于物联网环境下面向应用的大数据处理的工具平台支持。此外,为了适应客户的物联网环境要求,SAP 可以支持不同的 IaaS 平台,包括 SAP 数据中心、谷歌云平台、微软 Azure 平台和亚马逊的 AWS 平台,如图 4-5 所示。

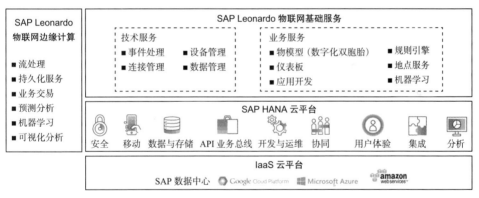

图 4-5 通过 SAP Leonardo 的基础平台,帮助企业从万物中获取大数据

这里举一个例子。SAP 与合作伙伴为企业客户在物联网的边缘计算环境提供了一整套数据采集、存储和处理的完整方案。如图 4-6 所示是 SAP 与传感器厂家 IFM 和网络设备厂商 Dell 合作的蓝图。IFM 提供传感器,测试温度、湿度、油压等各类数据,通过以太网 /IP 接口或 IFM 自己提供的接口,接入 Dell 的边缘网关设备上。SAP 则提供了在 Dell 的边缘网关上的应用,包括物联网智能边缘、动态边缘处理以及物联网设备管理,将数据进行预处理,发送到安装在 Dell 服务器上的 SAP 预防性维护解决方案(包括其应用和数据库)等进行计算。这样一套软硬结合的一体化方案可以为客户建立完整的针对设备预防性维护的物联网边缘计算的方案。

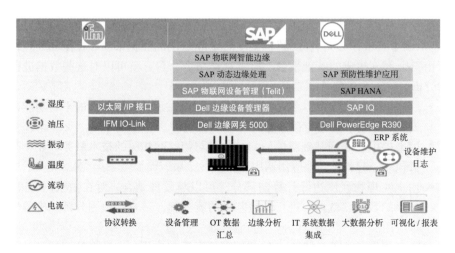

图 4-6 举例：SAP 在边缘计算领域的进展（SAP 与 Dell 和 IFM 在设备预测性维护的最新合作）

2017 年 6 月 13 日，SAP 正式发布了物联网边缘服务的产品——边缘服务（SAP Edge Service）。它既可以是部署在物联网边缘计算设备上的服务，也可以是位于 SAP 云平台上的服务（如图 4-7 所示）。通过部署在设备和云端的服务，SAP 将为客户提供安全便利的物联网边缘计算功能，以及设备端和云端相互配合、协同作业的环境。常见的应用场景包括设备维护、库存管理和物料管理等方面。

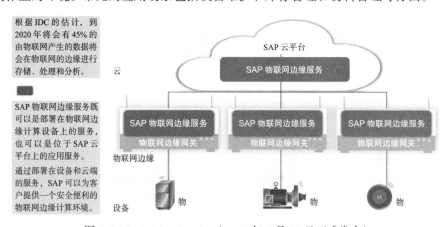

图 4-7 SAP Edge Service（2017 年 6 月 13 日正式发布）

4.3 第二步："数据"到"洞察"——从海量数据中知晓机会和风险所在

在获取了海量数据之后，接下来我们需要知晓机会和风险所在。为了实现这一目标，我们必须对不同行业、不同领域的数据，提供有针对性的应用。

如图 4-8 所示，SAP 目前对物联网应用里最具有代表性的领域进行了针对性的研发，具体如下。

- 在产品的互联领域，SAP 与三菱机器人合作，围绕机器人生命周期的各个阶段，打通它的研发数据、销售数据、运行数据和维修数据，实现了大闭环的全生命周期流程的数字化产品管理。
- 在资产的互联领域，SAP 与意大利国家铁路合作，使用物联网技术采集机车的运行数据，建立了动态维护管理系统，有效地减少了计划外停机，并降低了维修成本，提高了资产利用率。
- 在车队的互联领域，SAP 与大众汽车和壳牌石油合作，在车联网上开发了汽车的加油和结算应用，从而将 SAP 的商业网络扩展到了车联网的应用环境中，可以帮助车主对汽车的燃油经济性和加油计划进行管理。
- 在基础设施的互联领域，SAP 与荷兰的能源网公司 Alliander 合作，对其基础设施中的燃气管道和输配电缆上采集的数据进行分析，每年可以将其维护费用降低 1%。
- 在市场的互联领域，SAP 与德国的农业机械制造商 Krone 合作，建立了农业数据平台，收集和分析每天在农业操作中生成的大量数据，以便农民在管理业务方面做出更明智的决策，而制造商可以为他们提供更多的定制产品和服务——这一切的目的都是将农业市场与制造商联系起来。
- 在人群的互联领域，SAP 与瑞士的制药企业罗氏制药合作，开发出了配合其穿戴设备的 App，对采集的大数据进行分析，对糖尿病前期病人的生活习惯进行分析，针对性地指导用药，并改变他们的生活习惯，从而有望将病人的医疗成本降低 40%。

图 4-8　SAP 通过一系列物联网应用，从大数据中洞察机会和风险所在

　　上面提到的这些物联网应用，分别是对产品的互联、资产的互联、车队的互联、设施的互联、市场的互联和人群的互联，它们也对应着 SAP 在 Leonardo 上的六大类物联网应用，它们分别是互联产品、互联资产、互联车队、互联设施、互联市场和互联人群。如图 4-9 所示，SAP 还将根据市场的要求，不断进行开发，将更多的物联网应用产品化。

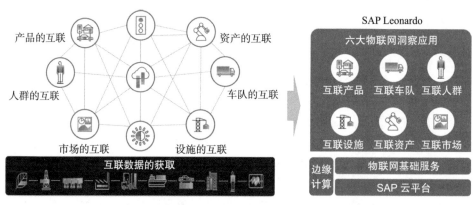

图 4-9　不断地进行开发，将更多的物联网应用产品化

　　下面列举一个例子。物联网在汽车行业里最典型的应用就是车联网。现在大家都已经认可关于未来汽车社会的愿景，就是很快进入一个互联时代。无论是车内设备的互联、汽车与车外互联网应用的互联，还是车辆与车辆之间、车辆与交通设施之间的互联等，都向我们展示了未来汽车互联的广阔前景。在这一场迈向汽车互联的历程中，出现了众多不同的接入手段，如整车厂在新车下线前内置、整车厂在新车下线后进行改装、售后市场提供的移动设备等，代表了不同的主体对未来市场蛋糕的争夺。作为从事汽车销售与服务的渠道，汽车经销商无疑也需要有自己的接入手段，为客户提供差异化服务。

　　AMAG 作为瑞士最大的汽车经销商集团，通过实施 SAP 的汽车经销商管理系统和客户关系管理，实现了全集团各品牌门店统一的业务经营、日常管理和客户发展（如图 4-10）。在此基础之上，AMAG 也准备向车主提供自己的车联网服务。这一系统搭建在 SAP Leonardo 的物联网应用之一——"互联车队"的基础之上，通过 AMAG 的接入设备采集车辆使用过程中的相关数据，通过大数据分析和机器学习为车主提供相应的增值服务，如车辆故障的预测与预警、服务预约与调度，并对车辆的行驶特征进行分析，以帮助保险公司定义适当的保险费率。同时，这套系统还与 SAP 提供的客户忠诚度系统以及门店管理系统连接，可以及时地与客户关怀流程以及门店的服务流程进行对接，提高客户体验。这个案例展示了 SAP 的物联网应用在汽车行业中的成功应用。

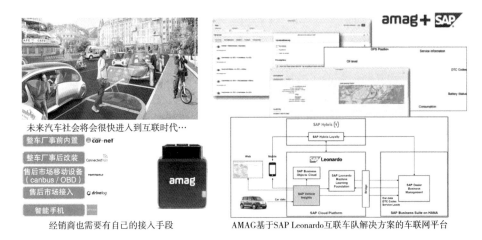

图 4-10　举例：SAP 将机器学习引入车联网大数据分析中（SAP 与瑞士 AMAG 集团的合作）

当大数据的价值得到越来越多的认可的时候，企业的各个部门可以从各自的来源获得数据，产生"洞察"，这时就会产生新的"大数据孤岛"现象，需要新的管理手段来促进各个"孤岛"之间的连接和融合，将其从部门级升级为企业级大数据应用。2017 年 9 月，SAP 正式发布了 SAP Data Hub 产品（如图 4-11），以有效地针对以下三个主要的问题，即：

- 在大数据与企业数据之间缺乏连接。
- 在跨数据源搭建复杂的数据场景时缺少有效的工具。
- 对于目前的大数据方案缺少企业级准备。

图 4-11　新产品发布：SAP Data Hub（2017 年 9 月 25 日正式发布）

为此，SAP 提供了大数据的整合方案，帮助企业更容易地对大数据进行整合，将数据从复杂的世界中"解放"出来，从而帮助企业建立企业级而非部门级的基于大数据驱动的流程和决策。

4.4 第三步："洞察"到"行动"——推动业务流程前进，将洞察转变为行动

我们从万物互联中获取了数据，产生了"洞察"，但这并不是我们的最终目标。就像我们从车联网的数据中判断出车辆就要出现故障之后，要立即将这一线上的信息分派给线下的服务站和服务人员。接下来，我们需要将这些"洞察"尽快转化为行动。这些行动可以概括为四个字——"趋利避害"：对于商机，要及时把握和跟进；对于风险，要立即预警和规避。

无疑，将洞察转化为行动意味着要实现如下两大要点。

- 首先是精准地理解行动的要旨，驱动相应的业务流程。
- 其次是与业务系统的实时无缝连接，在分、秒甚至毫秒级的时间间隔里做出响应，对业务流程提供支持。

这就要求我们不仅需要有将从万物获取的"洞察"用于驱动企业级管理系统的业务流程，而且从 IT 系统的建设角度来说，更需要有处理复杂业务流程的企业级管理系统，如图 4-12 所示。

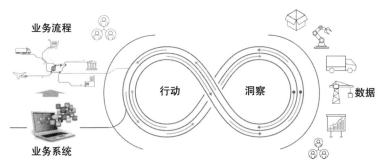

图 4-12 "洞察"到"行动"——推动业务流程前进，将洞察转变为行动

SAP 在 Leonardo 的物联网应用之上提供了相应的应用系统，支持对洞察采取行动的业务流程。如图 4-13 所示，通过 SAP 的数字化供应链系统和 S/4 HANA 系统，可对供应链的计划、执行，乃至采购、制造、物流、售后，以及企业内部的财务、管控等业务流程提供快捷的响应支持。在这里，通过系统之间便捷的互联和顺畅的切换，SAP 一体化平台的优势得到了淋漓尽致的发挥。下面举一个微软的例子。

微软不仅仅是一个软件巨人，它在硬件产品生产方面也有着悠久的历史。从 1980 年为苹果 II 计算机生产软件卡至今，其生产了包括键盘、鼠标、游戏机、平板设备、可穿戴设备等众多硬件产品，在 191 个国家和地区，通过 52 个分销、3000 家线下零售店和线上零售，每年制造与发货 2.9 亿台设备。微软的硬件部门

每年的开支达到 11 亿美元，迫切地需要建立一个针对供应链整个生命周期的、统一的"操作系统"，以不断提高供应链的运行效率。

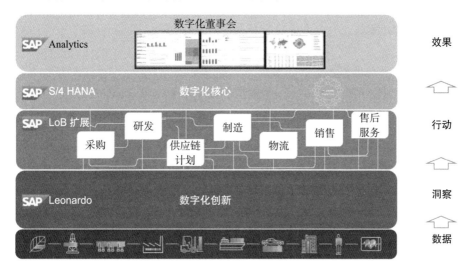

图 4-13　通过 SAP Leonardo 的数字化供应链，结合 S/4 HANA，将洞察转变为行动

作为一家正在向云计算转型的企业，微软的硬件部门通过微软 Azure 云，为硬件供应链提供物联网技术、数据采集和洞察结果。同样，微软也需要一套强大、快捷的系统，可以承接洞察的结果，将其快速地转化为及时行动。如图 4-14 所示，通过 SAP 的数字化供应链系统（涵盖了从供应链计划、采购、交付、贸易和售后关怀的整个链条），微软建立了需求驱动的供应链，并为建立数字驱动的供应链组织提供了供应链运行功能及数据。

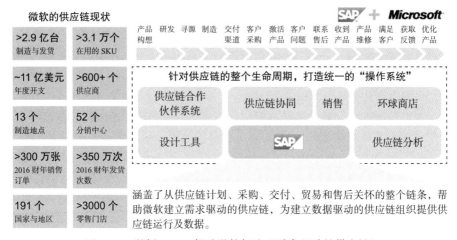

图 4-14　举例：SAP 帮助微软打造"需求驱动的供应链"

　　在将洞察转化为行动的过程中，企业常常面临跨不同物联网应用、不同业务系统、不同部门和人员之间在协同上的挑战。例如，企业可能需要对互联的资产（如风机）采集的数据，结合互联的环境（如天气）提供的数据进行分析，驱动互联的业务（如配件的采购，以及现场安装调试），并通知和协调互联的人群（如相应的供应商和服务人员）。对于企业用户（如风机的管理人员）来说，需要有一个统一连续的界面，帮助他在互联的世界中，利用物联网，在协作和以人为本的工作环境中将这些业务结合在一起——这就是 SAP 发布的 SAP Leonardo IoT Bridge 产品的功能（如图 4-15）。

> SAP Leonardo IoTBridge 帮助企业在互联的世界中经营业务。它利用物联网，在协作和以人为本的工作环境中，将不同的业务运作结合在一起。

互联的物体
产品、移动资产、固定资产、机器人

互联的业务
端到端的业务流程，数据

互联的人群
客户、供应商、合作伙伴、社交网络

互联的环境
天气、交通、新闻、地图、法规

图 4-15　SAP Leonardo IoT Bridge（2017 年 9 月 1 日正式发布）

4.5　第四步："行动"到"效果"——创造出新的商业价值和生态系统的优势

　　作为四步中的最后一步，企业可以进一步将从"行动"产生的"效果"，通过云的形式，与客户、供应商或合作伙伴相连，创造出新的商业价值和生态系统的优势，并将其固化下来。如图 4-16 所示，一家为能源行业提供核心设备的制造商，通过"资产智能网络"这一物联网应用，与使用设备的能源企业的设备进行连接，并使用云端的"预测性维护"，对设备进行故障预测，从而拉动企业的"互联的制造"，生产相应的产品，并通过"互联的物流"对产品的交付过程进行全程监控。这样一个冠之以"互联的能源"的解决方案，实现了制造企业对其售出使用的资产的监控、分析和预测，自动判断维修和更换时间，从而实现一站式购买、升级和服务，并有效地提高工厂生产、物流以及现场服务的效率，打造制造企业自身在行业中领先的战略优势地位。

图 4-16 通过 SAP Leonardo 的创新功能，进一步打造新的商业价值和生态系统优势

4.6 打造迈向工业互联网的 SAP 产品开发与布局

上文谈到的四个步骤为 SAP 制定面向数字化转型的产品开发与布局策略，提供了战略级指导方向——它同时也是 SAP 迈向工业互联网的产品布局。如图 4-17 所示，这一策略可以从如下三个视角加以理解。

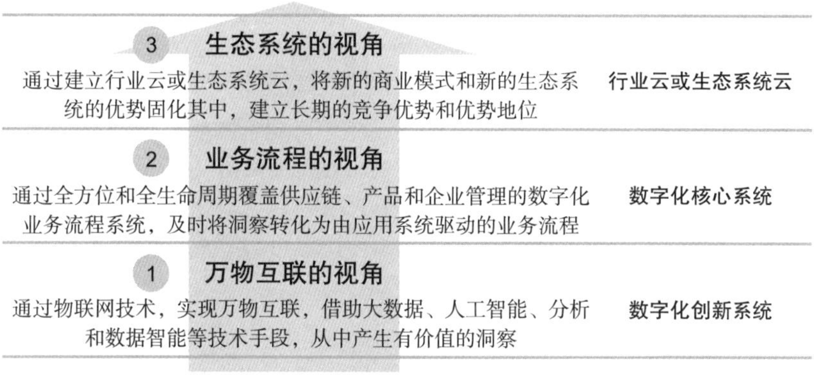

③ 生态系统的视角　　　　　　　　　　　　　**行业云或生态系统云**
通过建立行业云或生态系统云，将新的商业模式和新的生态系统的优势固化其中，建立长期的竞争优势和优势地位

② 业务流程的视角　　　　　　　　　　　　　**数字化核心系统**
通过全方位和全生命周期覆盖供应链、产品和企业管理的数字化业务流程系统，及时将洞察转化为由应用系统驱动的业务流程

① 万物互联的视角　　　　　　　　　　　　　**数字化创新系统**
通过物联网技术，实现万物互联，借助大数据、人工智能、分析和数据智能等技术手段，从中产生有价值的洞察

图 4-17 SAP 迈向工业互联网的产品开发与布局

第一个角度是基于 SAP Leonardo 这一数字化创新系统的万物互联的视角，关注从互联的数据中知晓机会和风险所在。这里的核心是需要建立物联网云平台，布局和开发目前市场上相对成熟和有潜力的物联网应用，从万物互联的数据中通过大数据和人工智能等技术产生有价值的"洞察"。

第二个角度是基于 SAP S/4 HANA 这一数字化核心系统的业务流程的视角，推动业务流程前进，将洞察转变为行动。这里的核心是需要建立起能够全方位覆盖供应链和产品生命周期各个领域和阶段的数字化业务流程系统，在跨供应链的水平集成、跨管理层和车间层的垂直集成和产品全生命周期的三个维度上，建立覆盖全价值链的数字化系统，及时将洞察转化为由应用系统驱动的业务流程。

第三个角度是生态系统的视角，建立可以持续挖掘商业价值、打造生态系统优势的平台，从而建立起长期的竞争优势和优势地位。这里的产品是结合本地市场，与客户和合作伙伴共同打造的行业云或生态系统云。

4.7 深度案例分析：SAP 帮助瑞士最大的汽车经销商 AMAG 集团实现基于 OBD 的车联网平台

4.7.1 AMAG 简介

总部位于瑞士苏黎世的经销商集团 AMAG（www.amag.ch）是瑞士境内最大的汽车经销商（如图 4-18），同时也是大众和保时捷的进口商。AMAG 自创立以来，已经出售了大约 230 万辆汽车。AMAG 雇佣了 5700 名员工，并将继续保持以家族企业的方式进行经营。AMAG 的年销售额约为 46 亿瑞士法郎，下辖的 500 余家零售点和服务合作伙伴（其中 80 余家为 AMAG 自有）遍布全瑞士境内，占据了瑞士全国约 30% 的销量。

图 4-18　AMAG 在瑞士苏黎世的总部

作为一家进口商，AMAG 负责德国大众汽车全系列车型的进口，包括奥迪、西亚特、斯柯达、大众轿车和大众商用车。在 2008 年之前，AMAG 也一直都是保时捷的进口商，但是后来保时捷开始接手自己来做。

4.7.2　第一步：打造自身的一体化业务系统

AMAG 以销售和服务大众汽车集团的汽车为其主要业务，并进而在此基础之上开展各种增值服务，如车辆共享、车辆租赁、停车、车载自动诊断（On-Board Diagnostic，OBD）系统等。由于汽车行业的特殊性，AMAG 作为大众汽车在瑞士的分销商，首先需要建立自身的业务系统，并实现与大众汽车相应系统的对接。然后在此基础之上为各种增值服务建立相配套的系统。为此，AMAG 采取了两步走的策略，第一步是建立从集团到门店的一体化系统[⊖]⊖。

对于像 AMAG 这样的集进口商与经销商于一体的垂直经销商集团来说，选择与它的供应商（大众汽车）一样的系统，无疑是最方便的事情。选用同一套系统和平台可以让跨企业的紧密集成变得更加容易，对于后续的运维也是十分方便的，并且可以通过规模经济来共享技术和 IT 支持。

对大众来说，这种选择也是最方便的，因为 AMAG 不仅可以与大众使用同样的 SAP 平台，甚至还可以在 SAP 上使用一些相同的应用。大众本身就计划在配件和索赔领域，从经销商一直到工厂都推广 SAP，AMAG 的选择无疑受到了大众的欢迎。

AMAG 的 SAP 实施主要分为两个部分：一部分是采用 SAP 的经销商业务管理（Dealer Business Management，DBM）作为其自有经销商的经销商管理系统（Dealer Management System，DMS），管理日常的整车销售、维修服务、配件等业务。另一部分是采用 SAP 整车管理系统（Vehicle Management System，VMS）作为进口商管理系统（Importer Management System，IMS）的平台，架设了与大众进口车业务的桥梁，包括订单处理、发票、索赔、车辆整备、海关业务等。对于这一部分系统，AMAG 将其称作 AIDA。

像大多数 DMS 一样，AIDA 有如下两个主要的模块。

- 核心的配件、服务、销售、财务及成本模块。
- 与其他应用系统和信息源的接口。

图 4-19 给出了 AIDA 项目的 IT 架构图。AIDA 使用了标准的 DBM 的配件、服务、车辆销售、财务及成本模块，并能够满足瑞士国内的财务和法律要求。

SAP 提供了一个用于集成的引擎——SAP XI（现名 PO），用来实现 AIDA 与一些外部应用系统和信息源的连接。AMAG 需要很多外部接口，包括两大类，具体如下。

⊖　关于这一部分的 SAP 解决方案和案例的详细内容，可参见作者 2017 年在清华大学出版社出版的《汽车行业经销商业务管理系统：打造属于经销商自己的数字化平台》（第 2 版）中的相关内容。

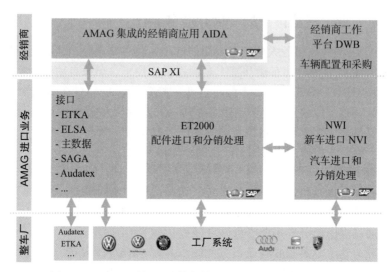

图 4-19　AMAG 的 IT 总体架构和与大众汽车系统的对接

第一类是与主机厂的应用和主数据的接口。这里主要有如下 6 个集成点。

- 经销商工作台（Dealer Workbench，DWB）：这是一个用来进行新车配置、报价（包括汽车金融和租赁）以及订车的销售工作站。这一块并没有集成到 AIDA 的前端，也就是说，它们的集成是在后台完成的。
- ETKA：这是大众的配件目录系统，与 AIDA 的配件模块实现了集成。
- ELSA：这是大众的技术信息系统，与 AIDA 的服务模块实现了集成。ELSA 的功能包括了访问大众的召回数据。目前 ETKA 和 ELSA 由 AIDA 托管，服务于目前的 DAVIS DMS。除非是一些大型经销商，他们需要自己另建一台服务器来安装 ETKA 和 ELSA，以满足大流量的访问要求。小的经销商可以通过远程访问来获得所需的信息。
- SAGA/2：这是大众索赔的全球系统，与 AIDA 的服务模块实现了集成。
- ET2000：这是大众的配件系统，甚至可以管理到经销商的配件库存，实现对已销售的配件的自动补货。
- 主数据：需要使 AIDA 能够访问到主数据（包括车辆制造特征）。

第二类是与独立的应用和数据的接口。这里主要有如下两个集成点。

- TKP：这是一个车间时间计划系统，得到了大众汽车的推荐，甚至比 AIDA 中的时间计划功能还要优先得到推荐。它需要被集成到 AIDA 当中，这样服务接待员就可以在进行预约安排的时候访问车辆召回的数据。
- Audatex：这是一个关于车身修复估算的系统，需要将它集成到 AIDA 的服务模块当中，将估算值传到 DBM 的维修订单当中。

之所以要花这么多的篇幅介绍似乎与 OBD 无关的内容，主要原因有两点，具体如下。

- 一是大量的车辆和配件数据都来自整车厂，它们是 OBD 系统运行的前提。
- 二是 AIDA 系统很好地实现了 AMAG 在线下的销售和服务流程。离开了这些线下功能的自动化，OBD 业务的执行将会失去落地的基础。

4.7.3 第二步：打造线上的 OBD 业务

1. 经销商在未来的出行社会面临挑战

尽管在过去的 70 多年里，AMAG 凭借瑞士最大的大众汽车经销商的地位，取得了巨大的成功，但是在未来的 10 年里，AMAG 面临的最大风险是自动驾驶技术和出行服务融合后汽车拥有模式可能发生的变化。设想一下，如果大街上到处都是自动驾驶的 Uber 出租车（如图 4-20），乘客只需通过手机 App 就可以得到相比今天更加经济便捷的出行服务，那么汽车行业将会发生巨大的变化。由于这些自动驾驶的出租车可以全天"不知疲倦"地行驶，使用效率大大提高，因此家庭和个人购买汽车的意愿将会大大降低。尽管自动驾驶汽车可以让那些不能开车，但需要出门的老人或儿童受益，但从整体上看，最终将导致汽车销量的下滑，这对经销商来说将会是一个坏消息。尽管业界对于这一融合是否会发生仍然存在一些怀疑，但是即便是到 2025 年只有 10% 的汽车具备自动驾驶功能，也会对经销商带来足够负面的影响。以美国市场为例，汽车经销商的数量一直在缓慢下滑，今天只有不到 1.8 万家，预计到 2025 年，将进一步缩减到 1.65 万家。也有研究表明，以北美市场为例，这种融合后出现的"出行即服务"（Mobility as a Service，MaaS）的成本优势将如此之大，以至于它将在 10 年内占据 95% 的乘客里程。

图 4-20　对未来出行社会的展望

经销商在"出行即服务"的未来中会占据什么地位？这将是一件非常有趣的事情。在以前，汽车的销售和服务市场基本上是由汽车经销商所把持，汽车经销商获得了这部分市场大多数的利润。而未来，随着汽车销量的下滑，以及电动汽车的逐渐普及，无论是汽车销售还是汽车售后的收入和利润都将下降，而与出行相关的服务的收入和利润则会大幅上升。

在未来的出行社会中，人们购买出行服务的新方式将催生新的商业模式。我们可以预计，未来必然会出现新的企业，利用数字跟踪和社交媒体等数据来源，构建对客户的分析引擎，从而进入这个市场。经销商以前所熟悉的市场将会从移动实物商品，转向预测顾客行为和需求为中心的数字化生态系统。经销商必须将自己融入这个新的数字化生态系统中，以形成新的利润中心。

然而遗憾的是，尽管在整个生态系统中，围绕着汽车产生的数据量正在不断增加，但是到目前为止，经销商仅仅是与这些不断增长的数据"轻相关"，也没有从这些数据中获益。长期以来，经销商在整个汽车销售与服务网络中拥有独特的地位，代表品牌与客户发生日常往来。但是，如果经销商在未来与数字化生态系统中的其他合作伙伴没有联系，那么它们又将如何维持自己的地位呢？

图 4-21 所示是 AMAG 所构想的车联网的愿景。AMAG 希望能够通过车联网，为客户提供完整的用户体验，包括从车辆跟踪一直到车辆共享的全方位的业务和服务。通过这种方式，AMAG 希望可以更多地参与到出行服务的各个环节中，与不同的合作伙伴开展合作，从而在数据上拥有自己的访问权和发言权，并从中寻求新的利润来源。

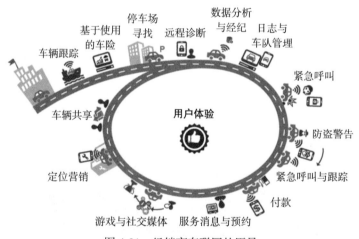

图 4-21　经销商车联网的愿景

事实上，在目前的车联网领域有不同的车辆接入方式，包括整车厂内置（即俗称的"前装"）、整车厂改造、售后市场提供的内置设备、售后市场提供的外置设备和智能手机，等等。AMAG 采用了内置设备的方式，向客户提供自己的车载自动诊断系统 OBD，如图 4-22 所示。

OBD 技术最早起源于 20 世纪 80 年代的美国。初期的 OBD 技术是通过恰当的技术方式来提醒驾驶员发生的失效或故障。如图 4-23 所示，随着技术的发展，OBD 的数据采集范围不断扩大，从而为车联网的广泛应用提供了可能。

2. 基于 SAP 车辆洞察，打造 AMAG 的车联网业务

借助 SAP Leonardo 的物联网应用之一——SAP 车辆洞察（Vehicle Insights，VI），可以让 AMAG 实时收集、映射、存储和分析车辆数据和传感器数据。接下来，将车载信息系统数据、企业数据及客户数据整合在一起，可以进一步提升服务水平，创造出新的业务模式和业务机会。

图 4-22　车联网的不同形式和 AMAG 提供的 OBD 设备

图 4-23　通过 OBD 可以获得数据（与品牌和车型有关）

对于 SAP VI 产品来说，可以有如下三类车联网应用场景。

第一类场景是车辆生产者或所有者通过车辆实时互联，提升服务水平，优化运营效率。车辆厂商通过对车辆数据的实时分析来优化产品设计、提升供应链运营效率、提供新的更智能的维护服务。车辆运营商则可以利用车辆数据，实时洞察车辆的位置与状态，实现车队运营效率的优化。后者就是 AMAG 的应用方式。

第二类场景是制造企业通过物流或仓储的车辆进行实时互联，提升效率，降低运营成本。例如全球最大的工程机械企业卡特彼勒，通过 SAP VI 收集生产区域内移动车辆的实时数据，然后与 SAP 的仓储管理系统、制造执行系统和供应链计划系统实现流程集成，以优化物料配送效率，更精确地管理库存，并且提升车辆的运营安全与效率。

第三类场景是借助 SAP VI，让设备厂商或者集成商可以构建车辆网服务平台、实时物流服务平台、车辆保险服务平台，以实现服务转型。例如，德国 BPW 公司是一家车轴供应商，通过车轴智能化，其借助 SAP VI 构建了自己的车辆服务及运输服务平台。MSG 是保险行业的 IT 集成商，其借助 SAP VI 打造了自身的 Insurance Analyzer 组件，成为其新的收入来源。

具体来说，如图 4-24 所示，AMAG 利用 SAP VI 并结合自己的 OBD 设备，打造了自己的车联网，将采集的客户数据以及从 OBD 当中采集的车辆数据，在 SAP Leonardo 中进行机器学习，从而帮助 AMAG 实现更加智能化的服务。从以前只是销售汽车，向未来为客户提供智能化的服务进行转型。

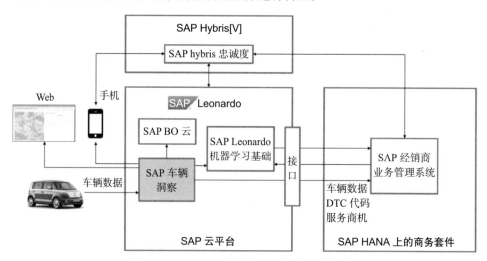

图 4-24　AMAG 采用的 SAP 解决方案架构

如图 4-25 所示是 AMAG 应用 SAP Leonardo 的 VI 产品来实现预测性维护的一个场景。一方面，AMAG 通过车辆网可以采集车辆的驾驶行为、使用行为和诊断故障码（Diagnostic Trouble Code，DTC）等数据。与此同时，再结合前文介绍的一体化业务系统收集到的车辆服务数据、维修数据和维护成本等数据，一起汇入 SAP Leonardo 的机器学习基础平台中，运用人工智能技术进行机器学习，从而得出一些可以转化为新的利润来源的洞察结果。例如，如图 4-25 所示，可以推导出驾驶行为与维修之间的关联模式，帮助 AMAG 对客户进行分类和提示；或者是对配件的失效时间进行预测，从而自动触发线下的维修服务，等等。这些手段可以帮助 AMAG 在未来的出行社会的价值链中提前进行布局，打造新的利润来源，占据有利的地位。

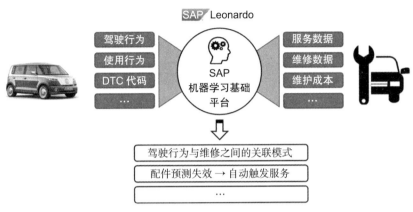

图 4-25　预测性维护的应用场景

4.8　小结

物联网催生的万物互联将传统的"在数量有限的结构化数据的基础上，按照企业既定的流程路线，推动业务运行，间接地达到企业的经营目标"的业务范式，转变为"互联"→"数据"→"洞察"→"行动"→"效果"的五阶段转换。由此，SAP 提出了新产品开发与布局理念——围绕着数字化创新、数字化核心和行业云或生态系统云三个方面展开。这场转变的投入和影响都是巨大的。我们可以用如图 4-24 所示的一张关于"企业管理的一场变革正在到来"的图来概括这场变化。

过去，我们习惯于用业务流程来　　　　　但是数字化转型，意味着用分析
采集数据，并进行分析　　　　　　　　　来建立新的流程

图 4-26　企业管理的一场变革正在到来

工业互联网的愿景目标——智慧企业

智慧企业（Intelligent Enterprise）是 SAP 于 2018 年正式提出的解决方案，也是对近 10 年来数字化转型市场发展的总结和展望。对于工业互联网来说，智慧企业是一个重要的创新。它实现了企业应用软件与工业应用软件的融合，在统一的架构下打造智慧企业，完成企业从流程驱动向流程和数据混合驱动的转变，大幅度提升企业生产效率，实现商业模式的转型。SAP 不仅实现了业界最完整的覆盖产品全生命周期的企业 SaaS 应用系列，而且还提供了以数字化双胞胎网络、预测性维护与服务、预测性质量、车辆洞察、物流业务网络等为代表的工业 SaaS，打通了新商业模式的价值闭环。

5.1 智慧企业的商业驱动力来自新的商业模式对生产和运营效率的渴求

工业互联网蓬勃发展的驱动力在很大程度上来自于企业对新的商业模式的追求。如图 5-1 所示，无论是个性化定制、基于使用量的收费模式，还是服务化延展、网络化协同和智能化生产，这些商业模式背后的共同特征都是以 "1" 为单位的产品在全生命周期上的管理和运营——需要以 "1" 为单位设计产品、以 "1" 为单位对细分市场进行计划、以 "1" 为单位制造和交付产品、以 "1" 为单位维护和服务产品、以 "1" 为单位对整条供应链进行分析和管理。这对于目前的技术水平来说，几乎是不可能实现的目标。

接下来我们就以工业互联网中最大规模的两个例子为代表，来说明为什么以 "1" 为单位的产品全生命周期管理是工业互联网最核心的关键技术目标。

商业模式	技术特征

商业模式：智能化生产　个性化定制　基于使用量的收费模式　网络化协同　服务化延展

技术特征：
以"1"为单位设计产品
以"1"为单位对细分市场进行计划
以"1"为单位制造和交付产品
以"1"为单位维护和服务产品
以"1"为单位对整条供应链进行分析和管理

图 5-1　以"1"为单位进行产品全生命周期的管理和运营是驱动工业互联网的商业模式的共同特征

第一个例子是基于车联网的出行服务提供商。车联网是连接千万人和车辆的工业互联网。传统的汽车厂商的商业模式是设计和生产汽车并销售给汽车经销商，就可以收到款项。这种商业模式的前提是每一位车主都拥有并驾驶自己的汽车。而汽车行业未来的发展方向是社会化的出行服务。最终客户可以无须拥有汽车，而是通过社会化的出行服务，并借助自动驾驶技术，在需要用车的时候得到用车服务，来满足出行的要求。如图 5-2 所示，作为目前全球盈利最高的汽车厂，丰田汽车于 2017 年雇用了 36 万名员工，通过将生产出来的产品批发给 172 家全球分销商，完成了 1017 万辆汽车的销售。随着丰田宣布向出行服务提供商的转变，这一转变意味着丰田要满足所有人的出行要求——时间、起点、终点、车型——以"1"为单位满足每一位终端客户的需求。这也意味着丰田不仅需要承担每一台汽车从设计到交付的工作，同时还要承担汽车的全生命周期里所有的运营工作和故障风险（诚然这其中有一部分工作可以交给第三方合作伙伴）。如果按照传统的车辆调度方式来运营所有丰田汽车的出行服务，并且还要管理所有这些车辆的日常运维，那么可能仅在出行服务这一块就需要不止 36 万人进行后台支持。如果不能将丰田的整个管理和运营效率大幅提升，那么这个基于车联网的出行服务的商业模式将很难成为现实。

基于车联网的出行服务提供商

今天：36万员工，172家全球分销商，年销量1017万辆
未来：需要多少员工来运营所有丰田汽车的出行服务？

图 5-2　"以 1 为单位"的基于车联网的出行服务对运营效率提出了非常高的要求

第二个例子是基于能源互联网的新能源方案集成服务商。能源互联网是连接千万家庭、用电和发电设备的工业互联网。传统能源提供商的商业模式是建设单向的能源网络，最典型的是电网，通过接入家庭的电表，按时抄表收费。如图 5-3 所示，对于像英国的 centrica 这样的企业，只需要 2.2 万名员工，服务于英国的 2000 万个家庭，就可以盈利。而未来的商业模式是在新能源（太阳能、风能）广泛使用下的智能电网，可以在相关各方（发电厂、供电方、客户）之间进行电力能源的交换和优化。传统的发电方、供电方和客户之间的关系也可能会发生改变。每一个家庭、每一幢建筑、每一个园区既可以是用电的一方，也可能是发电的一方。这就意味着像 centrica 这样的企业，其商业模式的边界将从电表推进到家庭内部的每一台用电和发电设备，需要对每一台设备的电力电气属性、运行状况进行预测、监控、维护和管理。由于每个家庭的位置、日照情况、设备数量、类型、用电特点各不相同，对于立志转型为能源互联网企业的 centrica 来说，这种以"1"为单位满足每个家庭需求的商业模式无疑使其在运营效率上面临巨大的挑战。按照传统的业务执行方式，平均每人需要管理 1000 家客户的用电和供电业务，可能连基本的客服电话或者设备巡检的工作量都不可能完成。

基于能源互联网的新能源方案集成服务商

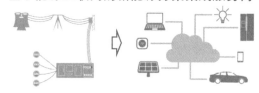

centrica

今天：2.2万英国员工，服务于英国的2000万客户

未来：需要多少员工来服务更多的能源互联家庭？

图 5-3   "以 1 为单位"的基于能源互联网的新能源方案集成服务，同样对运营效率提出了非常高的要求

传统的信息技术不仅在面对新的商业模式时捉襟见肘，而且在一些关键的业务流程上也面临着关键指标改进无力的窘况。以汽车行业的个性化定制能力为例，如图 5-4 所示，早在 20 世纪 90 年代，各大主流的整车厂，包括通用、福特、戴姆勒－克莱斯勒在内，为了实现汽车的按订单生产，定义了关键的业务指标的目标，即订单交付时间（Order-To-Delivery，OTD）。当时各大企业的 OTD 目标基本上都在 10 ～ 20 天之内，并相继得到了实现。但是 20 年之后，随着汽车产品技术的不断发展，汽车产品的复杂度、整车厂的车型数和每台汽车的配置项都得到了大幅增加，消耗了当时信息技术对 OTD 的优化。2017 年美国汽车市场的 OTD 时间统计表明，最好的纪录长达 49 天，即又重新回到了 20 年前的水平。

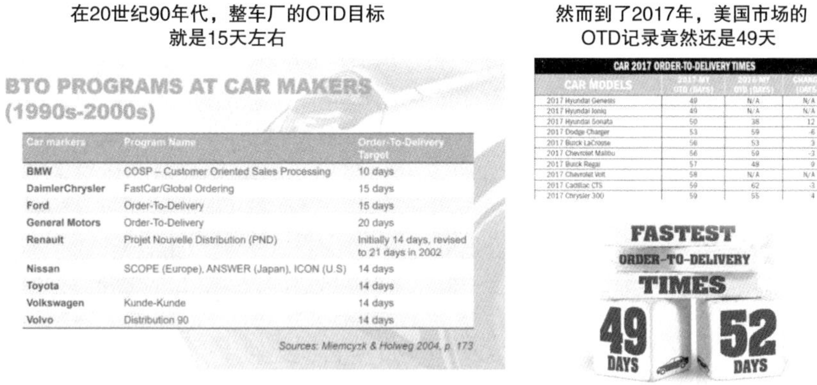

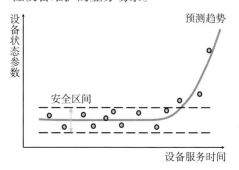

在20世纪90年代，整车厂的OTD目标就是15天左右

然而到了2017年，美国市场的OTD记录竟然还是49天

图 5-4　传统的信息技术在提升汽车的个性化定制能力方面已经遇到了瓶颈

　　如图 5-5 所示，在设备维护领域，传统的技术也面临着巨大的挑战。今天很多新的商业模式都是建立在对设备的远程管理和故障诊断的基础之上。传统的设备故障诊断方式采用的是根据设备的运行机理，基于较少维度的数据进行建模，通过大量的测试推导出设备故障曲线，从而对设备进行故障诊断。随着设备的日益电气化和复杂化，以及传感器成本急速下降带来的多维度海量数据，这种传统的方法不但在效率上远远不能满足现场要求，而且在很多情况下已经无法用机理模型来进行诊断。业界需要有一种新的、自动化或半自动化的手段，建立设备的故障诊断模型——这其实就是将机器学习的非监督式学习和监督式学习用于预测性设备维护的业务场景。

设备状态参数

预测趋势

安全区间

设备服务时间

设备日益电气化，复杂化

数据采集技术和成本迅速改进，可以更加方便和经济地采集到各种维度的海量数据

传统的由专业人士根据设备机理模型，基于较少维度的数据进行故障诊断的方法，面对更加复杂的设备和更多维度的大数据时，在效率上远远不能满足现场要求

图 5-5　在设备维护领域，传统的基于状态的故障诊断手段在效率上也面临挑战

　　综上所述，企业建设工业互联网要解决的最核心的问题就是提高企业的生产和运营效率。这既是 SAP 提出的打造智慧企业的目标，也是 SAP 对目前技术发展阶段做出的判断，更是工业互联网的核心价值。

　　如图 5-6 所示，在过去的 47 年里，SAP 一直与客户合作，通过使用每个时代最新的技术来解决它们面临的最复杂的挑战，帮助它们为组织创造价值。在 20 世纪 60 年代到 80 年代，随着大型机计算的普及，SAP 使得第一批早期客户能够通

过物料需求计划自动化它们的车间操作。20 世纪 90 年代，随着公司扩大互联网的使用，SAP 通过 SAP R/3 企业资源计划帮助客户的总部与它们的子公司进行连接。最近，在过去的 10 年里，随着存储成本的下降，云计算和大数据变得更加普遍，SAP 帮助客户开始进行数字化转型，使用 SAP HANA 软件与企业级大量云应用相组合。现在，随着人工智能、机器学习、物联网、高级分析和区块链成为技术主流，SAP 又有了新的机会帮助客户成为智慧企业，大幅提高企业的生产效率。

主机和PC 1960—1980	客户/服务器和互联网 1990—2000	云、移动和大数据 2000—2010	智慧企业 2010—2020

支持技术

• 晶体管与半导体革命 • 基于主机的计算 • PC出现 • 工厂自动化	• PC广泛采用 • 宽带互联网 • ERP和业务流程技术	• 移动和智能手机普及 • 云计算 • 社交网络 • 大数据	• 机器学习和人工智能 • 物联网与分布式计算 • 区块链 • 工业4.0与工业互联网

为客户创造的价值

工业自动化	业务流程自动化	数字化转型	智慧企业

图 5-6　企业计算已经经历了四个不同的发展阶段

在智慧企业时代，实现自动化的要求比之前要复杂得多。从历史上看，我们能够通过结构化的数据分析来推进自动化，而今天的智能技术则能够提供基于更多种数据源的更深入的洞察，比如文本、视频和图像，来加快推动自动化。此外，由于新工具可以将智能嵌入到业务流程中，从而使得新兴技术更易于使用，因此这种自动化在今天的管理过程中会比以往任何时候都更具有成本效益。当许多常规活动都被自动化时，工作人员可以专注于更高价值的活动，如帮助客户编制战略规划和推动创新。如图 5-7 所示，在智慧企业时代，企业的生产效率随着自动化水平的提高将进入一个快速上升的通道，从而满足新的商业模式对生产和运营效率的渴求。

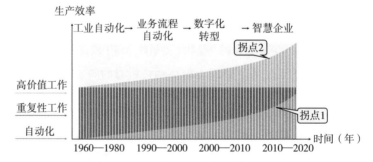

图 5-7　智慧企业能够减少重复性工作，关注高价值工作，从而大幅提高生产效率

5.2　什么是智慧企业

5.2.1　智慧企业的定义

所谓智慧企业，就是通过应用智能技术，如人工智能、机器学习、物联网、高级分析等，帮助企业改变以往用既定的流程推动业务的管理方式，打通从数据获取、数据洞察、驱动业务到产生价值的链路，提高自动化水平，减少重复性工作，让员工聚焦到高价值的工作上。

目前，企业进行数字化建设的速度正在不断加快。据一项统计显示，72% 的CEO 认为在他们的行业中，未来三年比过去 50 年还要重要。如图 5-8 所示，以制造业中数字化转型的主要力量之一——"工业 4.0"为例，从 2014 年正式以"第四次工业革命"为名提出工业 4.0 的概念以来，在短短的 4 年时间里，工业 4.0 便已经从概念期迅速走过了宣传普及、技术吸引、局部试点的阶段，进入全面建设的时期。回顾这段历程，2015 年是工业 4.0 的核心应用——数字化工厂的宣传普及期，人们纷纷开始研究什么是数字化工厂，学习数字化工厂的一些基本建设原则，如垂直集成和水平集成。到了 2016 年，人们的注意力开始转向工业 4.0 的一些特征技术，被工业物联网、工业大数据、机器学习等技术所吸引。在 2017 年，开始出现大量的局部试点项目，企业开始局部尝试使用这些新技术，并不断地对取得的价值进行总结。2018 年则是一个全面建设的时期，众多企业开始在企业层面开展工业 4.0 的规划和建设工作。与以前的技术动辄需要 10 年的时间才能得到普及相比，以工业 4.0 为代表的数字化技术为什么会有这样的快速进展？原因很简单。这些技术不但在时刻发生着变化，投资回报也非常诱人。如果不能及时抓住这些机会，就会错过良机。目前这一阶段的建设目标和重点就是打造智慧企业。

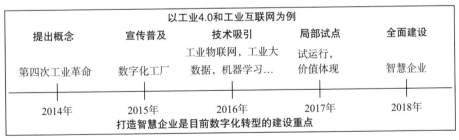

图 5-8　数字化转型：从"概念阶段"快速进入"建设阶段"

那么，智慧企业究竟包括了哪些智慧的技术呢？

在这个世界上，人是一切智慧的根本来源。人的智慧遵循着从感觉，到记忆再到思维，最后表现为行为和语言的过程。现代生物学早已告诉我们，人类的这套智慧流程实际上是人的神经系统采集的信号在小脑和大脑的记忆、思维直至产生行为和语言的结果。根据人们行为和语言产生的效果，不断丰富人脑的记忆，实现自我成长。

人工智能技术下的智慧实现方式与人的智慧实现方式具有异曲同工之妙。它与人类一样也需要自动地进行数据采集、存储，洞察与决策，最后执行业务，并将执行的结果导入存储，实现自我演进。在这里，与数据采集、存储、洞察与决策相对应，智慧企业主要应用了三类关键的技术，它们分别如下。

- 人工智能与机器学习（与洞察、决策和执行相对应）
- 高级分析（与洞察、决策相对应）
- 物联网（与数据的采集和存储相对应）
- 在这里，我们重点介绍一下人工智能与机器学习技术。

5.2.2　人工智能与机器学习技术

如图 5-9 所示，机器学习（Machine Learning，ML）实际上是人工智能（Artificial Intelligence，AI）的一个分支。人工智能的定义和分类与数据科学有很强的关联。无论是大的人工智能技术，还是小的机器学习分支甚至是深度学习（Deep Learning，DL）算法，都与数据处理密不可分。大量来自咨询公司的分析报告都表明，人工智能是继蒸汽机、电力、互联网客户之后最有可能带来新一次产业革命浪潮的技术。而人工智能的最大价值在于提升生产力，其对于工业、企业和 B 端场景的吸引力远大于 C 端。

罗兰贝格与中国人工智能学会
人工智能技术是继蒸汽机、电力、互联网科技之后
最有可能带来新一次产业革命浪潮的技术

高盛
人工智能的最大价值在于提升生产力，其对于工业、企业和B端场景的吸引力远大于C端

白宫人工智能报告
人工智能有望成为经济增长和社会进步的主要驱动力

麦肯锡
人工智能技术即将掀起新一轮数字革命浪潮

基于规则的推理
机器学习
深度学习
自然语言处理
机器视觉　翻译
文本到语音
语音
语音到文本
机器人
自动驾驶

人工智能

人工智能（AI）
- 由人制造出来的机器所表现出来的智能
- 被广泛地定义为包含任何对人类智能的模拟
- 在研究、开发和投资领域不断地进行扩展和形成分支

机器学习（ML）
- AI的一个分支，在不通过显性编程的前提下，通过数据教会计算机完成任务的能力
- 使用大量的数学和统计方法，包括人工神经网络来建立学习模型
- 模型通过训练或使用来运行计算

深度学习（DL）
- 机器学习的一个分支，使用多层神经网络技术的专门技术
- 使用分层抽象技术（如线->形->对象->场景）
- 通过云、GPU和专门的如FPGA、TPU等硬件来增强计算能力

数据科学（DS）
- 又被称为预测或高级分析
- 对大数据集进行处理的算法、计算技术和工具
- 逐渐更多地关注在为机器学习/深度学习任务的建模数据的准备上
- 包括了统计学方法、数据管理和流技术（如Spark、Hadoop）
- 建立现代AI技术的关键技巧和工具

图 5-9　人工智能被认为是新一轮数字革命浪潮的关键驱动力

目前在人工智能的技术中最引人注目的是机器学习。机器学习可以让算法从

已有的数据中进行"学习"，在无须"显性"编程的前提下取得最好的可能结果。一旦算法被训练完成，它就可以根据新的数据来预测未来的结果。如图 5-10 所示，ML 的进一步应用让人工智能在自然语言识别、图像和语音识别上都变得更加准确。企业可以利用这些功能来消除重复的手工任务，这些手工任务消耗了员工的宝贵时间。在下一阶段，ML 可以帮助企业实现智能业务流程自动化，所涉及的业务流程的范围从人力资源到客户体验，再到供应链和金融共享服务。

97%	95.1%	180亿美元	60%
今天图像识别的准确率（比人类的图像识别率95%还要高）	今天语音识别准确率（比人类的语音识别准确率94.1%还要高）	企业机器学习市场2020年规模	的人类工作在2025年之前可以实现自动化

图 5-10　机器学习将重塑企业的业务

之所以人工智能（特别是机器学习）在今天能够得到广泛的应用，其原因与大数据的兴起、硬件性能的提高和算法的改进密不可分。

机器学习是一种在计算机没有显性编程的前提下，从数据中进行学习的能力。近些年来，全球大数据进入加速发展时期，数据总量每年增长 50%。2020 年全球数据总量预计达到 44ZB，从而为机器学习的数据来源奠定了基础。

硬件性能的提高无疑为深度学习提供了实现的基础。在摩尔定律的作用下，计算机的性能在过去 30 年提高了一百万倍。近年来图形处理器（Graphics Processing Unit，GPU）技术的应用又进一步提升了硬件在处理人工智能问题上的性能。

深度学习的算法最早可以追溯到 20 世纪 40 年代。直到 2006 年，随着深度学习算法的突破，其才开始真正应用到实际业务当中，带动了人工智能在各个分支的迅速发展。

什么是机器学习？

· 计算机在没有显性编程的前提下，从数据中进行学习。
· 机器可以观看、阅读、倾听、理解和交

为什么是现在？

· 大数据的兴起（例如：商业网络、云计算、物联网、SAP S/4 HANA）
· 硬件性能的大幅改善（图形处理单元GPU、多核）
· 深度学习算法

图 5-11　机器学习的兴起与大数据的兴起、硬件性能的提高和算法的改进密不可分

5.3 智慧企业是智能技术支持下的事件驱动的企业

通过应用诸如人工智能/机器学习、物联网和高级分析等智能计划，可以帮助企业建立事件驱动模型（Event-driven model），从而将重复性工作转换为自动执行，并让员工关注于更高价值的任务。

如图 5-12 所示，事件驱动模型是一种设计理念，是指通过事件通知来推动其他对象执行。"事件驱动"作为一个概念并不新鲜。"事件"被企业应用软件开发人员广泛地理解和使用了很长时间：一个事件通常发生在外部或内部，并直接对业务造成影响，如欺诈性的银行转账、库存材料或产品召回。通常情况下，这些事件是公司几乎或根本无法控制的事情。换句话说就是，"事件驱动"反映了现实。

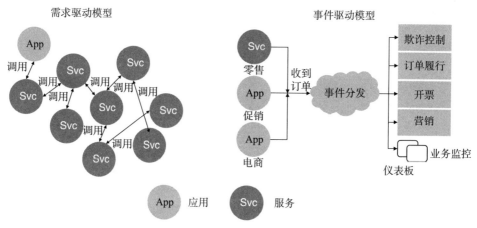

图 5-12　事件驱动模型与传统的需求驱动模型之间的区别

如果我们接受事件驱动业务、决策驱动价值的理念，那么我们又该如何确保以最有效的方式对事件及时做出正确的决策，从而为企业创造最大的价值？如图 5-13 所示，对于企业来说，企业的智慧与人的智慧都是基于"事件驱动模型"，它位列 Gartner 所做的 2018 年十大技术趋势预测当中。推动事件驱动模型得到发展的原因正是极大丰富的数据。

事实上，尽管大多数企业都很清楚基于数据进行决策的重要性，但是事实上很少有企业能够真正做到。即便是具有丰富经验的最好的管理者，也很难同时把握 3 个或 4 个以上的决策影响因素。于是，在很多情况下，基于数据的决策变成了在事后根据数据来证明决策的正确性。但是，机器却可以很轻松地对数据进行概率分布的运算，从数学的角度做出最佳判断，在事前对数据进行探索和挖掘，寻找最佳决策。无疑，企业的智慧与人的智慧存在高度的互补性，而它们在实现方式上的高度相似性，可以让两者更好地融合在企业的管理过程中。

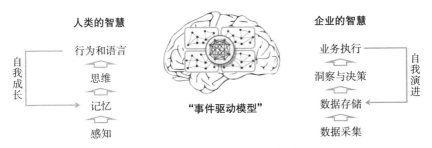

图 5-13　人的智慧与企业的智慧

　　在这里，让我们以未来的智慧工厂和智慧零售为例，来说明智慧企业的两个重要特点。

　　图 5-14 是来自德国 3D 打印公司 EoS 对于未来智能工厂的设想。所有的生产过程，包括配套的物料、物流运输、加工调度、质量检测等一系列事件，都可以自动完成。整个车间的运转可以看作一系列事件，包括订单下单、加工状态的改变、可能出现的意外情况等的智能处理，它们都可以通过智慧企业的系统来完成。

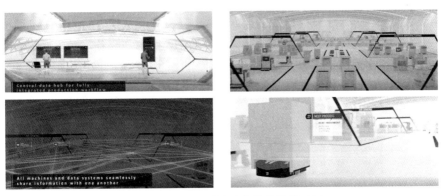

图 5-14　EoS 展示的无人化的智能工厂

　　实际上，EoS 所展示的无人化智能工厂的价值并不是它的"7×24"小时的无人运行省下的人工费用，而是在于对事件响应的速度。对于传统企业来说，当一个事件发生之后到采取行动产生效果之间有很多环节，每个环节都会有严重的延迟。如果在事件刚刚发生时就能一气呵成采取行动并产生效果，则可以获得极高的业务价值，实际上这才是我们建设智能工厂的目标。以汽车行业为例，在历史上很多企业都尝试过全面自动化，用机器人取代人工，但都以失败告终。今天在一些新能源汽车企业里，采用机器人取代人的进度最为激进。但是这些自动化水平极高的企业却经常陷入产能不足、质量缺陷等困境。无论是因为生产品质，还是供货不足，都说明应对异常事件时的响应速度很慢，使得企业投入的自动化设施的经济效益无法得以体现。图 5-15 是在前面的章节引用过的图片，图 5-15a、b

两幅图之间的落差就是智慧企业的价值体现。

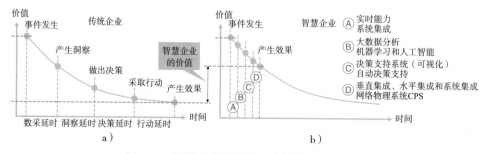

图 5-15　智慧企业的价值：对事件响应的速度

图 5-16 是另一个来自亚马逊的首个无人零售店 Amazon Go 的例子。Amazon 在 2018 年 1 月 22 日向公众开放。顾客只需下载 Amazon Go 的 APP，在商店入口扫码成功后，便可进入商店开始购物。Amazon Go 的传感器会计算顾客有效的购物行为，并在顾客离开商店后，根据顾客的消费情况在亚马逊账户上自动结账收费。这就是亚马逊宣称的"拿了就走"（Just Walk Out）的购物概念。这种无人便利店构想的关键技术在于其特殊的货架。它通过感知人与货架之间的相对位置和货架上商品的移动，来计算是谁拿走了哪一件商品，随后为顾客建立虚拟的"购物篮"。Amazon Go 的天花板上安装了很多摄像头，用于拍摄消费者和商店。数十个方形白色设备挂在天花板下面，这些设备使用"多个传感器输入"，就像帮助自动驾驶汽车识别视野中的人和物体的系统一样。

图 5-16　Amazon Go 的"拿了就走"的无人零售门店

显然，相比国内一些企业正在尝试的在商品上贴 RFID，然后在门口识别收费的自助型无人门店，Amazon Go 所定义的未来零售不仅对于客户来说体验效果更好，而且随着持续的数据源成本的下降、算法优化、业务流程完善和生态系统与伙伴的不断扩展，这套模型将会不断演进，这其实就涉及了智慧企业的成熟度问题。人类的智慧从儿童时期的对环境的了解，到碰到了烫的东西就会缩手的本能响应，以及由此建立的模式记忆，尽可能避开可能是烫的东西，这之间有一个逐渐发展的过程。在逐渐长大的过程中，在家长和老师的监督下进行学习，以及成年后的非监督学习，人类智慧不断成长。如图 5-17 所示，企业的智慧同样也有这样一个从临时到投机，再到自适应的过程。尽管 Amazon Go 在今天还存在一些问题，但是它搭建的框架是面向自适应阶段的，其目标是一个相对国内同行更加高级成熟的智慧企业。

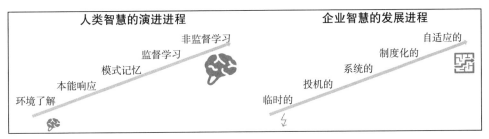

图 5-17　智慧企业的成熟度：自学习的能力

无论是 EoS 描绘的智慧工厂，还是 Amazon Go 重新定义客户购物体验的智慧零售，都反映了智慧企业的全部要素。显然，在这样一个智慧企业的背后是如图 5-18 所示的四个空间的连接，包括来自实体空间的数据源——在 Amazon Go 的案例里是捕捉实体空间里顾客拿取商品的视觉数据和传感器数据，然后在网络空间中对这些数据进行建模和深度学习，判断出是哪一位客户取走了哪一件商品，进而在执行空间中执行系统自动结账和自动补货的过程，最后在合作空间里配合自己的智能物流系统，通过供应商和物流商完成订货和运输。

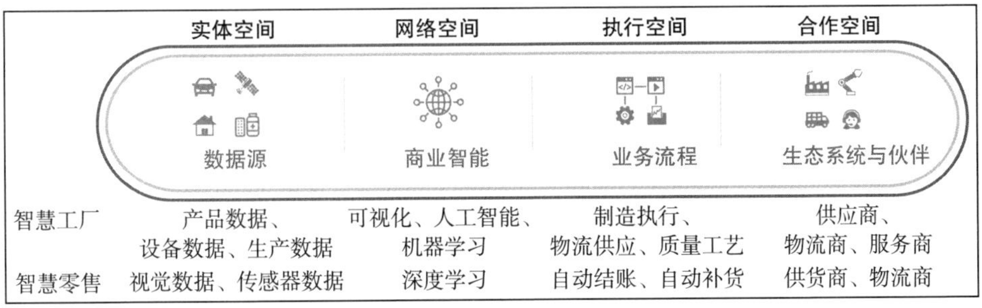

	实体空间	网络空间	执行空间	合作空间
	数据源	商业智能	业务流程	生态系统与伙伴
智慧工厂	产品数据、设备数据、生产数据	可视化、人工智能、机器学习、深度学习	制造执行、物流供应、质量工艺	供应商、物流商、服务商
智慧零售	视觉数据、传感器数据		自动结账、自动补货	供货商、物流商

图 5-18　智慧企业的背后——四个空间的连接

对于任何一家希望打造智慧企业的组织来说，必须将这四个空间集成到一个架构中，而这正是 SAP 系统的强大之处。

图 5-19 是 SAP 提出的智慧企业解决方案，具体包括如下内容。

- 智慧企业套件：这是一个智慧云应用的集成套件，它包含了定位为数字化核心的 ERP 云版本在内的制造与供应链、网络开支管理、人力管理和客户体验，并且借助 SAP 云平台和 SAP HANA 与 SAP 数据管理提供的共同的数据基础，实现了开箱可用的集成。

- 智能技术：它包含了新一代的智能技术，如物联网、机器学习、高级分析等，来优化核心业务流程，创造新的业务模式。智能技术既可以是智慧企业套件的一部分，也可以是 SAP 云平台上新的创新业务模式。
- 数字化平台：它包括了新一代的数据管理套件和云平台。数据管理套件提供了行业领先的内存数据库，可以在 Data Hub 的帮助下更好地应对非结构化数据和第三方数据，建立企业所有数据的 360 度视图，并可以对机器学习和 IoT 用例所需的数据进行有效处理。云平台提供了对智慧企业套件的业务流程进行集成、扩展和创新的平台，并且可以借助人工智能、机器学习、物联网、区块链以及高级分析技术，构建创新的解决方案并运行在云平台上。

图 5-19　SAP 提出的智慧企业方案的构成

对比第 3 章介绍的"数字化核心 + 数字化创新系统"的 SAP 双模产品体系，智慧企业解决方案是双模产品体系的具体落地形式。SAP Leonardo 的产品和技术被充分体现在智能技术和数字化平台上。

5.4　智慧企业是对企业应用软件的智能化改造

企业在应用传统的企业应用软件过程中积累了大量数据，而随着物联网和大数据技术的进入，有更多的图片、视频和声音等数据也进入到管理的视角。如图 5-20 所示，如何将这些数据加以利用，提高自动化水平，减少重复性工作，并进一步增加新的高价值工作，是人工智能特别是机器学习可以大施拳脚的领域。

如图 5-21 所示，通过 SAP Leonardo 的机器学习功能对企业应用软件进行改造，可以提高知识工作的自动化水平，以及完成很多不可能的事情。前者的目标是将重复性的、手工的工作和流程加以自动化，以提高效率和改善决策质量。最典型的例子是在财务领域，有大量的可以用机器学习提高自动化水平的空间。后者则是在机器学习的帮助下，向之前人们所无法企及的领域进发。例如对于非生产性采购，只需要输入一张商品照片，余下的事情就都可以交给 Ariba 系统来完成。

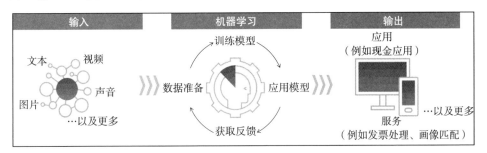

图 5-20   通过机器学习，如何将企业的数据转变为业务价值

下面我们列举几个例子，来说明 SAP 是如何通过机器学习的技术提高系统的自动化水平的。

图 5-21   SAP 在企业机器学习上的愿景

如图 5-22 所示，第一个例子是机器学习支持的下一代智能发票匹配。SAP 的现金应用是一种云服务，它与部署在任何地方的 S/4 HANA、云或本地独立部署的系统都可以集成。首先将历史清算信息发送到 SAP 的现金应用，通过机器学习训练模型，就可以导出匹配标准。当然，这里的训练不是一次性的，需要进行定期训练，以确保捕捉到不断变化的行为，以便模型能够不断适应新的变化。

图 5-23 是具体实现过程的图示。当企业收到新的银行对账单时（通常是每天一次），那些不能按照标准规则处理的账单将与未结的应收账款一起发送到 SAP 的现金应用的云服务中，通过机器学习模型就可以推断出如何匹配的提案，并返回给 S/4 HANA。系统可以定义一个信任阈值，超过这个阈值的提案将被系统自动认可并实现完全自动化的执行。财务人员只需关注那些没有超过阈值的内容。这样就可以与前面提到的事件驱动模型联系起来了。

图 5-22　SAP 现金应用智能解决方案——机器学习支持下的下一代智能发票匹配

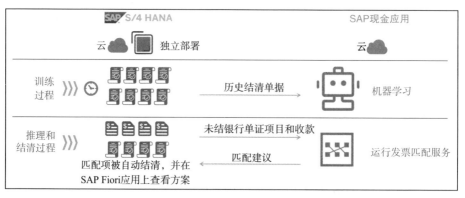

图 5-23　SAP 现金应用智能解决方案的实现方式

如图 5-24 所示，另一个例子是机器学习支持下的重新塑造企业的营销和赞助流程。SAP 品牌影响智能解决方案也是一个云服务，它使用了基于人工智能的计算机视觉技术，对视频和图像中品牌的曝光情况进行分析。它可以帮助媒体代理、媒体制作工厂和品牌企业对赞助和广告的投资收益有精准和及时的洞察。在传统 CRM 系统中，市场营销的计划和执行都是基于字面的描述，没有对现场效果的自动检测和反馈，使得市场营销常常成为企业管理的"黑洞"。

图 5-24　SAP 品牌影响智能解决方案——重新塑造营销和赞助手段

图 5-25 是具体的实现过程的图示。当企业通过广告公司在体育活动赛事上投放广告之后，通过上传赛事视频，可以基于机器学习的功能，自动识别出广告品牌在视频中出现的位置和频率，作为品牌曝光的指标，并与 ERP 和 CRM 中的其他标识业务趋势的指标进行关联，找出两者之间的关系，从而作为评判本次市场活动是否成功的重要依据。

以CSV格式汇总的数据　　　SAP Hybris电子　　　曝光率趋势与业务绩效指标
　　　　　　　　　　　商务/SAP CRM/第三方　　　趋势的图表与关联性
　　　　　　　　　　　系统活动日志，以CSV格式

图 5-25　SAP 品牌影响智能解决方案的实现方式

上面提到的这两个具有代表性的例子，前一个是对现有手工工作的自动化，后一个则实现了目前用手工无法完成的工作。事实上，目前 SAP 的每一个系统中都有大量的可以用机器学习进行智能化改造提升的机会。目前，机器学习被内置在 SAP 的整个解决方案中，按照既定的产品路线有计划地进行开发（如图 5-26 所示）。

	目前可提供	第二轮	第三轮	
财务	SAP现金应用	应付账款	预测性会计	…
市场	SAP品牌影响		客户行为细分	…
销售	SAP客户保留	销售预测	画像完整性	…
服务	SAP服务开票		解决方案推荐	…
人力资源	SAP简历匹配	学习推荐	课程翻译	…
采购		金融建议	货物和服务分类	…
供应链		预测	在途库存	…
平台	机器学习基础		模型训练架构	…

图 5-26　机器学习被内置在 SAP 的整个解决方案当中

5.5　基于智慧企业解决方案打造工业互联网

本书后续的章节将会围绕数字化产品、数字化制造和数字化服务三大领域的创新，结合 SAP 智慧企业解决方案，介绍实现的思路并进行案例分享。

我们可以看到，工业互联网的两类软件——企业应用软件和工业应用软件，在 SAP 智慧企业解决方案中，被对应为两类 SaaS 软件——智慧企业套件中的 SaaS 软件，以及基于 Leonardo 的 SaaS 软件，统一运行在 SAP 云平台上，实现了企业应用软件和工业应用软件的融合。

例如，在第 7 章介绍的凯撒压缩机案例里，我们将看到凯撒为了建立基于运营商的商业模式，实现从以制造为中心向以服务为中心的转型，在 SAP 的帮助下建立了从制造、采购、销售、运维到服务的一整套解决方案，将工业应用软件（如数字化双胞胎网络、预测性维护与服务、制造执行系统等）和企业应用软件（如企业资源计划 ERP、企业资产管理 EAM、客户关系管理 CRM、电子采购平台 Ariba等）进行了充分的融合，帮助凯撒顺利实现商业模式转型。

例如，在第 8 章介绍的德国奥迪汽车的案例里，我们将看到奥迪在探索面向未来出行服务的"One Digital Platform"战略中，与 SAP 在智能生产制造领域展开深度合作，以模块化生产为目标，将工业应用软件（如制造执行系统、制造智能与集成、制造路径机器学习、数字化制造洞察等）与企业应用软件（如企业资源计划 ERP、可视化企业 VE、扩展仓储管理 EWM 等）进行了充分的融合，实现了生产效率的大幅提升。

事实上，在国内的工业互联网所推崇的商业模式转型中，以制造向服务转型和个性化定制最为典型，它们对于中国当前的实体经济发展具有十分重要的意义。中国制造企业在服务收入占比和个性化定制水平上，与国外相比还存在非常明显的差距。

如图 5-27 所示，在产品的个性化定制水平上，以汽车行业为例，中国市场上定制车的比例不到 1%，而德国市场定制车的比例平均在 20% 左右。在工程机械行业，美日领先企业 50% 的收入来自服务市场，而中国的领先企业只有 15% 左右。在风机行业，全球最大的风机企业维斯塔斯年收入合 799 亿元人民币，其服务收入占比达到 56%，而中国的风机领先企业年收入也达到了 264 亿元人民币，但服务占比仅为 13.8%。快速借鉴国外企业应用软件和工业应用软件的成熟产品和方案，可以大大加快中国的工业互联网进程。

笔者认为，工业互联网的发展可以分为三个技术发展阶段。如图 5-28 所示，第一个发展阶段是实现互联化和服务化，通过水平集成建立跨公司的价值链和网络，通过垂直集成打造柔性的、可配置的生产系统，实现产品全生命周期集成，提高企业运营透明性；同时，剥离产品的物理属性与数字属性，通过数字孪生实现工业资产的服务组件化。在第一个阶段的基础上，企业的整体应用结构将发生一场深刻的变革，步入第二个发展阶段——数字驱动，企业运营实现了从生产流程驱动到"流程＋数字混合驱动"的转变，通过打造"数据－洞察－行动－效果"

环环相扣的价值链条，不断改进产品，企业运转敏感性进一步提高。第三个阶段即打造智慧企业，通过充分提升生产运行各个环节的智慧化水平，减少人工重复性工作，以实现基于人工智能的自动决策，全方位提升企业运转效率，最终迈向智慧企业。

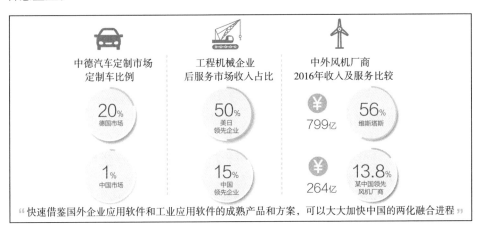

图 5-27　借鉴国外成熟经验，加快两化融合进程

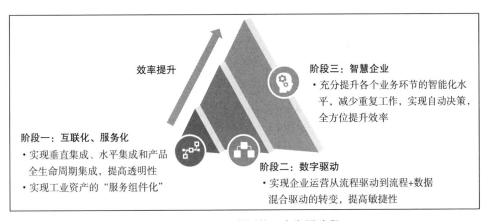

图 5-28　工业互联网的三个发展阶段

5.6　深度分析：BSH 从"家庭连接"入手，打造"数字和流程混合驱动"的数据管理基础

5.6.1　BSH 简介

博西家用电器有限公司（德语为 BSH Bosch und Siemens Hausgeräte GmbH，

缩写为 BSH，也常称为"博世 – 西门子公司"）是西门子股份公司和罗伯特·博世有限公司于 1967 年成立的以生产白色家电为主的合资企业，双方各持 50% 的权益。从 2015 年 1 月开始，西门子撤出，BSH 成为博世的全资子公司。经过 50 年的发展，BSH 成为欧洲最大的家用电器制造商，也是全球领先的消费电器商之一。它们的产品范围包括用于烹饪、洗碗、洗衣、烘干、冷藏和冷冻的大型家用电器以及多种小家电如吸尘器、咖啡机等。BSH 在全球有 6.18 万名员工、43 座工厂。在 2017 年，BSH 的销售额达到了 138 亿欧元。

5.6.2　项目背景

目前，家电行业正处于蝶变的前夕。传统的家电大多采用瀑布式产品开发模式——从需求到设计，从设计到开发，然后进行生产和销售，每个阶段之间泾渭分明。这种开发模式以上游制造业为主导，厂家有什么产品，消费者只能买什么产品，没有太多的选择可言。

而新一代的家电开始借用软件行业的迭代式开发，以求更快地适应市场和客户。正如 Google 的开发采用"永远 Beta 版"的迭代策略：没有完美的软件开发，永远都可以更好，永远都在更新或改善功能的路上。为了实现这一转型，将家电产品连接起来无疑是重要的第一步——这是推动 BSH 提出 HomeConnect 的动力。

5.6.3　BSH Home Connect

BSH 开发了名为"家庭连接"（Home Connect）的 App，将手机与家用电器相互连接。这是世界上第一个允许使用单一应用程序来控制不同品牌家用电器的解决方案。与此同时，这也是一个数字化的生态系统，试图将更多的品牌、技术提供商和开发者集成起来，不断地扩展增值服务的范围。目前，该系统可用于烤箱、冰箱、咖啡机、洗碗机、洗衣机和干衣机。如图 5-29 所示。

图 5-29　BSH 的 Home Connect 将家用电器连接在一起

Home Connect 所提供的 App 可以让用户轻松、简单地控制自己的家用电器——无论是洗衣机、烤箱、咖啡机还是吸尘器。因此，消费者可以随时访问他们想要的设备的所有信息，无论消费者在哪里都可以开关电器，而且还可以选择程序、调整计时器、把电器置于节能模式。

Home Connect 的 App 也是 BSH 与消费者保持直接联系的重要的新接触点。BSH 可以通过这款 App 向消费者发送个人建议，告诉他们如何充分利用家用电器，并指出他们以前很少或从未使用过的功能。

对于 BSH 来说，将客户、设备和 App 数据结合在一起对了解个人消费符合者偏好非常重要。例如对于特定地区的顾客需要按咖啡机上的几个按钮才能得到当地大多数改变。最喜爱的咖啡，如果 BSH 可以从每个设备获取这些信息，那么就可以在咖啡机或应用程序上提供预设模式。又比如在不同的地区，由于水质不同，造成洗衣机洗衣的程序设定上会存在一些差别，如果 BSH 可以从每个设备获取这些信息，那么就可以在洗衣机或应用程序上提供预设模式。

该 App 一共连接了 800 万台电器，每天产生 16TB 的数据，如何充分挖掘这些数据的价值是一个巨大的挑战。毫无疑问，BSH 从很早就开始采用大数据方法，上面所列举的例子就是大数据分析的结果。尽管通过大数据分析，BSH 对于客户是如何使用他们的产品有了一些模糊的感觉，但是这对于 BSH 来说还远远不够。特别是 BSH 不能回答一些从特定角色的角度提出的一些问题（如表 5-1 所示）。

表 5-1　仅在营销部门，对于 Home Connect 大数据就提出了众多需求

角色	我希望知道…	于是我可以
需求经理	客户最常使用的程序和选项 客户最常组合使用的程序和选项	优化产品组合，建立新的程序和选项
市场研究经理	客户选择的分布：水的硬度 客户选择的分布：漂洗助剂	改变设置菜单 市场资料
服务市场经理	缺盐 / 缺漂洗助剂的频繁程度	理解订阅式交付模式的可能性

Home Connect 采集的数据，主要集中在用户使用产品的阶段，并且与其他领域采集的数据一样，形成了事实上的"数据孤岛"。BSH 希望将这些数据与企业其他业务领域的数据相关联，向决策者提供更多的洞察，以帮助 BSH 改进它们的产品设计和制造，使其成为"数字和流程混合驱动"下的企业（如图 5-30 所示）。

显然，BSH 需要建立一套新的数据管理基础。通过采用 SAP 智慧企业解决方案中的数据管理套件，将现有的"数据孤岛"联系起来，建立一个集中分析平台，并与 BSH 目前正在运行的其他 SAP 系统联系起来（如图 5-31 所示）。围绕 Home Connect 建立的数据分析平台，是这场转变的一个重要开端。而与执行系统的连接，则无疑是下一步的重要工作。

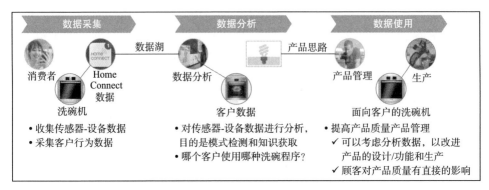

图 5-30　利用数据改进 BSH 产品设计和制造的场景

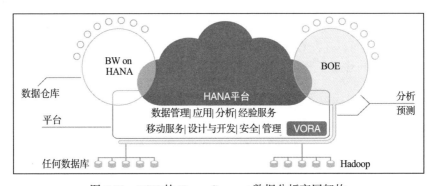

图 5-31　BSH 的 Home Connect 数据分析高层架构

5.7　小结

　　推动商业模式转型是目前工业互联网在市场上受到追捧的重要原因。新商业模式的实现最重要的难点往往是如何大幅提升生产和运营效率。只有解决了效率提升的难题，才能真正将工业互联网这盘棋下活。目前，工业互联网的发展出现了一些挫折——曾经的全球工业互联网领袖企业折戟沉沙，中国的工业互联网"科技第一股"也跌破发行价和出现人事变动，这些都昭示着工业互联网已经走出了"讲故事"的阶段，需要有可重复、可信赖的工程化技术解决方案来做支撑。

　　智慧企业解决方案的提出从技术的角度回答了如何利用最新的人工智能、物联网、大数据等技术来提高生产和运营效率。智慧企业没有将答案简单地放在人工智能在某一个点的应用上，而是通过将人工智能运用到企业数字化的各个环节，一方面改造目前的应用系统，另一方面提供更多的创新应用，并创造性地将企业应用软件和工业应用软件构筑在同一个解决方案的大架构中，使之成为可以工程化落地的商品化交付对象。

数字化产品

第 6 章 | Chapter 6

数字化双胞胎从面向资产向面向
生态网络协同的创新

数字化双胞胎（Digital Twin）和数字化主线（Digital Thread）被是经常被同时提到的一对概念，它们之间有很多相似性。首先，这一对名词最早使用在美国的军事航空领域。尽管对它们的翻译有不同的处理——如 Twin 可以译为"孪生"或"镜像"，Thread 可以译为"线程"或"总线"，但本书依旧采用最通俗易懂的"双胞胎"和"主线"的翻译方式——前者通俗易懂，后者则体现为主连接各方的含义。但无论怎么翻译，这两个词真的就像一对双胞胎一样，经常在报刊中联袂出现。由于它们既形象又好记，很快成为谈论工业 4.0 和工业互联网时的一对流行词汇。

然而，这两项技术都有着很强的军事背景。由于军事工业对产品的要求很高，加之信息系统往往有涉密的考虑，因此可以不计成本地进行自开发。而在民用领域，则需要有易于落地的方案和相对成熟的商用软件的支持。就像物流（Logistics）这个概念，最早也是由军方实践和总结出来的。但是目前的企业界对物流的研究和运用与军方的物流方案差异很大。就像打仗的时候后者可以无偿征用民用运力，仅凭这一点就已经与企业界分道扬镳了。

那么，对于制造型企业，应该如何理解数字化双胞胎和数字化主线呢？又应该从什么角度切入加以逐步实现呢？本章的内容将围绕数字化双胞胎展开。数字化主线的内容将放在第 7 章。

事实上，尽管数字化双胞胎被工业互联网视为核心技术，但是数字化双胞胎更像是一个互联网热词，出现了很多变体——如研发端数字化双胞胎、生产端数字化双胞胎、售后端数字化双胞胎，甚至客户端数字化双胞胎，等等。这说明这个概念已经被用来作为一种现象名词，而非严谨的技术名词，这对它的软件落地反而有很多不利的影响。

6.1　什么是数字化双胞胎

2003 年，密歇根大学的 Michael Grieves 在关于产品生命周期的高管课程中首次提出了"数字化双胞胎"的概念，用来特指物理产品的虚拟化数字等价物。在那个年代，人们普遍采用手工方式从物理产品中采集有限的信息，信息的载体甚至大多是纸。数字化双胞胎这个概念虽然新颖，却不成熟。这个时期的数字化双胞胎概念常常被局限在产品设计的三维建模和仿真领域。"看上去一模一样"——这也符合人们第一眼对双胞胎兄弟或姐妹的评价。随后，人们又试图将这一技术扩展到制造领域，因此出现了对生产线乃至整个工厂的设计仿真技术，在工厂设计和施工阶段，对工厂布局甚至生产和物流运作进行三维建模甚至三维漫游。但是，等到工厂真正投产运行起来之后，人们关注的焦点就会转移到生产中更加复杂的问题上，这套数字化仿真模型往往就会被放在一旁。如何在产品生产乃至产品使用阶段，通过持续地采集实际的生产和运行数据，让数字化双胞胎能够继续存在下去并发挥作用，是人们一直关心的话题。近几年来，由于数字化的信息种类和容量都得到了极大的丰富和增长，数字化双胞胎这一技术得到了广泛的应用。今天人们普遍认为，只有在物联网的广泛应用下数字化双胞胎技术才会变得经济高效。

按照 Gartner 在 2016 年给出的定义，数字化双胞胎是一个物理事物或系统的动态软件模型，它依赖于传感器数据来理解它的状态，并对变化做出响应，以改善运行或增加价值。我们可以发现，这个定义其实已经非常物联网化了。数字化双胞胎包括元数据（如分类数据、构成数据、结构数据）、条件或状态（如地点、温度）、事件数据（如事件序列数据）和分析手段（如算法和规则）。例如，在产品的生产阶段，随着车间层的制造执行系统的出现和普及，可以用自动化方式采集到海量的生产数据；在产品的使用阶段，通过附加的传感器的远程通信功能可以自动收集产品的运行数据，等等。

按照 Gartner 在 2016 年 10 月做出的预测，在之后的 3～5 年里，将会有数以亿计的物体以数字化双胞胎的形式加以代表。企业将使用数字化双胞胎来对设备进行主动维修、对服务进行安排、对制造流程进行计划、对工厂进行操作、预测设备何时失效、提高设备运行效率、加强产品开发能力，等等。最终，数字化双胞胎将成为一个代理，将具有高度技能的个人与传统的监控设备和控制（例如，压力表或压力阀）组合起来。也就是说，数字化双胞胎就是一名最聪明的产品技术人员，而且其还具备先进的设备监控能力和预测分析能力。

根据企业所处的行业和需求来看，今天的数字化双胞胎主要分为"面向资产安全与性能的数字化双胞胎"和"面向生态网络协同的数字化双胞胎"两种类型。而从发展趋势来看，随着物联网技术的发展和普及，产生和利用产品数据的重心将逐渐从上游的产品开发向下游的生产制造和售后使用阶段转移。这两种类型的数字化双胞胎的发展具有相互融合，以及向物联网骨干的定位发展的趋势。

数字化双胞胎的演进历程

实际上，数字化双胞胎的概念一经 Michael Grieves 提出，很快就成为产品生命周期管理（PLM）领域里以产品为中心的另一种定义，甚至干脆成为设计阶段的专有概念——这也就是图 6-1 中的"信息映射"阶段。直到随着智能化产品的出现，市场上又出现了根据客户的需要，自动将产品的更改推送给产品进行自动升级的做法。例如在汽车行业，可以通过软件升级来改变汽车的一些功能特性。这时数字化双胞胎的概念才开始不再局限于设计阶段，而是扩展到了智能产品的使用运行阶段，形成了所谓的闭环。

数字化双胞胎定义的进一步扩展是由于工业物联网（Industrial Internet of Things，IIoT）的引入，应用了新的帮助测量产品变化的技术。最显著的创新之一就是出现了嵌入在产品或资产中的先进物联网传感器，对环境、运行和结构动态信息进行监控并传输数据。这些创新让人们掌握了对关键参数和功能的变化进行报告和分析的能力。在这一阶段，人们关注的焦点是通过数字化双胞胎技术，在车间现场进行各种数字化模拟，即图 6-1 中的第二阶段。

进入第三个阶段，则是在更多的行业中数字化双胞胎开始与新商业模式进行结合，其应用场景不仅超越了之前提到的智能产品，扩展到智能工厂的制造设施当中，并且还深入到产品的运行过程中，不仅需要采集它们的性能、功能和运行等各方面的数据进行分析和模拟，还要推动相关的业务。这种方法推动了预测性维护技术与业务系统的整合，为持续地对产品进行分析、改进资产设计，以及提高服务水平协议的执行水平创造了基础，并为以产品的个性化定制为代表的新的商业模式提供了有力的支持。这时的数字化双胞胎不再局限在映射和模拟的相对狭小的领域，而需要走出去，跨工程、制造、服务等多个阶段，与更多的对象、实体、系统和用户打交道。我们将这一阶段称为"互联的业务"。

可以想象，随着未来更多新技术的应用，特别是在人工智能、新型的人机协同、自治流程等技术的推动下，数字化双胞胎需要适应更多的新的商业模式的需要，如数字化双胞胎除了映射、模拟和互联业务之外，自身的智能水平可能也会提上议事日程。

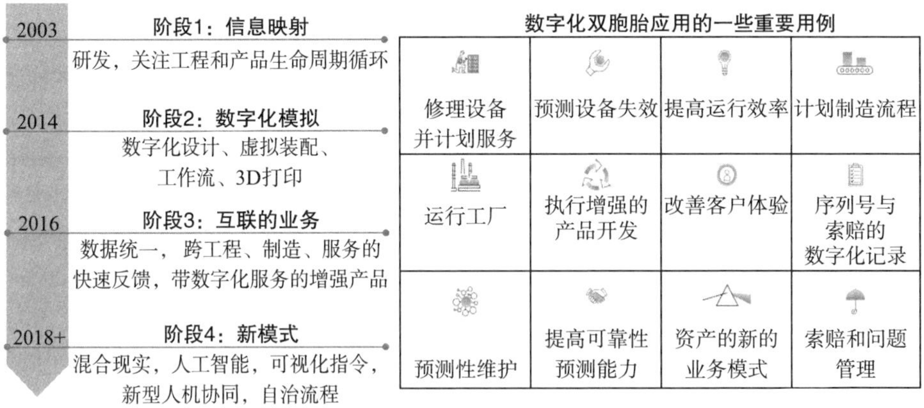

2003 阶段1：信息映射	数字化双胞胎应用的一些重要用例			
研发，关注工程和产品生命周期循环				
2014 阶段2：数字化模拟	修理设备并计划服务	预测设备失效	提高运行效率	计划制造流程
数字化设计、虚拟装配、工作流、3D打印				
2016 阶段3：互联的业务	运行工厂	执行增强的产品开发	改善客户体验	序列号与索赔的数字化记录
数据统一，跨工程、制造、服务的快速反馈，带数字化服务的增强产品				
2018+ 阶段4：新模式	预测性维护	提高可靠性预测能力	资产的新的业务模式	索赔和问题管理
混合现实，人工智能，可视化指令，新型人机协同，自治流程				

图 6-1 数字化双胞胎的四个发展阶段

6.2 传统的面向资产安全与性能的数字化双胞胎

数字化双胞胎在早期发展阶段，主要侧重于面向资产的安全与性能，主要被应用在一些关注设备、产品的性能和安全的重资产生产与运营行业中。以风电为例，应用的企业既可以是上游的风机生产企业，也可以是下游的风力发电厂，双胞胎的对象无疑就是其核心的产品和资产——风机。这一类数字化双胞胎，较多地偏向于设计阶段和运行阶段，所存储和采集的代表性数据是三维设计数据和远程诊断数据，可通过获取真实空间里物理资产的数据，映射出虚拟空间里的虚拟资产，并将经过分析的有用信息反馈给真实空间，如图 6-2 所示。需要注意的是，这一类数字化双胞胎注重的是根据对当下物理产品采集的数据建立数字化双胞胎，通过数据分析获得有用的结果。而对于产品在制造商和运营商中生命周期的连续变化过程，如制造商从设计→生产→交付→服务→终止的全过程，以及触发变化的业务数据，如销售订单、生产订单、维修工单等，往往并不关注。我们将这一类数字化双胞胎划分为传统的数字化双胞胎类型。

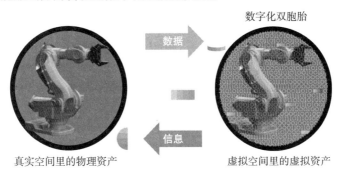

真实空间里的物理资产　　　　　　虚拟空间里的虚拟资产

图 6-2 面向资产维护与运营的数字化双胞胎

6.2.1　数字化双胞胎的起源：军事和航天航空

"数字化双胞胎"作为一项新技术，价格昂贵、安全要求性高的重资产产品是其最早被应用的对象。就单个产品的价值而言，在所有的重资产产品中，恐怕没有任何一种比得上军事和航天航空的飞行器更重要和不计成本。由于对产品的精度和性能的追求，作为数字化双胞胎最早的应用领域，军事和航天航空工业从一开始就走上了一条非常有特色的数字化双胞胎道路，那就是极其关注与安全可靠相关的产品属性。

军事和航天航空的飞行器产品对安全性和可靠性的追求具有极高的优先级。多年以来，对产品的验证和维护都是在基于相似分析（Similitude Analysis）和启发式理解（Heuristic Understanding）的方法论下，以安全系数（Factor of Safety）作为衡量形式来进行的。例如，1.5 或 2.0 的安全系数对于一类未知的情况（如负载、材料特性）等，肯定是足够的。然而，这种安全系数的衡量方法却存在几个明显的缺陷，具体如下。

- 对产品从不同角度和不同部位进行的无处不在的安全系数评估，会造成不必要的过重的结构，从而影响飞行器的性能。
- 只能对在试验环境中已经观察过的场景进行失效预测。例如对于环境和结构损坏之间的关系，不同的变化和相互作用存在很多种情况，如果不能在设计环节中一一加以考虑，就只能采用"最坏情况"（Worst Case）进行处理，从而损失了飞行器的重量和性能指标。
- 此外，还有在实际使用中进行检测的时间间隔的问题。由于该间隔往往是凭借经验人为设定的，在某一飞行器的某一部件被检测出问题之后，常常会立即对其他飞行器进行检查，而没有考虑到每一架飞行器的具体历史。

在产品轻量化的大趋势下，下一代的产品要面临更高的负载、更极端的服务条件和更长的服役周期。目前所采用的基于物料属性的统计学分布原理、启发式设计方法、物理测试以及基于与真实运行环境相似的仿真测试等理论实现的产品验证、管理和维护手段，是建立在对某一型号产品的使用假设前提下的，无法压榨出每一个单件产品的性能和安全极限，难以满足更加极端的要求。为此，美国宇航局和美国空军提出了下一代航天航空器产品的基于数字化双胞胎的开发设想。数字化双胞胎对于美国宇航局和美国空军而言，意味着一种产品全生命周期管理的范式改变（Paradigm Shift），将以前对产品的批量化管理手段，细化为对每一台产品的单件管理，将其机载的健康管理系统、保养维修历史和所有可获得的历史数据都映射到数字化双胞胎的虚拟方，从而在产品的安全性和可靠性上达到前所未有的水平。

2014 年 8 月份的《航空周刊》杂志描述了这样一个关于 2035 年的梦想：当客户接收一架飞机的时候，同时还应接收与之对应的一套具有高度细节的数字化模型——这个模型就是数字化双胞胎。这个模型是在飞机的设计、开发、测试、生产的过程中不断建立起来的,它将伴随着飞机的整个服务生命周期。通过在该模型上进行仿真来映射出它的飞行,并与飞机上发来的数据进行比较,以发现其异常现象、预测维护需求,并对飞机的寿命进行预报。

6.2.2　面向资产密集型企业的数字化双胞胎

近年来,面向航空航天的数字化双胞胎技术的发展路线被资产密集型产业所借鉴。以通用电气为例,它希望在其开发的建模平台基础之上建立所有制造产品的数字化双胞胎,主要包括喷气式发动机、风力发电机的涡轮、内燃机车等。通过一系列的模型,这些价格昂贵的资产可以用数字化的方式再现,从而达到在虚拟环境中进行操作和控制的目的。对于像通用电气这样的制造商,针对实物资产创建一个数字化双胞胎具有很多优势。例如,它可以将喷气式发动机上传感器获取的数据输入到数字化双胞胎中,跟踪发动机的性能、研究如何制定维修计划,并在制造之前对产品进行微调。

通用电气对电厂的数字化双胞胎的定义是:"数字化双胞胎是基于物理的方法和高级分析的有组织的集合,它可用来对数字化电厂的每一件资产当前的状态进行建模。"在这个数字化双胞胎模型中,包含了物理资产或更大的系统的每个方面——热学模型、机械模型、电气模型、化学模型、流体动力模型、材料模型、寿命模型、经济模型和统计模型。这些模型使用大量的变量,精确地描述了正在运行的工厂的状况。

如图 6-3 所示,通用电气将数字化双胞胎描绘为一组从不同角度映射资产的模型(如寿命模型、异常模型、热学模型和瞬态模型)。运用这些模型,可以建立一系列应用(如业务优化、运营优化、资产性能管理等)。通用电气进一步将数字化双胞胎和对应的业务应用都放在了云上——这就是通用电气的 Predix 平台的由来。

图 6-3　通用电气对数字化电厂的数字化双胞胎定义

6.3　面向新的商业模式的数字化双胞胎网络

与传统的面向资产安全与性能的数字化双胞胎不同，新一代的数字化双胞胎需要考虑的是对新的商业模式的支持。它所采集的数据和建模的对象，不仅仅是资产的运行数据和物理状态。正如《福布斯》杂志的一篇文章所说的，"让我们设想一下人类的数字化双胞胎。为了理解身体的工作情况并提高健康水平，你的数字化双胞胎所要建模的不仅是身体的物理部分。它必须要对整个身体如何相互作用进行建模"（如图 6-4 所示）。这句话也意味着数字化双胞胎需要从更多的视角加以考虑。

图 6-4　人类的数字化双胞胎

6.3.1　从数字化双胞胎到数字化双胞胎网络

SAP 认为，新一代数字化双胞胎应该是一个面向商业模式转型升级的数字化双胞胎网络（the Network of Digital Twin）。对于这一新的定义，我们可以从以下三个方面来理解。

- 随着市场转向大规模定制和新的服务交付模式，设计商、生产商、运营商和服务商必须更加动态和灵活，以满足客户的期望，同时确保设计、制造和服务流程的效率。
- 数字化双胞胎网络在设计商、生产商、运营商和服务商之间实时共享和同步资产与产品的虚拟定义、物理定义、状态定义和商业定义，以加速创新，优化业务运行，预测服务需求，改进诊断水平并增强整个价值网络的决策能力。
- 数字化双胞胎网络创建了"数字化双胞胎之间的关系"，以实现安全和分布式记录系统，与供应商、合作伙伴和第三方服务提供商的实时协作，实现新的商业模式交付和更加高级的分析。

尽管传统的数字化双胞胎凭借栩栩如生的仿真和基于大数据的分析解决了很多问题，但是在实际应用中，对于这种面向重资产的偏产品安全和产品性能的三维仿真和远程诊断的需求是比较有限的。对于大量企业来说，以产品的个性化定制和制造向服务转型的新商业模式，是它们拥抱数字化转型的主要驱动力。在每一个行业发生的这些新的商业模式中，几乎都具有同样一个技术特征——"面向个体的市场"（the Market of One）催生了四大类需求，具体如下。

- 第一类需求是在管理和控制具有丰富变化的产品的时候，需要有一个"真正的单一真实来源"（True Single Source of Truth），将每一件产品或资产的独特的数字化设计与其物理代表在产品的整个生命周期里结合起来。数字化双胞胎无疑就起到了这样一个"真正的单一真实来源"的作用。

- 第二类需求是随着越来越多的预测性流程、智能产品和智能资产的出现和应用，整个企业的业务流程和工作方式都会发生改变。由于每件事物都变成了实时互联，因此对所产生的数据进行分析，进而产生洞察之后，在驱动对应的业务流程的时候就会需要更多的上下文信息，并且所驱动的业务流程有可能还会是多个，它们相互之间也需要更加同步。这正是数字化双胞胎可以发挥作用的地方。

- 事实上，上面谈到的第二类需求在实际业务中反映为在产品从概念、设计、开发、采购、生产、物流、维修、报废的整个阶段里的跨部门和跨企业的协同需求，也就是说，使得各个相关的企业和部门根据数字洞察触发业务，进行高效率协作，从而更好地响应客户和市场的需求。为此，需要在企业和部门之间共享虚拟空间里的虚拟资产数据，需要在供应商、客户、服务提供商之间进行业务协同。企业所关注的数据不仅仅是产品的三维数据或性能数据，也要包括产品在不同阶段的业务数据。因此，需要在对产品进行数据采集的基础上，在各个企业和部门内建立对应的可转换的数字化映像，让各个部门、合作伙伴之间的协同更加顺畅。

- 最后，这些企业也不像航空、电力等企业那样可以负担自开发的高额成本，它们迫切地需要有一套商品化的、覆盖大量跨行业共性需求，并且可以自行扩展行业特性的数字化双胞胎系统，以帮助它们迅速实现目标。

要描述从数字化双胞胎到数字化双胞胎网络，汽车行业的应用场景是最典型的例子。如图 6-5 所示，一台汽车具有非常多的参数和属性，在行驶过程中也会产生很多的行驶数据。对于汽车生产制造企业来说，这些数据构成了车辆的数字化双胞胎的基础。

汽车本身是由成千上万个零部件构成的。事实上，每一个零部件都有自己的生命周期和不同的生产来源。对于目前的新能源汽车来说，对于电池的全生命周期还有着特别的安全监控的要求。可以这么说，每一台汽车的数字化双胞胎，其实是由非常多的零部件对应的数字化双胞胎构成的。这些零部件的生产企业，如新能源车的电池生产企业，无疑是最适合于建立各自零部件的数字化双胞胎。围绕着汽车和整车厂，这些数字化双胞胎和汽车零部件供应商之间构成了复杂的隶属关系和供应网络，如图 6-6 所示。

当然，如果再把在汽车的全生命周期中涉及的合作伙伴，包括传统的汽车经销商，以及汽车的电动化和智能网联化形成的新的服务供应商都包括在一起，如图 6-7 所示，就构成了一个非常复杂的数字化双胞胎网络。这个网络对应的是汽车的整个生态系统。

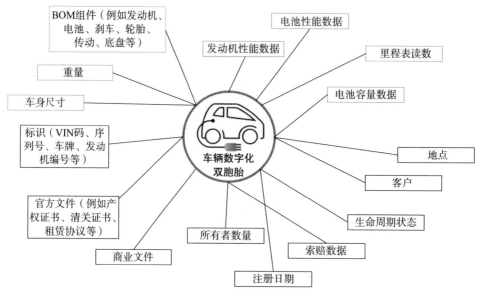

图 6-5　车辆数字化双胞胎——属性和数据

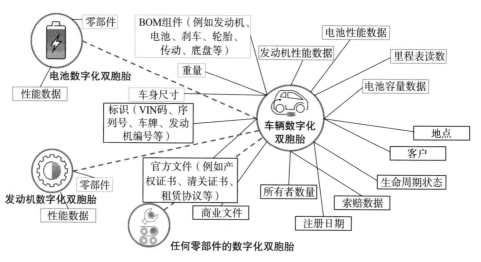

图 6-6　数字化双胞胎的汽车网络

6.3.2　产品个性化和业务的协同化推动了数字化双胞胎网络的发展

　　今天，每个行业的企业都受客户需求和产品定义方面前所未有的变化与挑战。事实上，产品个性化是推动企业加快向面向数字化的业务迈进的主要驱动力之一。

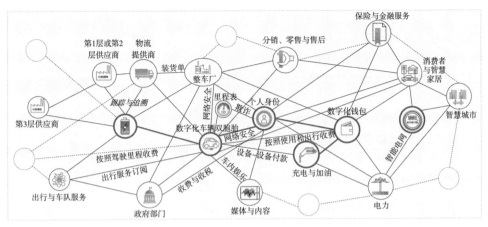

图 6-7　汽车生态系统中的数字化双胞胎网络

在个性化要求下，每一件产品或资产的设计都有独特的轨迹。每一个产品都有特定的原材料、零部件、总成或成分，并在特定的时间、由某些操作员、在特定的机器上由自己的工厂或合作伙伴的工厂来生产。通常情况下，产品或资产会按照特定的条款和条件，以特定的价格出售，并附上特定的服务协议。但不幸的是，大多数企业还没有具备有效地管理这种多样性的水平。这其实就是数字化双胞胎可以帮助企业的地方。

如图 6-8 所示，从本质上讲，数字化双胞胎在实物产品或资产与其设计、制造和部署状态之间建立了直接的联系。这种直接联系可以帮助企业更加智能地针对每一件唯一定义的产品或资产评估设计的质量、运行的特性和维护的需要，从而帮助企业优化设计、改善生产和维护，并引入新的服务和商业模式。对数字化双胞胎的格式进行调整，或者展示为 2D 或 3D 的可视化形式，可以适应不同部门和不同企业的使用需求。

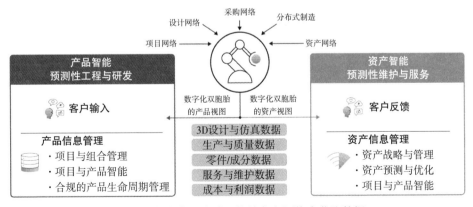

图 6-8　数字化双胞胎网络从各方网络中获取数据

在打造数字化双胞胎网络的进程中，我们正处在扩大和提高数字化双胞胎价值的阶段。通过将数字化双胞胎的范围扩大到企业的业务信息、跨职能流程以及组织外部的相关网络，可以创建一个数字化双胞胎之间的关系结构与协作环境，突破物理产品和数字产品之间的限制，将商业角度的数据也纳入进来。这种将数字化双胞胎的概念扩展到生态系统中，在产品和资产的全生命周期里与产品和资产相连接的做法，就是建立一个全新的数字化双胞胎网络的概念（如图 6-9 所示）。

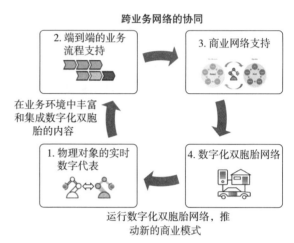

图 6-9　建立数字化双胞胎网络的四个步骤

6.3.3　数字化双胞胎网络的成熟度模型

随着数字化技术的发展，数字化双胞胎网络的内涵和外延正处于不断丰富和扩展当中。无论是不同厂家提出的解决方案，还是企业在建立数字化双胞胎网络的不同阶段，都存在成熟度上的差别。图 6-10 试图从数字代表、业务流程、商业网络和数字代表的网络四个维度，对数字化和双胞胎网络的成熟度加以定义。它有助于我们更加深刻地理解数字化双胞胎网络的精髓。

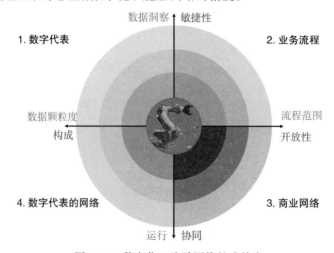

图 6-10　数字化双胞胎网络的成熟度

第一个维度"数字代表"包括两个方面的衡量——数据洞察和数据颗粒度。

如图 6-11 所示，数据洞察是指数字模型可以提供多少洞察：是全局性的洞察还是静止状态的洞察；动态的还是实时的状态（如消耗量、温度）；基于统计学还是物理模型推导出状态；预测性的洞察还是规范性的洞察。

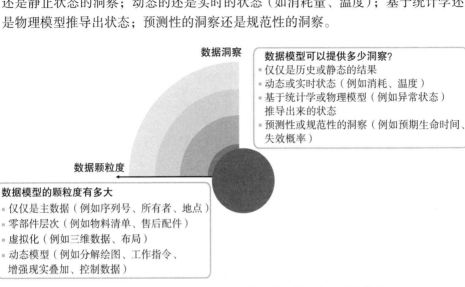

图 6-11　从"数字代表"的角度衡量数字化双胞胎的成熟度

SAP 能够从自身的独立部署的产品和云产品中获取业务数据、产品信息、资产主数据和物联网连接的数据，对数字化双胞胎进行数据同步，让企业可以使用数字化手段来精准地描绘世界。SAP 的解决方案包括预测性工程洞察（Predictive Engineering Insight）、预测性维护与服务（Predictive Maintenance and Service）以及 3D 可视化企业（3D Visual Enterprise）等应用，可以提供丰富的数据处理能力和实时的配置、状态、条件和控制信息。

第二个维度"业务流程"包括两个方面的衡量——敏捷性和流程范围。

如图 6-12 所示，敏捷性衡量的是企业的业务流程和数字化双胞胎之间的敏捷性和交互性如何，它或许需要通过手动更新对业务数据进行静态复制；或者是基于通知机制对业务数据进行更新，或者是按计划进行复制；也可以是对数字化双胞胎的实时数据进行集成，并输入到流程中（初始化工作流或业务流程）；甚至是业务数据和数字化双胞胎数据的双向集成。

流程范围衡量的是数字化双胞胎的流程范围，可以是某个领域内的单一数据源（例如只有 PDM），或者是单个领域或流程（如设计、工程、制造、运营、服务），以及多个领域或流程，或者是企业的全范围。

SAP 提供了丰富的企业级数据处理功能，使企业能够创建、访问和更新数字化双胞胎，以支持业务流程。SAP 解决方案提供了从设计、生产、维护到服务的集成数据模型，包括打包集成到现有的计算机辅助设计、ERP 和产品生命周期管理系统中。SAP 为制造商和运营商提供端到端流程支持的产品包括：S/4 HANA、工程控制中心（Engineering Control Center）集成工具、Hybris 服务云解决方案、制造集成和智能（Manufacturing Integration and Intelligence，MII），以及制造执行应用程序。

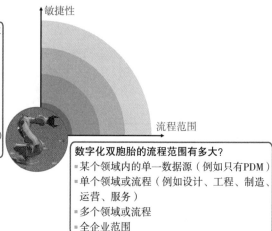

图 6-12　从"业务流程"的角度衡量数字化双胞胎的成熟度

第三个维度"商业网络"包括两个方面的衡量——开放性和协同。

如图 6-13 所示，数字化双胞胎业务网络的开放性包括如下几种程度：外部合作伙伴不能访问（关闭）、对外部合作伙伴提供可选择的访问（允许）、通过程序提供系统性访问（共享）和开放式数据共享。数字化双胞胎的商业网络的协同性包括以下几种可能：没有协同性或个别交互（1 对 1）；集中式的编排式协同（1 对少数）；集中式的，但是可伸缩的协同（1 对很多）；多方之间的协同（没有集中式的编排）。

SAP 通过领先的商业网络产品 Ariba、资产智能网络和分布式制造应用，使其具有独特的定位，可以为产品和资产的协作提供虚拟平台，并在全球范围内实现安全的数据访问、共享和治理。

第四个维度"数字代表的网络"包括两个方面的衡量——构成和运行。

如图 6-14 所示，关于数字化双胞胎的系统是如何构成的，可以有如下几种形式：手工映射和集成、半自动的映射和集成、零部件模型的标准化静态集成、基于标准模型发现的动态集成。关于数字化双胞胎的运行方式，可以有如下几种形式：无变更检测的静态构成、从真实系统的有变更通知的静态构成、基于有变更通知的动态构成、真实系统构成的自动发现。

SAP 可以在特定资产和资产到资产级别的系统中实现数字化双胞胎对数字化

双胞胎的连接。SAP 的资产智能化网络 AIN 解决方案可以在资产核心建模环境中提供语义和行业标准支持，以便在资产的全生命周期中不断实时地加以丰富和完善。

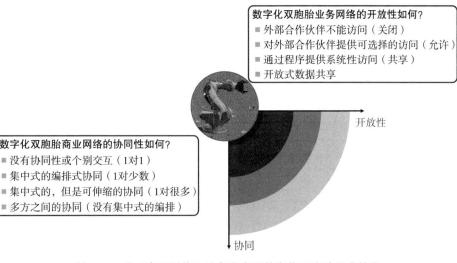

数字化双胞胎业务网络的开放性如何？
- 外部合作伙伴不能访问（关闭）
- 对外部合作伙伴提供可选择的访问（允许）
- 通过程序提供系统性访问（共享）
- 开放式数据共享

开放性

数字化双胞胎商业网络的协同性如何？
- 没有协同性或个别交互（1对1）
- 集中式的编排式协同（1对少数）
- 集中式的，但是可伸缩的协同（1对很多）
- 多方之间的协同（没有集中式的编排）

协同

图 6-13　从"商业网络"的角度衡量数字化双胞胎的成熟度

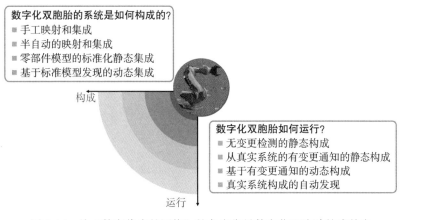

数字化双胞胎的系统是如何构成的？
- 手工映射和集成
- 半自动的映射和集成
- 零部件模型的标准化静态集成
- 基于标准模型发现的动态集成

构成

数字化双胞胎如何运行？
- 无变更检测的静态构成
- 从真实系统的有变更通知的静态构成
- 基于有变更通知的动态构成
- 真实系统构成的自动发现

运行

图 6-14　从"数字代表的网络"的角度衡量数字化双胞胎的成熟度

6.4　数字化双胞胎网络的基础——SAP 资产智能网络方案介绍

在工业互联网的各种资料中，进行资产管理和围绕资产进行商业模式转型是最常见的几类场景。如图 6-15 所示，这些场景常常涉及与设备相关的各个利益相关方。最常见的挑战是每个利益相关方对于产品信息的定义几乎都不一致，无论

是制造商、运营商还是其他各方，通常都是手动上传数据——这样做可能会引入
错误和延迟，导致数据不正确。这种缺乏完整、一致、可信任的设备数据使用方
式，阻碍了新的商业模式的推行。SAP 提供了一个安全的云平台，来充当资产管
理中所有利益相关者的中央结算所和通信枢纽，以应对这些挑战。

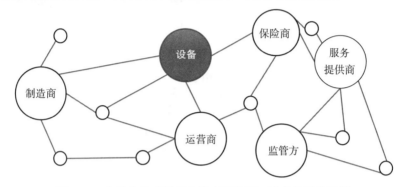

图 6-15   在整个生态系统上资产信息不一致是常见的挑战

如图 6-16 所示，就是最为典型的跨制造商和运营商的产品和资产全生命周期
的数字化双胞胎网络，它也是我们搭建数字化双胞胎网络的基础——SAP 资产智
能网络（Asset Intelligence Network，AIN）的应用场景。

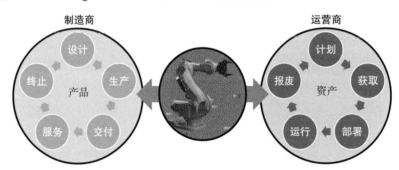

图 6-16   面向制造商和运营商全生命周期的数字化双胞胎网络

SAP 通过将资产的生态系统合作伙伴引入 AIN 这样一个基于云的协作网络平
台，从而建立资产的数字化双胞胎网络。SAP AIN 的定位是一个中心枢纽，为企
业的设备在扩展的生态系统中进行全球注册。如图 6-17 所示，AIN 还可以从以下
角度帮助资产的运营商和制造商。

- 在它们的企业资产管理（EAM）系统中安装一个数字化双胞胎来代表每台
  物理机器。
- 通过资产主数据和备件信息，实现设备管理的标准化，以便从网络上更新。
- 访问最新的任务列表和维护策略的服务公告，以简化设备的维护工作。

- 提供完成复杂的安装或维护程序的协同设计和执行。
- 协同网络服务来管理设备，收集资产性能分析和反馈，并推动制造商改进设计，使其更好地适应基于使用的收费（Pay by Usage）的商业模式。

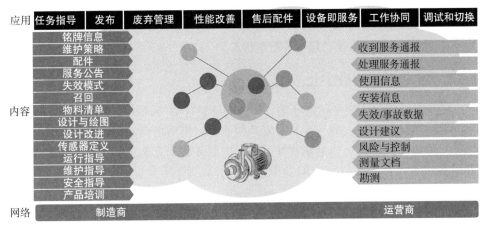

图 6-17   通过 SAP 资产智能网络，在制造商、运营商和服务提供商之间实现协同

6.5   深度案例分析：SAP 帮助维斯塔斯建立数字化双胞胎，推动服务转型

风能与太阳能、水能、潮汐能、地热能等一起属于可再生能源的一种，是一种取之不尽、用之不竭的能源。近年来，风力发电受到了世界各国的普遍重视，提供发电设备的风机企业也随之得到快速发展和壮大。由于风电和风机具有比较鲜明的数字化特点，在风电厂选址、风机设计和制造、风电厂运行和维护等各个环节，都能够看到数字化技术的深度应用，甚至可以上升到能源互联网（Internet of Energy，IoE）的层面，包括智能装备、智能通信、智能电网、智能交通等众多概念。维斯塔斯（Vestas）作为全球领先的风机设备制造商，与 SAP 展开了多年的合作，不仅在全球实现了全价值链的信息化，还在数字化领域进行了积极探索，以推动服务转型。

6.5.1   公司介绍

维斯塔斯总部位于丹麦，是全球最大的风力系统供应商，也是最早开始制造风机的企业。截至目前，维斯塔斯在全球 77 个国家和地区安装了 6.42 万台风机。从 1978 年开始，维斯塔斯就成为了该领域的领导者。在 2017 年，维斯塔斯的销售额达到了 100 亿欧元。维斯塔斯的商业模式可分为如下三个业务领域。

- 电力解决方案
- 服务
- 离岸

在 2017 年年底，维斯塔斯的风电未结订单达到了 88 亿欧元。与此同时，未结的服务订单的合同金额达到了 121 亿欧元，超过了风电制造的未结订单，说明维斯塔斯的服务收入占比已超过了制造收入。

6.5.2　维斯塔斯的数字化战略

维斯塔斯的价值链从研发开始，一直到项目计划与设计、寻源与制造、建筑与安装、运行和维护，是一套非常复杂的流程。维斯塔斯制定了两大战略目标：风电厂解决方案市场上的全球领导者和风电服务解决方案市场上的全球领导者。如图 6-18 所示，通过与 SAP 的合作，维斯塔斯实现了全价值链各业务流程的信息化。

在 2000 年上半年，维斯塔斯在超级计算分析能力上进行了重大投资，包括 2006 年建成的诊断和性能中心，2011 年引入了超级计算机。这些投资都非常有助于维斯塔斯建设"数据驱动的业务"（Data-Driven Business）。如图 6-19 所示，智能数据的利用不仅可以降低能源成本，还可以利用维斯塔斯的知识来克服和消除新技术带来的风险。

尽管支撑风电市场增长的驱动力是风电装机数量的强劲增长，以 2017 年为例，累计装机同比增长 10%；但是，服务市场一直是风电市场的重要组成部分。预计相对于新的风电机组安装市场，服务市场将提供更强劲的增长。最新的市场报告显示，服务市场在未来 8 年内有望以每年 8% ~ 9% 的速度增长。

维斯塔斯的服务内容涵盖了风电服务业务的所有领域：维护合作、备件与维修、风电厂优化解决方案，以及数据和咨询服务等。值得注意的是，购买维斯塔斯服务的客户——通常是风电厂，可能包含不同品牌的风机设备，也就是说维斯塔斯需要为非维斯塔斯品牌的风机提供服务。为了满足客户的一站式购买的需求，需要在解决方案上拥有更强的通用性和包容性。

6.5.3　与 SAP 合作的数字化双胞胎网络

为了实现从制造向服务的转型，维斯塔斯不仅要对自己品牌的风机提供全套的检测和维修服务，甚至还要能够支持竞争对手的风机设备。为了使这种服务模式对全球客户来说更具成本效益，SAP 和维斯塔斯决定创建一整套数字工具，让维修从事前的计划到现场的服务不可能标准化，为建筑经理、技术人员、分包商、客户和供应商提供实时的数据访问。只有这样，才能让忙碌的员工专注于自己最擅长的事情。

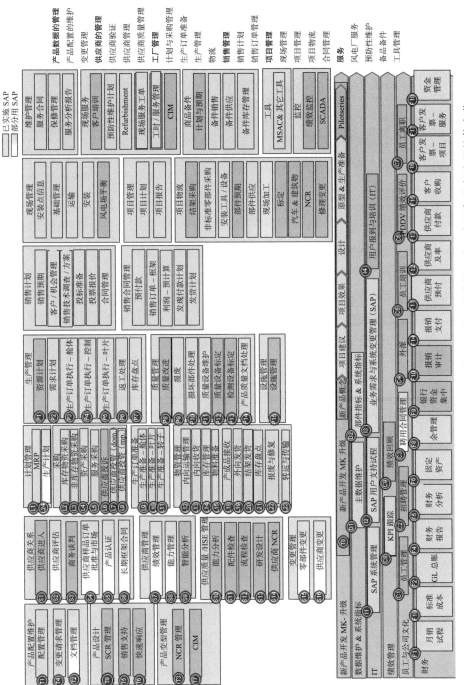

图 6-18　维斯塔斯风电的数字化战略围绕着风电的全价值链，全面实现各业务流程的信息化

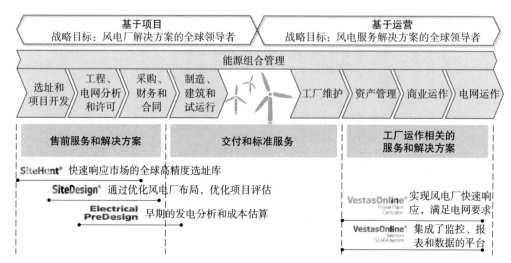

图 6-19 围绕着维斯塔斯的两大战略目标，分别在项目管理和运营管理两个环节提供数字
化工具

如图 6-20 所示，像维斯塔斯这样的资产生产者在为远程的资产提供维修服务的
时候，一般来说都要依靠第三方服务提供商来完成。由于这些服务提供商水平各异，
情况千差万别，因此通常都是将资产生产者的维修数据导出到 Excel 中，发给服务
提供商来进行维修，并在维修完成后更新 Excel，以更新维斯塔斯对资产的记录。

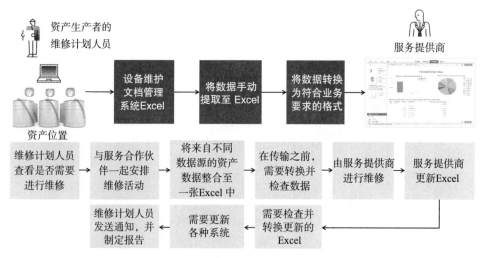

图 6-20 传统的资产管理模式

如图 6-21 所示，新的资产管理模式无疑大大简化了传统的流程。维斯塔斯的
设备维护系统可以自动更新资产智能网络中的设备信息，其中包含服务提供商所

需的关于风机的所有资产信息。通过由服务提供商提供维修服务并更新 AIN，实现了设备和维修信息的完整、及时、无缝的传递和保存。

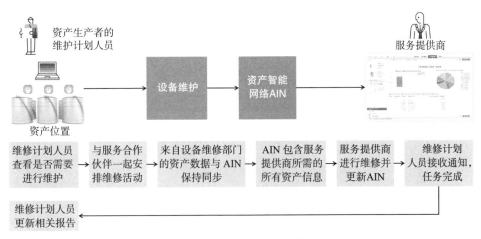

图 6-21　新的资产管理模式

如图 6-22 所示，SAP 的资产智能网络连接了资产生产者（维斯塔斯）、资产所有者（风电厂业主）和服务提供商。这样不仅可以用来从资产生产者向维修服务商传递与设备维修相关的信息，也可以帮助维修服务商对设备进行数据的深入挖掘，还可以与 SAP 的预测性维护与服务 PdMS 相连，对设备的故障进行分析。

图 6-22　SAP 的资产智能网络是支持交换资产数据的可靠平台

如图 6-23 所示是维斯塔斯与 SAP 共同搭建的风能资产管理的系统架构。资产智能网络 AIN 位于架构的中心，与风机的零部件供应商、资产供应商（维斯塔斯）、运维服务供应商和风电厂业主（能源公司）连接，并通过 AIN 的物联网服务，与资产（风机）相连。显然，AIN 起到了将各方连接在一起，在云端建立正确的资产数字化映像的作用。

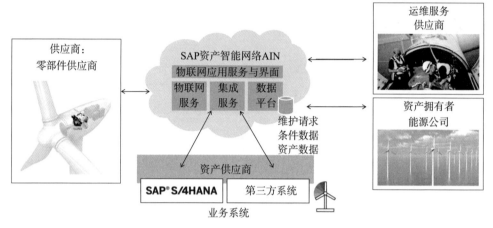

图 6-23　风能资产管理的系统架构

通过使用 AIN，维斯塔斯预计可以获得的收益包括如下几个方面。

- 降低与合作伙伴共享资产数据的成本。
- 对风机进行更深入的洞察，降低维护成本。
- 加快市场上服务合作伙伴的业务准备时间。
- 降低获取风机资产报表的成本。

6.6　小结

数字化双胞胎作为物理世界和数字世界的融合，是工业互联网的核心支撑技术之一。它与第 2 章谈到的信息物理系统（CPS）之间有着千丝万缕的联系。两者的区别在于 CPS 更加偏重于科学的范畴，而数字化双胞胎则更加偏重于工程领域。因此，数字化双胞胎更加需要考虑企业数字化转型的实际需求，以商品化和工程化的手段，真正解决企业面临的实际问题。

本章介绍的数字化双胞胎网络，是在传统的面向资产的数字化双胞胎的基础上，面向生态网络协同方向的一项创新。SAP 打造的 AIN 的目标不仅是在云端建立满足常规资产属性的数字化双胞胎，对于围绕着资产进行转型的不同企业、组织和部门的数字化要求，AIN 也提供了丰富的支持。今天数字化转型的很多场景，都是围绕着资产的流通和使用环节展开的。数字化双胞胎网络技术将会成为数字化双胞胎的重要发展方向。

从传统的基于 PLM 的文档管理
向端到端数字化主线的创新

长期以来，产品生命周期管理（Product Lifecycle Management，PLM）都是线性执行的——产品研发和设计之后就是制造、服务，一直到最后废弃产品。这种传统的线性执行的 PLM 已经过时，主要是因为在数字化时代，客户对产品的个性化（Personalization）需求和个体化（Individulization）需求正在不断提高——不仅要求产品本身的功能，还要匹配客户的需求。

在今天越来越激烈的竞争和快速变化的市场下，产品个性化需求不断提高、设计周期日益缩短、物联网的广泛应用等因素都在挑战着制造企业的传统业务流程。特别是在今天，数字化就意味着个性化和个体化已经成为关键——不仅是在消费驱动的如汽车或鞋服市场中，即便是在工业市场（如轧制品、航空产品等），也会看到通过软件配置来实现定制的例子。

为了超越竞争对手，制造商需要接受"实时研发"（LIVE Engineering）的现实需要，并在业务流程中采用。它们不仅需要理解客户的需求，高效、迅速地生产和服务大量不同的个性化的产品（批量为 1，即"Lot-Size 1"）；还需要理解产品的设计如何影响端到端的流程，从而可以采用或部署数字化产品创新平台来满足需求。

在这一背景下，基于模型的定义（Model Based Definition，MBD）、基于模型的工程（Model Based Engineering，MBE）、基于模型的企业（Model Based Enterprise，MBE）、基于模型的一切（Model Based X，MBX）等概念和技术应运而生。它们的共同特点是将模型驱动贯穿在产品生命周期的各个方面和领域，通过一次创建，为制造、服务等所有下游重用，从而提高企业在大规模定制的目标下实现"实时研发"的能力。由此，业界开展了数字化主线（Digital Thread）技术的研究，提出了基于模型定义的数字化总线的概念。

7.1 传统的 PLM 在数字转型时代的扩展

产品生命周期管理是管理产品或服务从构思、概念到设计一直到制造、营销、销售和售后服务乃至废弃的整个生命周期的能力。它将人、数据、流程和业务系统（工具）集成起来，为企业和企业的扩展组织提供了一个信息骨干。

对于制造企业，PLM 对于数字化转型意味着开发出智能和互联的数字化产品，建立数字化的价值链。与此相对应，PLM 需要在以下几个领域发生改变。

在产品领域，有如下两个方面的变化。

- 首先是传统机械产品的电子、电气和软件部分所占的比例不断增加。以传统的汽车产品为例，非混合动力汽车的平均电子部件和软件已经达到了整车成本的 20%～25% 左右，豪华车占 40%，混合动力汽车则高达 47%。这一比例在以前几乎是不可想象的。一些特定的 PLM 功能（如模拟与验证、电气/电子设计、制造与售后集成等）与传统的 PLM 功能（如机械设计、产品结构管理、复杂性管理与追溯等）被排上了更高的优先级。

- 其次，通过产品进行服务交付已经成为一种常见的商业模式。以亚马逊推出的 Echo 音箱为例，将智能语音技术植入传统的音箱中，即可赋予音箱人工智能的属性。称为"Alexa"的语音助手可以像用户的朋友一样与用户交流，同时还能为用户播放音乐、新闻、网购下单、Uber 叫车、定外卖，等等。音箱这个传统的声学产品变成了人工智能服务的载体。

在生命周期领域，主要有如下两个方面的变化。

- 首先是需要涵盖直到客户废弃产品的整个生命周期。传统的 PLM 虽然号称是对产品全生命周期进行管理，但是实际上对于产品设计完成之后的大段时间都无能为力。为了实现大规模定制并盈利，企业需要具有很高的配置管理水平和解决方案，通过配置-定价-报价（Configure-Price-Quote，CPQ）来加速投标或交付流程。而对于希望进行服务化转型的制造企业，也需要对影响产品使用过程的与物联网相关的电子技术、软件开发等，以及产品使用过程产生的数据进行管理。

- 其次，要实现闭环的、真正的 PLM。随着产品定制化的需求日益丰富，需要及时从产品制造和使用过程产生的大数据中获得反馈，迅速改进产品设计，指导产品运行。这些需求需要的是贯穿全生命周期的决策支持。以采用按使用收费的企业为例，有可能需要对每一件产品进行远程诊断，并根据诊断结果远程刷新产品的嵌入式内核。

从管理的角度来看，传统 PLM 的边界也正在发生变化。出现了与客户联合、由客户需求驱动产品研发的趋势。同时，还需要与合作伙伴，甚至是竞争对手开展合作。

如图 7-1 所示，上述这些变化，对于研发 PLM 系统的厂商来说，需要在数字化时代进行一场彻底的改变。第 6 章介绍的数字化双胞胎技术的本质是流程、产品和服务的虚拟模型。这对虚拟世界和实体世界的双胞胎实现了对数据的分析和系统的监控、模拟和仿真，让问题在发生之前就能被消除，从而为 PLM 迎接数字化时代的挑战提供了一条更加经济和可行的思路。数字化主线的概念也应运而生。

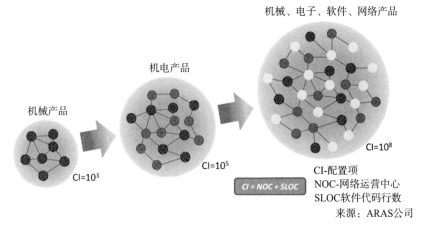

图 7-1　数字化时代产品复杂性的指数级上升

7.2　基于模型的系统工程的发展

7.2.1　PLM 面临的挑战

长期以来，在产品的设计、制造和使用过程中，参与各方对于产品的定义存在着不一致问题，甚至有可能达到比较严重的程度（如图 7-2 所示的夸张描述）。人们一直在为此寻求有效的解决方案。PLM 和 MBSE 就是两种源自不同角度的解决途径。

最开始的时候，产品数据管理（Product Data Management，PDM）的引入是为了处理 CAD 文件和需求文档在版本管理、变更流程和产品配置等方面的产品规范。而 PLM 是 PDM 的演进，用于管理制造商的产品在其生命周期内的所有信息。PDM 系统之所以必须要被引入，主要的驱动力还是来自于三维设计的普及，产生了对三维 CAD 模型进行管理的强烈需求。而二维 CAD 模型通常都会被打印成图纸，存放在一个柜子里。随着数字化时代的到来，还有更多需要在生命周期内进行管理的虚拟模型，需要更强的模型管理能力。而 PLM 系统本身则被视为一个基于文档的管理方法，它的强项在于处理文档和关联元数据。未来的 PLM 必须纳入更多具有意义的结构化信息，并遵循更强大的基于模型（model-based）的管理方法。换句话说，新一代的 PLM 必须是基于模型的，这可以看作一种范式上的切换趋势。

图 7-2　在项目的不同环节对产品的理解和执行存在很大的差异

在数字化世界中，从产品的概念设计到回收的产品生命周期中产生的信息必须在一个共同的环境中进行妥善管理。对于今天的 PLM 来说，这一点其实是无法做到的，原因是尽管 PLM 管理了来自机械、电气和软件工程的信息，但却没有建立起任何逻辑上相互依赖的关系。PLM 系统声称是现代虚拟产品开发的跨学科支柱，但实际上却缺少对非机械领域或多学科开发的支持。但是，复杂的产品必须被视为由各学科的综合和相互关联的工件制成的多学科系统。基于模型的产品生命周期架构是解决上述问题的有前途的方法。

7.2.2　基于 MBSE 的方法

一直以来，在系统中应用基于模型的方法的好处是很容易被理解，它在数学逻辑提供的支持下得到了广泛的应用。为了使模型更直观和易于理解，软件和系统工程师开发了各种图形建模语言，其发展的结果是由对象管理组织（Object Management Group，OMG）开发出了可供机器读取的语言，并在软件和系统上得到了工具化的支持，从而得以商用。2007 年，国际系统工程学会（International Council on System Engineering，INCOSE）正式提出了基于模型的系统工程（Model-Based

System Engineering，MBSE）的概念，并给出了它的定义：MBSE 是建模方法的形式化应用，以使建模方法支持系统需求、设计、分析、验证和确认等活动。这些活动从概念性设计阶段开始，持续贯穿到设计开发以及后来所有的生命周期阶段。

如图 7-3 所示，MBSE 与传统开发方法的最大区别在于其采用了"以模型为中心"。传统的产品开发是"基于文本的系统工程"（Text-Based Systems Engineering，TBSE），要把散落在各处的论证报告、设计报告、分析报告、试验报告中的信息集成关联在一起，不仅费时费力且容易出错。而在 MBSE 中，采用同一建模语言描述的一系列系统模型成为产品全生命周期各阶段产品表达的可信来源，用来解释与产品有关的信息元素。它减少了创建、查找、控制、使用、共享和维护信息所需的工作量，使其成为高效地在产品全生命周期里进行信息管理的理想基础。这种方法允许对信息进行有效的追溯和问责。启用自动化的基于规则的数据管理，能够促进数据质量的持续改进。文档仍将用作正式或法律记录，但它们是从系统模型派生的，不再是主要的信息来源。

图 7-3 从 TBSE 到 MBSE：用模型、行为和接口来替换文档

越来越多的企业开始将 MBSE 与 PLM 结合起来。PLM 支持企业管理产品的整个生命周期，而 MBSE 则负责描述复杂的产品和系统，并捕获和传达系统的需求和体系结构。

7.3 支持产品全生命周期的数字化主线

7.3.1 数字化主线的概念

与数字化双胞胎一样，数字化主线也是一个与国防和航天航空有着密切关联的技术。洛克希德 – 马丁公司最早在其战机的设计制造过程中使用了数字化主线技术，将工程数据与制造数据直接连接，并可为后续的培训与运维等配套系统直接使用。毫无疑问，数字化主线技术是对长期以来制造企业在产品生命周期不同环节上的"数据孤岛"和低效率的转换和协同的一种改变。特别是在国防与航天航空领域，由于产品的复杂性和高要求，数字化主线承载了贯穿整条价值链的作用。显然，数字化主线是与数字化双胞胎技术密切相关的技术。按照美国军方的定义，数字化主线是数字化双胞胎的使能技术。

实际上在制造业里，长期以来就存在着产品与服务的个性化发展趋势。以宝马汽车为例，它有 11 种车型、36 种车身类型、36 种发动机类型，以及大量的其他各种配置，其组合几乎是无限的。灵活的产品配置不仅体现在与客户直接打交道的销售环节，也涉及产品全生命周期的各个环节和企业的各个部门。如图 7-4 所示，企业在数字化时代取得成功的五大战略基石，基本上都与打造一条贯穿产品始终的数字化主线相关。

图 7-4　企业在数字化时代取得成功的五大战略基石大部分都与数字化主线有关

数字化主线是指利用数字化系统和工具构建的，覆盖产品全生命周期与全价值链，从基础材料、设计、工艺、制造到使用维护全部环节，集成并驱动以统一的模型为核心的产品设计、制造和保障的数字化数据流。传统的制造系统从研发到制造、运维等各环节的数据流动是单方向的，不同的环节之间没有有效的集成和反馈，存在大量的瓶颈，阻碍了数字化转型的效果。而数字化主线的目标是统一数据源，将与产品有关的数字化模型采用标准开放的描述，逐级向下传递而不失真，也可以进行回溯。

这里提到的数字化系统和工具不仅包括建模和仿真工具——这是产品的设计商从产品设计的角度进行的狭义理解，更包括整个产品生命周期中所有相关的系统和工具——包括产品的制造商、渠道商、运行方和维护方等所有相关利益方。

数字化主线的难点在于知识（尤其是隐性知识）的转化。如果不能很好地解决设计、工艺等知识传递，那么数字化主线的建立和应用都将非常困难。这其实又回到了数字化主线本身的定位问题上。

在理想的数字化主线中，统一的全数字化模型需要贯穿始终。所有环节都具备信息完整丰富、按照统一的开放标准建立的规范和语义化的数字化模型，并且可被机器（或系统）稳定无歧义地读取。但是，这就需要建立集中型系统，在处理统一的数字化模型时，其效率无疑是最高的。目前，数字化主线的概念正在国外的国防、军工、航天领域推行，无疑也与其军事化的集中型系统的特点有关。在民用领域，情况则要复杂得多。理想的由研发部门定义的统一的数字化模型受到跨部门、跨企业的限制，在现实中推广存在较大的难度。我们需要有足够的耐心和正确的策略，逐步在企业内部乃至企业生态中推行。

7.3.2 建立打通产品全生命周期的实时研发

在物联网的时代，企业需要在产品开发领域进行重新思考：如何利用物联网带来的连通性重塑业务流程，特别是应如何利用传感器来实现这种转变？尤其是当智能设备被配备了传感器之后，如何利用由此获得的大数据实时洞察对产品的研发进行影响。如图 7-5 所示，这就是 SAP 提出的实时研发（LIVE Engineering）概念。但是在现实中，在物联网数据密集产生的地方——制造阶段和运行阶段，物联网数据与研发之间实际上是"孤岛"状态。

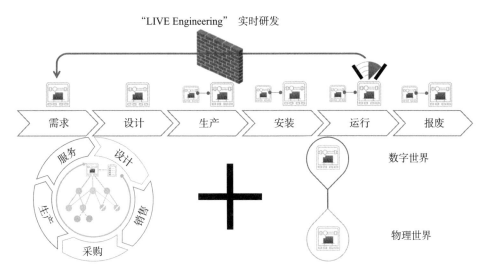

图 7-5　实时研发的瓶颈在于打破在生产和运行阶段物联网数据与研发之间的"孤岛"状态

SAP 的解决方案就是围绕产品的全生命周期，建立相应的数字化主线。如图 7-6 所示，SAP 围绕产品的全生命周期提供了数字化主线的结构，包括了需求与功能的建模（需求模型、功能模型、逻辑模型）、工程 BOM、制造 BOM、服务与运维 BOM（位置模型、系统模型、风险与危险模型），并可从统计模型、传感器诊断和物理模型中获得输入。

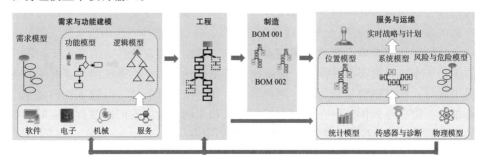

图 7-6　SAP 围绕产品全生命周期提供的数字化主线

如图 7-7 所示，是 SAP 在 2017 年汉诺威工博会上围绕着三菱机器人案例展出的演示。它包括以下几个步骤。

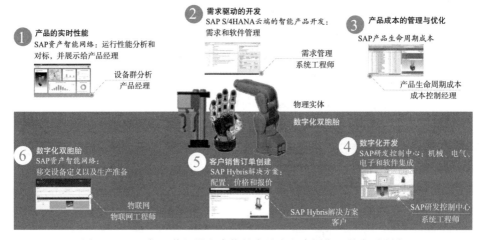

图 7-7　SAP 与三菱机器人合作的产品全生命周期上的实时研发

1）通过机器人的传感器采集运行数据，上传到 SAP 的资产智能网络（AIN）云平台上，从而获得关于三菱机器人的实时运行性能分析和对标报告，将其展示给产品经理。

2）接下来负责产品需求的系统工程师在 SAP 的需求管理系统中，根据 AIN 的输入，对产品的需求做进一步的分析和优化调整，提出产品升级和更改的建议。

3）下一步是产品的成本控制经理在 SAP 的产品生命周期成本系统中，根据产品的升级和更改建议，对产品的成本做出预估，从而为产品是否需要升级和更改的决策给出参考意见。

4）在 SAP 的研发控制中心系统中，对产品的机械、电气、电子和软件进行开发并实现与主流机械和电气 CAD 集成。

5）产品研发的结果导入 SAP 的销售系统中，支持客户创建销售订单，并实现一体化集成的产品配置、产品报价和价格计算。

6）接下来 SAP 可以实现与制造系统的对接，完成向制造 BOM 的转换，并启动相应的 SAP 制造执行系统，进行产品制造（这一部分没有在图 7-7 中显示出来）。

7）最后一步是将制造的结果导入 SAP 的资产智能网络 AIN 上，采集设备运行数据，回到第 1 步后周而复始。

显然，在这个案例上，SAP 与三菱机器人进行合作，在 V 字形开发流程上实现了数字化主线的概念，使得不同阶段和不同部门使用的不同系统之间实现了在产品数据上的共享、互通和转换，如图 7-8 所示。

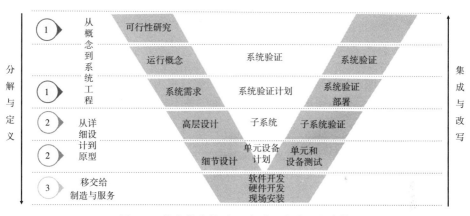

图 7-8　数字化主线对 V 字形开发流程的支持

由于篇幅所限，这里不能将整个流程一一加以详述，仅对产品的需求管理做一个扼要的介绍。

如图 7-9 所示是 SAP 的需求管理应用概览，它是实现需求驱动的开发（Requirement-driven Development）的重要工具，其主要功能具体如下。

- 在相关利益方之间就开发目标达成共识。
- 为产品的规划发展提供基础。
- 提高研发流程的透明度。
- 支持影响分析。
- 提供持续衡量进步和成功的方法。
- 确保整个开发生命周期的一致性。

为了支持 MBSE 的标准，SAP 提供了对 OMG 标准需求交换格式（Requirements Interchange Format，ReqIF）的支持，以及对于 OMG 标准 SysML 的支持（如图 7-9 所示）。

图 7-9　SAP 对 MBSE 相关标准的支持

7.3.3　产品全生命周期的 BOM 总线

在工业互联网阶段，满足数字化需求的物料清单（Bill of Material，BOM）总线是广大制造企业急迫需要解决的问题，其重要性不言而喻。如图 7-10 所示。

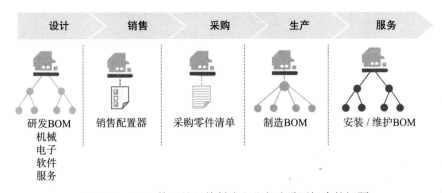

图 7-10　BOM 管理是目前制造企业急迫需要解决的问题

如图 7-11 所示，从设计阶段到销售、采购、生产和服务阶段，从研发 BOM 开始，一直到销售配置器、采购清单、制造 BOM、完工状态 / 维护状态 BOM——BOM 在产品的整个生命周期中由各个部门按照各自的职能范围进行修改，具体说明如下。

- 研发部门开发出基本的产品结构，包括配置选项、新的零件、重用的零件——研发 BOM
- 销售部门决定哪些配置可以开放给客户作为有效的选配——销售配置器。
- 采购部门决定战略供应商和可替换的供应商——采购清单。
- 在实际制造过程中，产品结构由制造部门按照制造战略和工艺流程进行重新构造——制造 BOM。
- 在产品的安装和使用周期里，产品的零部件可能会被替换、增强或改进，从而使产品结构发生变化——安装和维护 BOM。

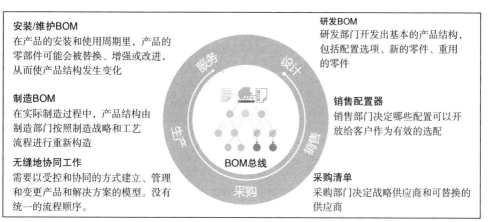

图 7-11　产品全生命周期的 BOM 总线

如图 7-12 所示，这是一个需要无缝协同工作的围绕 BOM 的总线环境，需要以受控和协同的方式建立、管理和变更产品和解决方案的模型。对于不同的行业和企业，BOM 的生命周期管理没有统一的流程顺序。

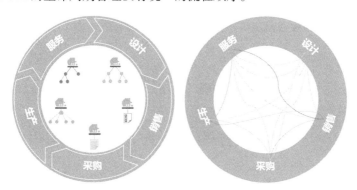

图 7-12　BOM 总线需要在不同的部门之间建立受控和协同的管理机制

对于数字化产品来说，BOM 总线的管理同样需要支持 V 型开发流程中从概念到系统工程、从详细设计到原型、移交到制造和服务的整个过程。这个范围已经大大超出了传统的 PLM 的能力范畴。在工业互联网时代，产品的使用状态会产生大量有用的数据，可以作为对设计的实时反馈。这样就形成了闭环研发（closed loop engineering）。进一步来说，闭环的概念不仅可被用在产品使用状态对研发的反馈上，还可以用在对产品的需求管理的闭环反馈、供应链与制造对研发的闭环反馈等各个领域，甚至还可以对个性化的按订单设计的产品进行同样类型的闭环反馈（如图 7-13 所示）。

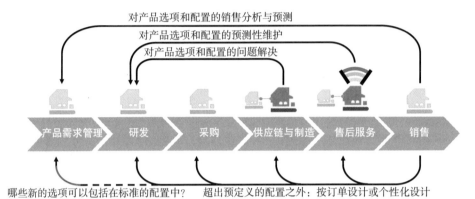

图 7-13　BOM 总线需要支持对产品的需求管理、供应链与制造等各个领域的闭环反馈

　　SAP 围绕着产品的全生命周期实现了 BOM 的一体化管理，并将其整合到企业的产品组合管理和研发项目管理中，实现了从产品结构管理到制造主数据的同步（如图 7-14 所示）。

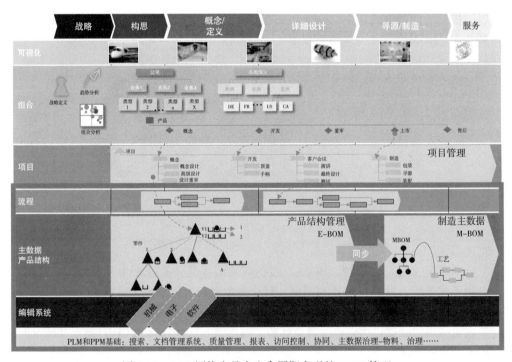

图 7-14　SAP 围绕产品全生命周期实现的 BOM 管理

7.4 深度案例分析：SAP 帮助凯撒压缩机实现"智能空气战略"⊖

压缩空气是现代工业最重要的能源载体之一。压缩空气可以作为一种清洁、可靠的动力来源，是它的一个非常有力的卖点。

凯撒公司是压缩空气系统的领先制造商，在全球范围内进行运营和服务。在过去的 30 年里，压缩空气市场经历了一段高度竞争的时期，整个行业正在发生着剧烈的变化。为了响应客户需求的变化，凯撒开始对其传统的业务模式进行转型和扩展。

凯撒引进了一种基于服务的运营商模式，称之为 SIGMA AIR Utility。这是一种压缩空气的供气合约，用户无须再购买定制的空气压缩机，而只须根据使用压缩空气的使用量每月进行结算。凯撒不仅代替客户建造和运行压缩空气设备，还会保留这套系统的所有权。通过与 SAP 的深度合作，采用工业 4.0 技术，在大数据分析和预测性维护技术的支持下，大幅度提高了企业的运行效率。

SIGMA AIR Utility 的运营商模式无论是为凯撒，还是为客户都带来了许多好处。对客户来说，主要的好处体现在降低成本、提高灵活性、将运行和维护空气压缩机的风险转移出去、改善透明度、增强了业务运行的计划性等方面。对凯撒来说，主要的好处是降低了服务成本、与客户建立起长期的合作伙伴关系，并带来了产品开发和创新上的合力效应。

与此同时，凯撒也从基于服务的运营商模式的成功导入中学到了很多教训，主要包括：对客户端的成本构成缺乏透明性，销售部门在转型过程中的角色转换，合作伙伴的重要性，新风险的处理，作为临时步骤的"混合"业务模式，对数据隐私和安全的担忧以及跨学科的团队。

7.4.1 公司介绍

凯撒的专业是在机械工程行业，专注于设计和生产空气压缩系统。自 1919 年在德国成立并将总部设立在 Coburg 以来，凯撒一直都是家族经营的企业。凯撒的生产业务全部集中在德国，具有高度的垂直一体化的特点。它的产品系统从小型、部分可移动的空气压缩机——应用于木匠、牙医、建筑公司，一直到大型的功率可以达到 500 千瓦的压缩空气站——可以生成 15 巴的 10 吨的压缩空气。如图 7-15 所示，凯撒的产品包括螺杆式压缩机、往复式压缩机、牙医用空压机、真空泵，等等。

⊖ 本案例参考了凯撒公司的官方产品资料、凯撒在 SAP 用户协会上的演讲资料，以及 Springer Shop 出版的"数字化案例"（Digitalization Cases）等相关内容。

往复式压缩机　　　　　　　　　　螺杆式压缩机

牙医用空压机　　　　　　真空泵　　　　　　鼓风机

图 7-15　凯撒压缩机公司的一些主要产品

　　为了将压缩机销售出去，凯撒采取了直销与分销渠道相结合的方式。对于后一种方式，凯撒依赖于分布在全球的销售与服务合作伙伴。除了销售压缩机之外，凯撒还提供各种服务，如产品的安装与维护。为了实现更好的服务，凯撒在内部雇佣了服务技师，并与全世界的服务合作伙伴开展合作。在 2016 年，凯撒的压缩机和服务遍布 140 多个国家，销售额达到 7.986 亿欧元。在全球，凯撒雇佣了5500 名员工，其中 1900 名位于 Coburg 的总部。

　　作为一家在 B2B 环境里销售工业产品的企业，凯撒对客户极为关注。在公司的网站上，凯撒宣称其目标是"提供一流的客户服务，加上创新的产品与先进的系统解决方案"。作为一家私人拥有的企业，凯撒的这种做法使其显得很突出。也正如其网站上所说的那样："你是在与一个有家族传统的企业做生意，其目标是给客户提供高质量的产品。这不是一家满足华尔街预期的企业。托马斯 - 凯撒会很骄傲地将他自己的名字、他父亲的名字还有他父亲的父亲的名字刻在每一件产品上。"

7.4.2　运营商业务模式的诞生

　　在建造一个新的生产基地的时候，大多数企业大概都不会考虑建设自己的发电站来自行发电，而是习惯于与电力供应商签署一份供电合同。但是，对于压缩空气来说，大多数企业却会选择自己来建造一座压缩空气供应站，尽管压缩空气对于很多企业的作用就像电力一样重要。在凯撒公司，这个想法引发了一个核心的问题，那就是客户究竟需要什么——空气压缩机还是压缩空气？这个讨论最终导致了公司业务模式的根本转变。

　　凯撒公司传统的业务模式完全是面向各个行业的客户销售和安装定制化的压缩空气站（包括一台或多台压缩机、干燥机等），并向这些客户提供售后服务。但是，在近年来，凯撒开始将自己的市场向基于服务的运营商模式进行扩展，并称之为 SIGMA AIR UTILITY。在这个模式中，客户不再需要购买或定制自己的压缩空气站，而是根据使用压缩空气的量，在满足约定的质量和稳定性的前提下向凯撒支付服务费。SIGMA AIR UTILITY 还意味着凯撒依旧是安装在客户场地上的压缩空气设备的所有者，对于客户来说，所有设备维护工作都由凯撒来负责完成。

这个新的基于服务的运营模式是凯撒进行数字化转型的基础。这个转型的目标采用和顺应了工业 4.0 的技术和趋势——例如数字化测量、大数据分析和预测性维护，从而为客户提供"智能空气"（Smart Air）。

在过去的 30 年里，压缩空气行业经历了几次显著的变化，它们主要是由客户的需求变化（市场拉动）驱动的。例如，在 20 世纪 80 年代，客户习惯于购买空气压缩机的所有零件（例如，一台或多台压缩机、干燥机等），并自行将它们安装调试在一起。这个做法到 20 世纪 90 年代开始发生转变，客户开始寻找系统解决方案。对于凯撒来说，直到那个时候都还是一直关注在压缩空气零件和整机的技术开发上，并且为它们提供各种服务（例如安装和服务）。

与此同时，空气压缩机行业已经形成了全球四大制造商之间高度竞争的格局——凯撒是其中之一，因此客户有相当高的讨价还价的余地。特别是当一家企业确定了一台或多台压缩空气机的需求并发出招标邀请的时候，会从多家不同的供应商手中拿到报价。在这里，压缩机的技术参数通常都是明确标明的，客户可以很简单明了地对不同的报价进行比较，并主要根据价格因素来做出中标决策。举例来说，这些技术参数通常会包括压缩空气的体积和质量，以及所需的压力和能耗。此外，更加致命的是，空气压缩机的模块化结构让客户可以自行将来自不同供应商的设备组合在一起，从而进一步增强了客户方的谈判能力。

而在压缩空气设备的售后维护上，市场的竞争甚至还要激烈。由于所有制造商都使用相似的技术来产生压缩空气，因此每一家制造商甚至都可以为其竞争对手的压缩机提供一些基本的服务（如保养）。换句话说，一个客户并不会因为用了某一家的空气压缩机之后就被锁定在这家企业身上，客户反而很愿意邀请多家供应商来投标压缩机的保养和维修服务，以至于制造商反而有可能拿不到服务标。例如，就算凯撒中标了压缩机的采购和安装标，却有可能在服务标上输给竞争对手。

基于这种高度竞争的行业格局，压缩机从业企业更加需要能够快速地响应客户需求的变化。这里有一个特殊的例子，至少是在那个时间点，一个不同寻常的客户请求对于凯撒造成了持续的影响。1991 年，德国一家对空气压缩机有很大需求的大型集团企业在维护空气压缩机这件事情上出现了问题，从而影响了生产并最终导致生产中断。于是这家企业就找到了凯撒，希望它们能够像提供电力一样提供压缩空气。在那个年代，这种请求远远超出了凯撒日常业务的范围，在市场上也绝对少见。在经过仔细的考虑和大量的手工测算之后，凯撒决定为这家客户提供一个特殊的合同，以固定价格提供定义好数量的压缩空气，并满足某种质量和压力的指标。从此，市场上出现了一种新的运营商模式的业务，这也就是今天凯撒所说的 SIGMA AIR UTILITY。

7.4.3　新商业模式的实现

在为客户以固定价格的合同提供压缩空气的项目取得成功之后，凯撒的管理层开始询问自己：我们的客户需要的究竟是什么——压缩机还是压缩空气？正如电力行业一样，答案显然是后者。尽管如此，在签署第一份固定价格的合同之后，凯撒直到 2000 年年中才开始在市场上开展基于服务的运营商业务。凯撒汲取了从第一个客户获得的经验，进一步完善了业务模式，并为向市场进行推广做好了准备。新的商业模式主要是由凯撒的销售部门驱动的，与此同时，凯撒也看到了市场上从单一的压缩机到完整的解决方案的转变。意识到基于服务的运营商模式的巨大市场潜力之后，凯撒公司对于这个新事物从第一天开始就给予了大力支持。

对于凯撒公司来说，运营商的模式意味着全新的市场，将原有的销售设备转为提供一种公用事业的服务——即压缩空气。这一点，反过来又催生出了新的业务需求（如图 7-16）。与过去的客户需要有偿购买服务不同，这种新的商业模式对于设备的可靠性提出了新的要求。

凯撒SIGMA智能空气	可预计
• 凯撒负责压缩空气站的运行和维护 • 压缩空气生产的服务水平协议 • 基于压缩空气的消耗进行月度结算	
提高OEE	高效
• 避免计划内和计划外的停机——高可用性 • 提高能源效率 • 通过优化维护和消除事故，降低服务成本	
咨询	智能
• 在产品生命周期中根据客户需求调整压缩空气站	

图 7-16　凯撒 SIGMA 智能空气的商业模式

对于供气合约来说，系统的可靠性是至关重要的要求。安装在企业的公用气源中心通过凯撒的远程服务系统，与凯撒的控制中心相连接。这项功能可以帮助凯撒对签署供气合约的压缩机进行预测性维护，并确保了材料和人力资源的最佳使用，从而为供气合约带来最大化的系统可靠性。

预测性维修是凯撒为此做出的一项投资，并使用大数据来提高售后服务的水平。实际上，售后服务的需求一直存在，只是在供气合约的商业模式下，由于设备故障的风险从客户处全部转移给凯撒来承担，售后服务的重要性得到了前所未有的提高。毫无疑问的是，预测性维修和持续的能效优化成为更好地满足客户迫切需求（即对系统可用性最大化和高品质压缩空气供应费用合理化的需求）的根本途径。凯撒公司认为，确保价格真正合理的压缩空气的长期可用性的理想方法是将压缩空气供应系统作为一个整体来考虑，并实现压缩空气供应系统与使用者软硬件基础设施的融合。通过应用"机器 – 机器"（MIM）这一互联网通信模式，加之各种潜在节能方式的不断使用，可以对企业的能量平衡产生巨大的积极影响。然而，为了确保压缩空气供应系统成为工业 4.0 生产概念中完全集成的"合作系统"，不仅必须实现组件与组件之间的互通，还要实现组件与后台更为强大的数据库服务器之间的互通。

凯撒实施了一套基于内存计算的 SAP 实时业务解决方案，可以对大量的由机器 – 机器接口产生的颗粒实时数据进行分析。这一平台让凯撒能够自动地监控安装在客户处的空气压缩机。到目前为止，凯撒可能是世界上唯一使用这一技术的公司。

如图 7-17 所示是凯撒开发的压缩空气管理器。它不仅是确保压缩空气供应效率和可靠性的主控制器，同时也是通往凯撒数据中心的宽带接口。这种压缩空气站与物联网的直接集成让使用者能够迅速体验到"工业 4.0"的好处。

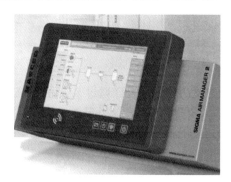

图 7-17　凯撒开发的压缩空气管理器

当凯撒开发的压缩空气管理器在现场就绪并接入网络之后，凯撒工厂控制中心——这是凯撒服务部门内的一个专门组织，就会监控到所部署的压缩空气站的运行。在监控室里，凯撒的工程师可以看到 SIGMA AIR UTILITY 的压缩空气站的全球地图分布状况，并用不同颜色的图标标明每个站点的运行状态。其中，橘黄色的图标表明正在进行计划维修，红色的图标表明这个站点出现了问题。对于后一种情况，凯撒的工程师们会进一步查看受到影响的工厂，对相关的参数进行更加细致的检查，并决定是否需要派遣技术服务人员前去解决问题。

如图 7-18 所示，除了对设备进行监控之外，凯撒的工厂控制中心还会对厂内每一台设备采集的数据进行分析，找出可能发生问题的点并加以预防和维护——这也就是本书第 11 章中谈到的 SAP 的预测性维护与服务（PdMS）。工厂控制中心采集每台设备的大量运输指标，如电力消耗、机器温度、压力和振动等。这些相关的数据被自动发送到中央数据库。凯撒使用了一个关键的指标"预留水平"（reserve level），其含义是一座压缩空气站在客户需求空气量增加时可以增产压缩空气的量。可以通过两个途径提高这个指标：在站点增加设备，或者提高目前的产量。凯撒的工程师可以在客户因为压缩空气供应不足而不得不中断生产之前，提早发现压缩机的问题和瓶颈。另一个关键的指标是客户对压缩空气的消耗量，它可被用来计算客户每月缴纳的费用。

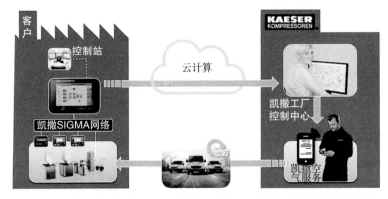

图 7-18　凯撒通过在云端建立远程服务系统，实现基于服务的运营商模式

基于对这些设备的分析，接下来可以通过 SAP 的系统来自动生成计划服务工单，并分发给服务人员。系统生产的工单里包含了所有的合同和服务人员需要检修的设备，以及与维修相关的特定信息。凯撒在实际的服务执行中也包含了很多先进的理念。服务人员在修理车上备有 80% 的标准备件，而所有维修所需的其他备件则要么直接通过物流服务商送到客户现场，要么发送到某个服务集装箱中，服务人员可以直接领取。这里的服务集装箱类似于一个邮政局的邮筒。这些备件的物流与服务人员的检修工作必须要结合起来，才能大幅提升效率。凯撒工厂控制中心的另一个重要目标是将计划外的服务工单转换为计划工单，这要归功于SAP 的预测性维护与服务（PdMS）系统发挥的作用。

7.4.4　围绕产品全生命周期的智能空气战略

案例介绍到这里，可能会有读者认为凯撒的转型之旅已经结束了。但实际上，凯撒的转型远未结束。为了进一步提高空气压缩机在运行阶段的质量和稳定性，一方面需要将产品的设计、制造阶段信息准确地带入运行阶段，实现全程可追溯，并且还要及时更新产品的维护状态，发布维护资料；另一方面也需要将产品的运行情况反馈给研发和制造环节，为研发和制造的不断改进提供原始输入。显然，这里需要引入数字化总线的概念，将压缩机生命周期上的各个环节都连接起来，如图 7-19 所示。

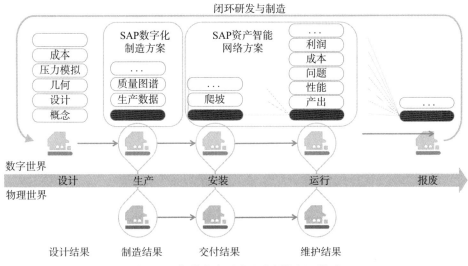

图 7-19   凯撒的产品全生命周期闭环战略

为此，凯撒进一步提出了智能空气的战略（如图 7-20 所示），在之前对设备运行过程进行远程监控和管理的基础上，进一步将转型的范围扩大到资产管理、智能制造和智能研发等环节，从而构建"计划→制造→运行→优化"的闭环。

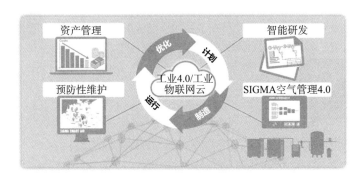

图 7-20   智能空气战略的执行

从解决方案的角度来看，凯撒选择了使用 SAP 的电子采购 Ariba、SAP 制造执行 ME、SAP 资产智能网络 AIN、SAP 预测维护与服务 PdM 等产品，打通了智能空气战略的主要环节，为实现理想转向的闭环研发与制造打下了基础，如图 7-21 所示。

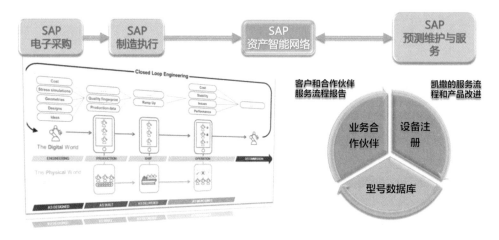

图 7-21　通过 SAP 的解决方案，凯撒打通了智能空气战略的主要环节

在图 7-21 中，设备的完工状态和使用信息都将进入 SAP 的资产智能网络（AIN）中。如图 7-22 所示，AIN 中的信息是凯撒实现增值服务的基础，确保了在不同部门和不同企业之间对压缩机产品的单一信息来源的准确性。

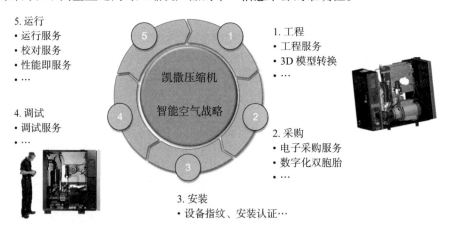

图 7-22　AIN 设备的信息是增值服务的基础

在打通智能空气战略这些环节的背后，SAP 的可视化企业（Visual Enterprise，VE）发挥了重要的作用。它起到了将企业的研发、销售与市场、制造、服务与支持等各个业务在可视化 BOM 管理上进行连接和集成的作用。如图 7-23 所示，目前 VE 在浏览数字化样机、可视化制造和可视化服务等领域发挥着重要的作用。

浏览数字化样机　　　　可视化制造　　　　　可视化服务
　　　　　　　　　　　• 可视化BOM　　　　• 可视化备件清单
　　　　　　　　　　　• 制造工艺模拟　　　• 可视化安装结构
　　　　　　　　　　　　　　　　　　　　　• 维修工艺模拟

图 7-23　SAP 的可视化企业解决方案在凯撒的应用

7.4.5　对客户的收益

简单地说，这种新的商业模式帮助客户降低了成本，提高了灵活性。从客户的角度来说，凯撒的新商业模式的好处是减少了固定成本的支出。客户无须购买整个压缩空气站，也无须配备专门的人员进行管理和维护，只须按月支付费用即可。由于支出费用大体上与压缩空气的实际消耗量有关，也就是说是与客户的生产开工相联系。

例如，如图 7-24 所示，让我们假设在 2009 年经济危机之后，整个企业的销售在当年急剧下滑。按照传统的拥有资产的模式，销售的下滑会导致公司利润更加剧烈的下滑，原因是固定资产的费用不会因为销售下滑而同比例减少。但与之相反的是，在使用了 SIGMA AIR UTILITY 的情况下，企业利润的下滑就不会那么剧烈了。这其实就是因为 SIGMA AIR UTILITY 的费用被计入运营成本当中的缘故，它只会影响利润表而不会影响损益表。

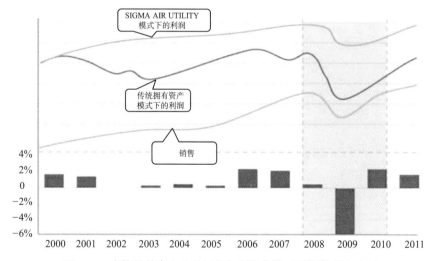

图 7-24　虚构的某家企业的销售与利润曲线（两种模式的对比）

此外，SIGMA AIR UTILITY 也有助于减少企业的非直接成本。例如，由于凯撒拥有和运行压缩空气站，凯撒承担了所有的运行责任，如定期进行技术检测和保养等。这也有利于让企业的管理人员从这些事务中解放出来，以从事其他更加重要的工作。

7.5　小结

随着智能产品应用的不断深入，传统的基于 PLM 的文档管理方式在描述更加复杂的产品和产品生命周期，并面对云计算中更加复杂的混合系统架构时，常常会显得力不从心。与此同时，伴随着基于模型的系统工程的发展，MBX 的概念和思想开始逐渐渗透到企业的各类数字化系统中。数字化主线一方面从建模的角度试图实现跨领域的复合建模，另一方面也从物联网世界中将物理空间的信息反馈到虚拟的产品开发、产品制造之中，从而大幅度降低复杂的智能产品在各个生命周期和各阶段迭代的时间和成本。

SAP 的产品在走向 SaaS 和数字化的过程中也同样面临这样一个机遇。一方面，企业价值链上的各个应用系统都在向 SaaS 和数字化的方向升级；另一方面，传统的"超级 BOM"式的管理也正在逐步向基于模型的系统工程（MBSE）的方向发展。从凯撒压缩机的案例中，我们可以看到转型中的企业对于跨企业和跨部门的数字化双胞胎的访问、整合和转换需求，已经开始逐渐浮出水面。

数字化工厂

第 8 章 | Chapter 8

从大规模制造向大规模定制的创新

普遍认为，在被企业战略管理奉为圭臬的迈克尔 - 波特的五作用力模型中，背后蕴含着三类成功型战略思想，即成本领先战略、差异化战略和专一化战略。其中，成本领先和差异化是两种不可兼得的战略，企业必须明确地从二者当中选择其一。本书要讨论的大规模定制却是一种同时追求两种竞争战略优点的混合竞争战略，也就是说既能做到成本领先，又可以实现差异化。这种兼而有之的战略为企业留下了很少甚至有时是不可能实现的选择。今天，数字化技术可以为企业的竞争战略提供更广阔的选择空间，让之前不可能实现的战略变为可能，因此成为大规模定制的关键技术。

实际上，大规模定制在工业 3.0 时代就已经出现，人们对它的很多技术早已耳熟能详。例如在汽车行业，大规模定制常常与订单到交付（Order-to-Delivery，OTD）流程联系起来。对这部分内容感兴趣的读者，可以参考笔者的另一本拙作⊖。在工业 4.0 和工业互联网时代，出现了许多新的技术，如 CPPS、物联网、大数据、人工智能等，极大地提高了企业开展大规模定制的能力，这也是本章将要讨论的重点。

8.1 大规模定制的定义和特点

大规模定制的思想最早是由 Alvin Toffler 于 1970 年在《Future Shock》中提出："以类似于标准化或者大规模生产的成本和时间，提供满足于客户特定需求的

⊖ 参见彭俊松著的《汽车行业整车订单交付系统——建立需求驱动的汽车供应网络》，电子工业出版社，2009 年出版。

产品和服务的生产模式。"Stanley Davis 于 1987 年在《Future Perfect》中首次将这一新的生产模式命名为"大规模定制"。

1993 年，约瑟夫－派恩二世（Joseph Pine II）在哈佛商学院出版的《Mass Customization – the new frontier in Business Competition》一书中，对大规模定制给出了这样的定义："大规模定制是指对定制产品或服务进行个别的大批量生产，它将大批量生产和定制生产这两种生产模式的优势有机地结合起来，在不牺牲企业经济效益的前提下，了解并满足单个客户的需求。"

毫无疑问，大规模定制的潜在优势是十分明显的，表现在如下几个方面：1）重视对客户资源的开发和利用，有利于培养以客户为中心的意识，提高客户满意度和企业竞争力。2）有助于推动和建立关联企业的功能集成和有效的信息共享沟通，增强企业在市场上的应变能力和柔性。3）推动企业直接面对市场需求组织研发和生产，提高针对性，降低研发、生产成本和准备时间，减少库存。

实际上，国外的很多行业中早已经出现了一批提供定制化产品的企业。图 8-1 以最能体现客户定制化需求的鞋服消费品等行业为例，列举了目前国外出现的一些提供定制化产品的企业的情况。实际上，这种在前台通过电商平台进行交互式配置、在后台进行产品定制化生产交付的业务模式，在国外消费品行业早已屡见不鲜。早在 1993 年，Levis 牛仔裤就已经开始了这方面的尝试。除了常见的鞋服之外，手袋、婴儿用品、化妆用品、珠宝、手表、食品等均已出现了定制化商业模式。可以这么说，在工业 3.0 时代，一些行业已经实现了大规模定制。

应该说，定制化产品是每个行业与生俱来的能力。那么，既然工业 3.0 已经能够实现产品的定制化交付，那么工业 4.0 下的大规模定制的意义又在哪里呢？

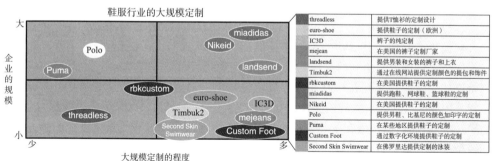

图 8-1　以国外的消费品行业为例，在工业 3.0 时代就已经出现了一批提供定制化产品的企业

8.2　从工业 1.0 下的手工定制到工业 4.0 下的大规模定制 2.0

8.2.1　大规模定制的过去和未来

　　如图 8-2 所示，以汽车工业为例。在工业 1.0 时代，汽车工业的发展还处于单件生产的原始状态。在源自欧洲的以小的机械作坊为特征的生产方式下，汽车的定制化水平反而是最高的。作坊主通过与所有相关各方（客户、供应商、雇员）直接进行接触来协调生产过程，在技术可行的前提下，完全按照客户的要求进行单件打造。但是，尽管这一阶段汽车产品的变化种类很多，但是产量很低。以 1906 年为例，尽管在西欧和北美有数百家这种小作坊，但全年的产量只有 8 万辆。

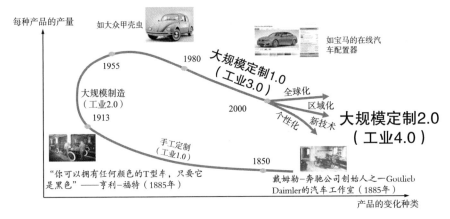

图 8-2　汽车行业制造方式的历史变革和趋势

　　进入工业 2.0 时代，美国福特制生产线的出现使得汽车工业进入到一个全新的大规模生产时代。其成功的关键不是像当时和现今的一些人所想象的那样，即从芝加哥屠宰场里领悟到的移动的或连续的组装线，而是所有零部件全部可以互换、始终如一，而且装配在一起非常方便。正是由于制造工艺上的这些革新，才有可能采用装配流水线。大规模生产的核心理念是"大即是好，多即经济"，或称为"规模经济"，而把用户放在了相对次要的地位。大规模生产方式是汽车工业的第一次转型，极大地提升了产量，同时，产品的种类数却降到了最低。福特的 T 型车和大众的甲壳虫就是这一时期的代表车型。

　　进入工业 3.0 时代，汽车工业也迎来了第二次转型，进入"修正的大规模生产方式"。这一转型最早源自欧洲汽车工业对美国版大规模生产的接纳和改进。由于欧洲不是一个单一的市场，不同国家的消费风格和要求各不相同，因此一直保持了汽车的多样化特征。而随着欧洲生产的汽车大量涌入北美，以及来自丰田精益生产的"以订单为指令适时组织生产"这一方式的冲击，推动了以通用汽车为首的汽车厂商的转变。这一时期的特点是大大增加了产品的种类，出现了柔性化的生产方式和以汽车产品的模块化和平台化为特征的大规模定制。这一时期最有代表性的是宝马汽车，仅 7 系轿车就有 10^{17} 种配置组合。宝马于 1998 年在德国首次实施了面向客户的销售与生产流程（Customer Oriented Sales and Production Process，KOVP）项目，涵盖了从客户订货开始，一直到生产、配送、交货的整个订单到交付（Order to Delivery，OTD），在德国境内将 OTD 时间从 28 天缩短到 12 天的 100% 的按时交付率。

回顾这段历史，从 1.0 时代的手工定制（几乎 100% 满足客户的个性化需求），到工业 2.0 时代的大规模生产，再到工业 3.0 时代的大规模定制，下一步就是需求更加细化、产品变化种类更多、成本更低的大规模定制 2.0，以适应汽车工业在全球化、区域化、以新能源和自动驾驶为代表的新技术和客户个性化上不断发展的趋势。而实现这一大幅度提升的利器就是工业 4.0。

8.2.2　大规模定制的实现原理

相对于大规模生产方式而言，大规模定制这种生产方式将要实现的是将"大规模"和"定制"这两个传统观点中相互对立的概念融合在一起，以实现"个性化服务的规模经济"。若要实现这样的功能，那么新模式下企业的组织结构的运行方式将要应对新的要求，即大规模定制化要求企业的运行方式具有"动态稳定性"，以某些过程能力的相对稳定性来适应顾客不断变化的需求。它要求企业从经营思想到运作模式进行革新，从产品研发、组织生产到组织结构设计等各个角度，完成从大规模生产下的"效率型组织"向大规模定制下的"响应型组织"的转变。

总的来说，实现大规模定制主要有三种方法（如图 8-3 所示），它们对于大规模定制的贡献程度是逐步提高的。

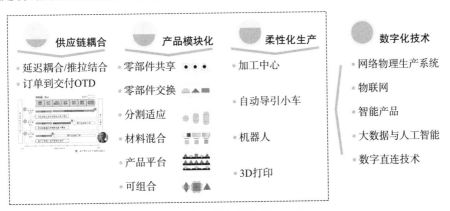

图 8-3　大规模定制的实现技术

第一种方法是提高企业的响应灵活性，加快响应速度。它的手段是在供应链上设置多个解耦合点（Decoupling Point），加强供应链上的信息共享，用最经济的推拉结合的手段快速满足客户的定制化需求。

这里提到的供应链耦合技术又被称为延迟策略。它最早来自于营销领域的讨论，然后被应用到整条供应链上。延迟这一概念的本质是一个关于谁将承担供应链风险的问题。供应链上的风险与生产和流通环节中产品的差异性（包括产品的形式、地点和时间）是密切相关的。只要是在产品的形式、地点和时间上出现了与客户订单不满足的情况，就代表出现了风险。如果在生产和流通环节中，将可能出现的与客户订单不满足的情况尽可能地向后推迟，直到获得确切的客户订单的时刻或尽可能接近那个时刻，就可以用最经济、最不浪费的手段对客户订单做出响应。

第二种方法是基于产品模块化而带来的规模性和灵活性的结合。也就是说，用标准化和模块化的零部件实现规模经济。

产品的模块化技术实际上是产品族技术的应用。在市场竞争中，为了进一步掌握主动权，许多企业纷纷采用多样化战略，使得企业的产品种类得到了迅速增加。但是，通常的产品多样化的结果仅仅是考虑了如何增加产品种类，而没有考虑如何在增加产品之间共性的基础上进一步扩展产品的种类。这种产品多样化战略随着企业产品种类的迅速增加，为企业的生产系统带来了极大的扰动，造成了生产成本迅速增加。例如，由于不同产品种类之间缺少共性，因此导致同一产品组件的生产数量较少，难以获得规模生产的成本优势。此外，产品种类的增加将迫使企业不断调整生产，加大了物流的难度，提高了在制品的库存水平，等等。这些都进一步提高了企业的生产成本。产品模块化的特点是，通过精巧地设计零部件，让组成产品的零部件或组成产品的部分可以按照多种方式进行组合，形成多种产品，从而实现灵活性。具体的手段包括零部件共享（Sharing）、零部件交换（Swapping）、分割适应（Cut-to-Fit）、材料混合（Mix）、产品平台（Platform）、可组合（Sectional）等手段。

第三种方法是柔性化生产，引进柔性化的加工设备和物流设备，甚至是全新的加工手段（如3D打印），在加工过程中实现柔性化的加工工艺。

柔性化生产一般是指主要依靠有高度柔性的以计算机数控机床为主的制造设备来实现多品种、小批量的生产方式。在柔性化生产的基础上，柔性生产线是将多台可以调整的机床（多为专用机床）联结起来，配以自动运送装置组成的生产线，是一种能适应加工对象变换的自动化机械制造系统。近年来，3D打印技术日益成熟，为柔性化生产提供了一种新的选择。

这三种方法在工业3.0时代都已经出现。进入工业4.0时代，在这三种方法的背后，数字化技术发挥的作用越来越大，包括信息物理生产系统、物联网、智能产品、大数据和人工智能等。通过数字化的手段，可以对大规模定制的整个业务流程进行重构和直连，从而极大地提高大规模定制的能力。

前两种方法在工业 3.0 时期的大规模定制中是最为常见的。其中，供应链耦合技术对现有的产品和加工过程几乎没有任何改变，是对现有的工作方式影响最小的一种做法。产品模块化技术需要对现有的产品设计进行改变，需要改变产品的结构和组装方式。这两种方法都是工业 3.0 时代实现大规模定制的主要技术。但是它们对于深度的大规模定制来说，仍显得力不从心。这主要是因为在工业 3.0 时代，工艺过程和生产组织过程的灵活性没有得到很好的解决，因此未能充分发挥大规模定制的全部潜能。实际上，对于大规模定制和个性化定制的实现，加工环节的灵活性和业务流程的灵活性是最为直接和有效的方式——这就是第三种方法——柔性化生产。

实际上，从另一个视角来看，这三种实现方法分别对应着对制造流程、产品模块和制造资源的通用化与定制化的不同程度（如图 8-4 所示）。对于任何一种制造来说，使用通用模块、通用资源和通用流程可以达到最高的生产效率。大规模制造的原理就是希望在不影响交货期的前提下，尽可能地减少定制的比例，增大通用的比例，降低成本。应用供应链耦合技术的目标就是尽可能地减少用于生产和交付产品定制部分的流程；应用产品模块化技术的目标就是尽可能地减少产品的定制模块，增加产品的通用模块；应用柔性化生产也是希望尽可能地减少定制的制造资源，增加通用的制造资源。

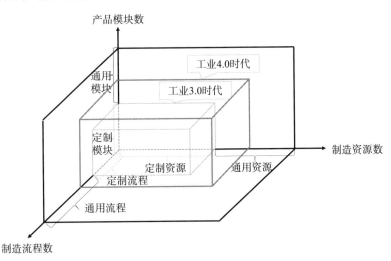

图 8-4　大规模定制实现的基本原理

在工业 3.0 时代，受限于当时的技术水平，对于某一种产品来说，要实现大规模定制，所对应的由定制资源、定制模块、定制流程构成的立方体的体积不得不较小，否则就无法在交期、成本之间达成平衡。因此，对于很多产品来说，无法实现高水平的定制。而随着数字化技术的普及和应用，企业、上下游供应商和渠道之间通过数字化方式加强联系，推动了跨企业、跨职能之间在业务流程和信息上的数字直连，提高了供应链的协同和响应效率，从而将传统的供应链耦合技术推向了一个新的高峰。而物联网和智能产品的广泛应用一方面加强了企业、产品、客户之间的互动，另一方面可以直接通过软件对产品进行远程配置和升级，极大地推动了产品的模块化水平。而柔性化生产技术也随着 CPS 和 3D 打印技术的应用，得到了显著的提升。

8.3 模块化生产 / 矩阵式生产——工业 4.0 下的大规模定制技术

在工业 4.0 的路线图中，信息物理系统（CPS）指的是在未来智能工厂里对一个物理系统的数字化表示，可用来与其他 CPS 和应用进行通信。智能制造则致力于对跨智能工厂和整个产品价值链上的数字化流程和物理流程进行协调和优化。在智能制造的大环境下，CPS 之间的这种通信可以实现以前所不能实现的生产柔性化——这就是接下来要谈到的工业 4.0 下的大规模定制技术。

8.3.1 第一代和第二代数字化工厂的有限定制能力

关注和熟悉工业 4.0 技术的人们长期以来一直有一个挥之不去的疑惑。在 2014 年的德国工业 4.0 最终工作报告中，开宗明义便谈到了工业 4.0 的技术路线是从"集中式控制"转向"分布式控制"。然而，从 2015 年开始在国内流行和宣传的数字化工厂案例中，却很少看到这方面的体现，以至于让不少人对工业 4.0 的技术路线产生了怀疑。

自工业 4.0 推出至今，作为体现工业 4.0 核心内容的数字化工厂已经经历了两代的发展，到今天为止推出了第三代。直到 2018 年 SAP 推出第三代数字化工厂，才开始真正体现"分布式控制"的精华。针对每一代数字化工厂，SAP 都推出了对应的解决方案，并称之为开放式集成工厂（Open Integrated Factory，OIF）。它的三个版本——1.0、2.0、3.0 版，分别对应着第一代、第二代和第三代数字化工厂。

如图 8-5 所示，第一代数字化工厂突出的是从 ERP 到 MES 再到 PLC 的垂直集成。SAP 在 2014 年的汉诺威工博会上推出了 OIF 1.0 版本。该版本是以德国工业燃气具生产商 Elster 的项目为背景，与 Festo 等厂商合作搭建的演示系统。演示过程中特别强调了基于用于过程控制的 OLE，即 OPC（OLE for Process Control）协议下的垂直集成的速度和响应能力。

第二代数字化工厂突出的是从需求开始，一直到设计、销售、生产、交付的端到端的基于"一个流"的完整的业务流程，并对第一代数字化工厂的垂直集成概念进行了继承和发扬，在设备高速运行的状态下实现定制化生产指令的生成、下达和协调。

图 8-5　SAP 推出的第一代和第二代数字化工厂

　　无论是数字化工厂 1.0，还是数字化工厂 2.0，在这些案例中，毫无例外地展示出来的技术核心都是将 MES 作为数字化工厂的骨干系统来支持流水生产线的集中式控制与调度概念。如果要谈到创新点，则往往是向上实现了 ERP 与 MES 的连接，以及 MES 向下与设备 PLC 的打通，可以自动导入生产订单，以及在现场采集数据并进行分析，进行设备故障的预测、产品质量的检测或设备能源的分析。与这些创新点对应的业务基本上是属于设备科、质检科或动力科的职责，它们在企业的生产组织和流程中都处于辅助地位。虽然这些创新点对降低生产成本和提高产品质量具有价值，但是对于生产效率的直接贡献却比较有限。目前很多数字化工厂样板工程通过在产品或工装上安装传感器，对每一件产品的生产过程进行跟踪，从而在一条生产线上实现"单件流"的按单生产。实际上，这种按订单配置进行混线生产的方式，在 20 世纪末的汽车行业早已成为常识。国内的上海通用汽车在十多年以前就已经实现了这种混线排序生产，并且做到了上到订车、下到设备连接的 IT 系统全覆盖。其复杂性和精准性与近年来流行的服装定制和家电定制相比，要高出一大截。所以读者们可以看到一个非常有趣的现象——在汽车以外的很多行业出现了很多拿设备连通、个性化定制或透明工厂为亮点的数字化工厂案例。反倒在汽车行业，却很少有人拿这些内容做宣传。原因很简单——这些在20 年前的汽车行业里就已经实现了。

　　如图 8-6 所示，以汽车工业为例，德国工业 4.0 的最终工作报告专门结合汽车行业，给出了基于 CPS 技术建立的自适应的网状柔性生产线在汽车生产上的应用。报告中有这样一段描述："智能产品能够理解它们被制造的细节以及如何使用，它们积极协助生产过程，回答诸如'我是什么时候被制造的''哪组参数应该处理我''我应该被传送到哪里？'等问题"。显然，在工业 2.0 和工业 3.0 时代的集中式生产过程中，只要生产系统知道产品的这些信息就可以了，为什么在工业 4.0 时

代还要产品本身知道呢？这恰恰就是工业 4.0 时代下第三代数字化工厂的分布式控
制特征。

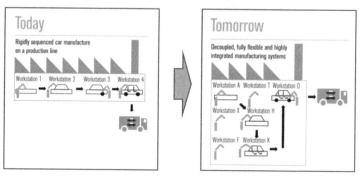

图 8-6　德国工业 4.0 报告对于分布式控制下未来汽车生产方式的设想

8.3.2　真正体现工业 4.0 实力的第三代数字化工厂

进入工业 4.0 诞生第五个年头的 2018 年，汽车工业终于站出来讲话了。大家
都知道，第二次工业革命也就是我们常说的工业 2.0，其标志性技术之一就是福特
汽车的流水线生产。时至今日，这种生产方式被各个行业所借鉴，并在老福特的
那套流水线上做了很多改进。但是，这种生产方式也存在很多缺陷，对生产产品
的配置能力（如数量、类型等）有不少限制，并且整条生产线的容错能力低，很容
易产生限制整条生产线的瓶颈。工业 4.0 的分布式控制恰好可以解决这个问题。在
工业 4.0 时代，汽车工业又一次成为技术变革的领袖。

如图 8-7 所示，以德国奥迪汽车为例，其在 2030 智能工厂规划蓝图中提出了
"模块化生产"（Modular Production）的概念。在这个工厂中，传统的生产流水线已
经不复存在，零部件通过无人机在车间里传递，客户通过三维扫描获得身体尺寸
以定制座椅，工人与机器人协同工作，车身零部件由 3D 打印机打印，汽车以自动
驾驶的方式驶离装配线……在打造智能工厂的过程中，无论是对当前生产流程的
智能化程度，还是对未来几年将要发生的飞跃性技术创新，奥迪都有着清晰的认
识和规划。

如图 8-8 所示，"模块化"这个概念在工业 3.0 时代就已经得到了广泛的使用。
但是与工业 4.0 时代不同的是，在工业 3.0 时代，模块化更多的是用在诸如模块化
设计、模块化供货等场合中，其目标是减少整车厂的设计零部件数量，以及现场装
配的零部件数量。它们背后的逻辑可以用"简化"两个字来概括，即降低整车厂的

管理复杂度。但是在工业 4.0 时代，模块化这个概念指的是"模块化工艺"，是指通过模块化的加工工作站和由此带来的模块化的生产工艺，来实现模块化的生产。

2018年汉诺威工博会
第三代数字化工厂：强调无流水线的模块化生产

现在

未来

- 以Audi电动车项目为背景，与Serva等10家厂商合作
- 继承了第一代和第二代数字化工厂中的垂直集成和个性化定制的功能
- 展示无人驾驶运输系统（Driverless Transportation System，DTS）下的动态生产流程控制，以及配套的机器人装配、人工智能等技术

图 8-7　强调无流水线模块化工厂的第三代数字化工厂

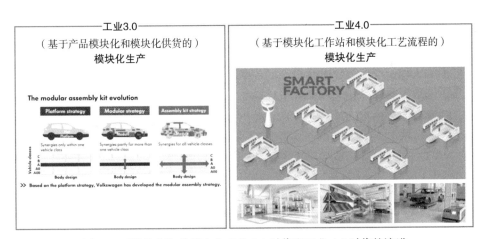

图 8-8　"模块化"的概念在工业 3.0 时代和工业 4.0 时代的演进

事实上，在 20 世纪 90 年代末，戴姆勒旗下的 Smart 轿车也曾提出过模块化生产的概念。如图 8-9 所示，当时 Smart 通过特殊的"十字形"厂区设计，将主要的供应商都聚集在十字的四个角，生产出轿车的各个模块，然后同步运输到十字的中央进行组装。这种通过独特的供应商园区的十字交叉型设计实现的模块化生产，加强了供应商协同，"在一个屋檐下"实现了近距离协同，是在当时技术水平的限制下的大胆尝试。但它与工业 4.0 下真正意义上的模块化生产还是存在本质上的区别的。

图 8-9　戴姆勒旗下 Smart 轿车的供应商园区交叉型设计

　　如图 8-10 所示，工业 4.0 的模块化生产是工作站的模块化和加工工序的模块化。传统福特制流水线的工序之间首尾相连。新的无流水线生产具有以下四个特点。

- 独立：每一个工作站都是一个单独的模块，传统生产线的物理先后顺序上的限制不复存在。在需要的时候，模块可以随时加入和退出，不会相互影响。
- 可变：每个产品都可以有自己虚拟可变的加工流程顺序，在离开每个工作站的时候，对下一个工作站目的地做出最优决策。
- 智能：所有产品和物料都通过 AGV 在车间内自动运输，只有在需要的时候才会发出，从而将在制数量降到最低，并提高效率。
- 灵活：模块化提高了生产系统的扩展性和适应性，并且对产品的形状、尺寸具有更高的适应性，可以按照需要方便地进行调整。

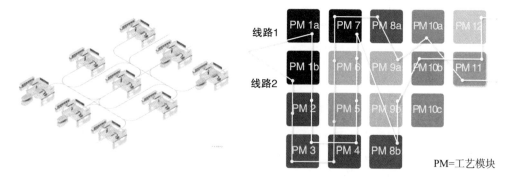

图 8-10　模块化生产的加工工作站布局示意图

　　事实上，如图 8-11 所示，当 AGV 在不同的自动化加工岛之间移动的时候，需要考虑的因素很多，包括交期、距离、工艺、物料、质量、成本等各项要素，然后才能决定究竟选择哪一个加工中心、优先加工哪一辆汽车，以及如何插入需要再加工的汽车，等等。这些考虑因素的背后是在实时地处理大量业务数据和通过物联网采集的数据的基础上，由系统做出决策。这与一辆配有导航系统的汽车从甲地开往乙地的导航过程十分类似，系统需要根据路况、交通、天气等因素，随时调整行驶路线。当然，模块化生产所须考虑的因素要比驾驶过程复杂得多。

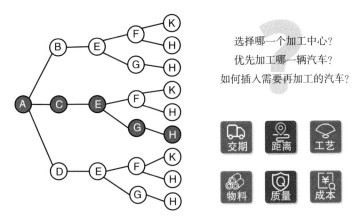

图 8-11　模块化生产需要实时处理复杂性

图 8-12 给出了在汉诺威工博会上所展示的第三代数字化工厂的 SAP 实现。SAP 基于 HANA 技术，建立了加工路径图，对所有可能出现的路径进行判断和决策，并通过与 AGV 的车队管理和自动驾驶技术相结合实现动态的流程控制。机器学习的算法被植入 SAP HANA 中，以帮助系统做出最佳的路径计算。

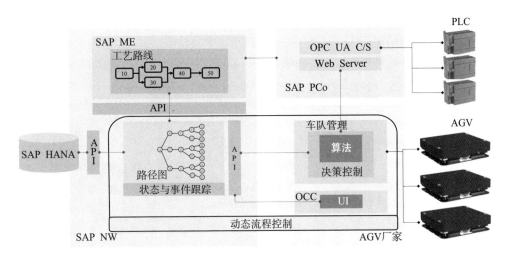

图 8-12　模块化生产的 SAP 实现

如图 8-13 所示，事实上，目前的进展还仅仅只是一个开始，未来的工厂将会更加灵活、柔性和可配置。按照 2013 年版"美国机器人路线图"，今天新款汽车的生产提前期可以长达 24 个月。未来将出现自适应和可重构的装配系统，运用专门的工业机器人、加工中心和物料处理装置，实现新产品装配线的设置、配置和编程。在 5~10 年之后，装配线的重设时间将会缩短到 24 小时甚至更短。届时，产品的大规模定制水平将会再上一个新的台阶。

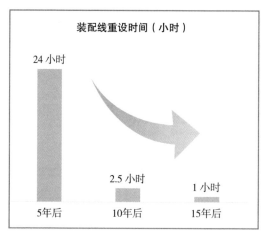

图 8-13　随着技术的进步，未来的工厂将会更加灵活、柔性和可配置

与奥迪提出的模块化生产类似，Kuka 公司提出了矩阵式生产（Matrix Production）的概念。如图 8-14 所示，矩阵生产由基于分类的、标准化的生产单元构成。它们可以在网格布局中以任意数量排列。所有单元都配备了与产品无关的通用设备和与产品相关的专用设备。生产单元内部提供了用于放置零件的转盘、工具和执行相关过程的机器人。这些生产单元既可以单独使用，也可以进行扩展。Kuka认为，在未来，这种矩阵生产将会成为工业 4.0 定制化生产的一个重要的组成部分。

图 8-14　通过矩阵式生产提高生产线的柔性化水平

下面将要介绍的哈雷案例实质上是介于第二代数字化工厂和第三代数字化工厂之间的一次成功的探索。对于部分环节，哈雷也应用了一部分模块化生产的方式。

8.4　深度案例分析：美国哈雷－戴维森摩托车公司的大规模定制生产重生之路

8.4.1　公司简介

1903 年，William Harley 和 Davidson 三兄弟在威斯康星州的密尔沃基（Milwaukee）创建了 Harley-Davidson Motor Company——哈雷－戴维森摩托车公司（以下简称哈雷）。今天，哈雷的产品包括重型摩托车及全系列摩托车零部件、配件、服饰和多样化的商品。通过全球 1300 多家授权经销商形成的销售网络，哈雷提供了四大车系多种车型、6000 多种部件和配件，如图 8-15 所示。

图 8-15　哈雷－戴维森摩托的年销售额历史曲线

8.4.2　战略转型之旅

如图 8-16 所示，从 2008 年开始，由于全球金融危机，哈雷的销售额开始急剧下降，到了 2009 年则达到了谷底。哈雷的业务开始变得艰难，原因是人们突然不那么愿意在奢侈品上大手笔花钱了。从 2007 年开始，哈雷的收入便开始下滑。到了 2008 年，销售额减少了 7%，净收入减少了 29.9%。与此同时，哈雷还面临着来自竞争对手如 Victory 摩托车、Big Dog 摩托车的挑战，它们从哈雷所在的市场中抢占了 41% 的份额。并且，作为挑战哈雷的一方，这些竞争对手的市场策略是造就一批与哈雷那种穿着皮夹克巡航在高速公路上不同的"新一代美国摩托"的全新形象。Victory 和 Big Dog 向市场提供了高度可配置的产品，在客户群中吹响了反叛哈雷的号角，将传统的机械驾驭分割变为个性化和自我表达的风格，这对哈雷的市场定位产生了很大的冲击。

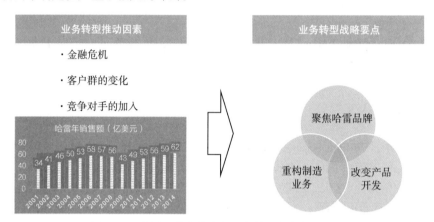

图 8-16 哈雷－戴维森摩托业务转型的背景和要点

伴随着严酷的经济环境、老化的驾驶者人群，以及不断加剧的竞争，哈雷的销售出现了明显的下滑。年报显示，在 2009 年的第三个季度，哈雷的销售额同比下滑了 22.1%，净收入从前一年的 1.67 亿美元下滑到 2650 万美元。在业务下滑的同时，哈雷面临的另一个挑战是消费群的老化。当时的统计显示，60% 以上的哈雷驾驶者都来自二战之后的婴儿潮，平均年龄在 35~54 岁之间。在 20 世纪 90 年代，所谓"哈雷骑士"的平均年龄以每年约 0.5 岁的速度在老化，从 1987 年的 35 岁上升到 2005 年的 47 岁。让事情变得糟糕的是，47 岁似乎已经达到了顶峰，年龄再大的客户可能不会再轻易购买哈雷产品，这会让其潜在客户群在 2019 年之前以每年 100 万的速度消失。婴儿潮一代的客户在进入中年之后，由于体力的原因慢慢地不再适合驾驶哈雷摩托。但是，要让哈雷将摩托销售给年轻人也没有那么容易。年轻的消费者更加喜欢运动摩托车和双用途的摩托车（巡航和观光）。加上日本摩托车厂也在大力进军美国的运动型摩托车市场，由此带来的竞争也在慢慢地蚕食哈雷的市场。

面对着 2009 年的销售惨败，市场要求哈雷做出困难但能够鼓励人心的决策来改变颓势。这些决策不仅要针对可以立竿见影的短期业务，还要能够不局限于此，建立一种大胆的、清晰的战略导向，从长远的角度确保公司的强劲发展。

2009 年 10 月，哈雷宣布了一个长期的战略计划，并称之为"集中精力，交付成果"（Delivering Result through Focus）来应对经济下滑，提高生产率和盈利。这一计划的关键要素是通过关注哈雷的品牌力量，以及提升企业的制造、开发、业务运作，来确保企业的长期发展。

哈雷接下来的业务战略聚焦在新产品开发、全球扩展、扩展消费人群和对核心客户的承诺等方面，其支柱是成长、持续改进、领导力开发和可持续发展。哈雷的目标是提高对核心客户的销售，扩展企业的强项，使哈雷成为全球最以客户为中心的品牌。作为这套战略的一部分，哈雷对产品线进行了大手笔调整，对产品开发进行了大幅转型，并对整个制造业务进行了彻底的重构。

首先，哈雷将品牌的重点放在哈雷－戴维森上，中断了 Buell 运动型摩托车产品线，并通过出售资产的方式，逐渐从 MV Agusta 业务（在欧洲的运动型摩托车）中脱身。

其次，哈雷对产品开发进行了大刀阔斧的转型，关注驾驶者的需求，在每个主要的全球市场交付对应的产品、加快产品上市速度，扩大客户群体。公司改变了产品开发的方法，将其变得更精益、快捷和智能。作为产品开发流程的一部分，哈雷的计划不仅要加强其在重型摩托车细分市场中的领导地位，还要开发摩托车的流行款。由于希望在产品开发上做到客户主导，哈雷决心从客户那里收集关于新摩托车的功能、设计和风格上的想法。为此，哈雷为其新的 Sportster 1200 定制款摩托车启动了 H-D1 工厂定制化选型项目。通过挑选配置，客户可以在线设计 Sportster 1200，并在经销商处订购，然后在工厂生产。客户可以选择车轮、座椅、手把、喷漆、脚部控制位置等，一共有 2000 种可以对摩托车进行配置的选择。除此之外，哈雷的 Dark Custom 摩托车，如 Iron 883 和 48，通过其叛逆式的外观吸引了年轻的骑手。正如哈雷的首席运营官（COO）所说的："很幸运，我们从事的是制造梦想的业务。现在，我们对这些梦想有了更深入的了解，有更好的流程来将它们与制造连接起来。客户可以看到更多的创新、更好的库存满足、更多的摩托车配置——就像我们的 H-D1 定制概念中构想的那样。这些是因为我们在产品开发过程中用心倾听，在制造中用心响应。今天的客户可以要求想要什么、如何得到和何时得到。客户主导的概念是指提供正确的产品——更加聚焦的产品，有更好的响应。"

第三是对制造业务的重构。作为关注持续改进、节约成本和响应市场和骑手需求的战略的一部分，哈雷启动了一项重大的制造业务整合和重组项目，并计划在 2012 年完成。这个重构项目的计划是改进产品质量和生产率，降低管理成本和去除多余的产能。专家认为，通过重构制造工厂，可以消除不必要的制造流程，实现更高的柔性和效率，在正确的时间向客户交付正确的产品。

在旧的生产模式下，哈雷在秋天开始备货生产，生产出来的库存直到第二年春天都可能卖不完。这种做法迫使哈雷对于未来需要下三个赌注：生产多少摩托车、生产什么车型、将不同的车型发往哪个地区的经销商后被卖掉。哈雷希望新的生产系统能够解决这些问题。

重构工作包括梳理公司的制造业务，整合和重新设计制造工厂，在全美所有的制造基地采用新的灵活的用工协议，对工人进行重新培训。新的制造基地的设计目标是每一天在同一条总装线上能够生产多个产品族的摩托车，以大大提高效率和柔性。例如，在堪萨斯城的哈雷工厂里，原先一条生产线只能生产 V-Rod 和 Sportster 摩托。哈雷要求能够在任何一条总装线上可以生产任何一种产品。很明显，这么做的好处是节约成本和提高效率，而且也可以对人员、工程师、技师进行标准化培训。当需要转移员工或跨工厂分享知识的时候，会发现不同工厂的流程是一样的。哈雷在不同工厂实施了相同的标准，称之为"最佳实践循环"（Best Practice Circles），可以让来自不同地方的小时工、正式工以及外部供应商的员工能够围绕一个共同的流程，相互分享专业知识。哈雷在安全、制造、加工等领域有多个这样的最佳实践循环。

如图 8-17 所示，最开始被重构的制造基地是哈雷在宾州约克的组装厂。这家工厂废弃和拆除了原有的厂房，并在旁边重建了一个新的厂房，面积从原来的 14 万平方米缩小到 6 万平方米。用工人数也从原来的 1968 名小时工、285 名全职工削减到 700 ～ 800 名小时工、100 ～ 500 名临时工、140 ～ 160 名全职工。所有车型的生产都被整合到一条生产线上，也就是意味着混线生产，从而降低了复杂度。

图 8-17　哈雷 - 戴维森摩托约克工厂的新旧厂区对比

为了将用工数减半，这里必须要提到哈雷与工会的谈判。工会不仅同意简化原有的用工合同（在此之前用工合同的条款和分类极为复杂），同时还允许大幅度减少员工数，并且同意了更加灵活的用工方式，如表 8-1 所示。此外，薪酬水平也得到了大幅度削减。

表 8-1　哈雷 - 戴维森摩托新旧约克工厂厂区的对比

旧的约克工厂厂区	新的约克工厂厂区
14 万平方米，41 幢建筑	6 万平方米，2 幢建筑
1968 名小时工、285 名全职工	700 ～ 800 名小时工、100 ～ 500 名临时工、140 ～ 160 名全职工
多条生产线生产多个车型	一条生产线生产多个车型

（续）

旧的约克工厂厂区	新的约克工厂厂区
垂直集成的"大而全"的生产体系	关注在车架、油箱、挡板、制造、喷漆和装配
旧的用工协议： • 有限的外包权利 • 62 种职务分类 • 长达 136 页的合同和 100 多页的补充信函	新的用工协议： 基于竞争的外包 5 种职务分类 顺畅的 58 页的合同

　　厂房面积和用工数的减少必然会涉及对原有流程的重新评估，其标准就是是否能够真正带来价值。原先哈雷约克工厂什么都做，甚至包括螺栓、垫片、扁钢等。经过评估，哈雷决定将这些不增值的零件都交给本地供应商做，并且在第三方存放必需的库存。这么做减少了哈雷对仓储的需求和仓储的工作量。供应商通过与哈雷签署新的合同，确保能够在三个小时内补货。在靠近装配区的地方，哈雷设立了一个卸载区，这样就可以使用看板来拉动补货。为了确保生产供货不中断，哈雷还在合同中设立了严厉的惩罚措施。

8.4.3　哈雷摩托从互联营销、智能制造到售后服务的全价值链创新

　　哈雷面对的是一场彻底的变革。按照约克工厂总经理 Ed Magee 的说法："这不是迁移。我们在建立一座新的工厂……一套新的业务系统……一个新的文化。在约克的每一样东西，从下至上都是新的。"当然，这也包括软件。

　　哈雷将这场变革称为"破釜沉舟"，其核心就是 2009 年 10 月启动的全球制造企业资源计划（Global Manufacturing Enterprise Resource Planning，GME）。它具有以下几个特点：

- 由企业内部的业务流程转型小组多年来加以推动。
- 以 SAP 技术为核心，将 SAP 的软件用到人、流程、数据和系统的每一个地方。
- 实现业务流程的标准化和简化，改变原有的工作方式。
- 加强了对数据的掌控，提高了数据的准确度，提供了更好的报表，从而对业务有更加清晰的了解。
- 最完整地使用了 SAP 汽车行业的大量解决方案，包括 ERP、SCM、PLM、ME 等。
- 借助 GME，哈雷对整个业务流程进行了转型，实现了向现代化运营的转变。

SAP 的项目首先于 2011 年 1 月份在 Bawal 上线成功（CKD 运营）。2012 年 7 月，在约克上线成功。

　　这场向大规模定制转型的业务变革在实现过程中所遇到的挑战可想而知。从

信息系统的角度来看（如图 8-18 所示），这些挑战包括如下几个方面。

- 产品配置数据管理（涵盖研发–销售–生产）：如何定义涵盖研发、销售、生产的产品数据结构，适应大规模定制的需要。
- 产品配置的客户需求预测：在大规模定制下，厂家依旧需要进行零部件的预测。
- 支持一个流的柔性化生产计划、执行、物流配送和交付的系统。
- 生产现场的动态物流调度与执行。
- 与车间层设备的互联和大数据分析。

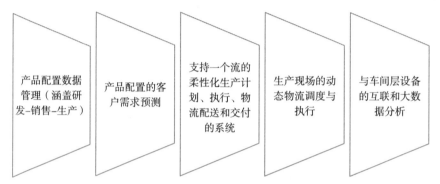

图 8-18　哈雷–戴维森摩托向大规模定制转型过程中面临的难题

如图 8-19 所示的是哈雷摩托采用的整体 SAP 蓝图。它从产品的客户订单配置开始，一直到产品的生产计划、排程、制造与工厂维护，并实现了与生产设备的集成，代表了典型的 SAP 大规模定制解决方案的精髓。

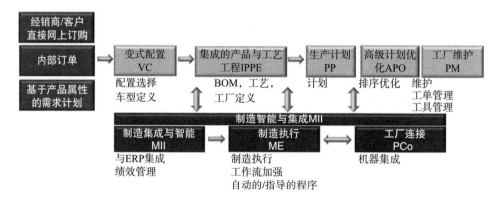

图 8-19　哈雷–戴维森摩托采用的一体化 SAP 架构

首先，为了支持大规模定制，哈雷必须要对原有的产品数据结构进行改造。

哈雷旧的产品数据定义是由 3.6 万种不同的摩托车 / 年度车型组成的，需要对每一种不同的摩托车建立完整结构的 BOM（典型的 BOM 有 10 层，包括 1000 种不同的零件）。在这里，没有配置规则，BOM 要在进行销售预测、创建销售订单和编制生产计划之前准备完毕（如图 8-20 所示）。

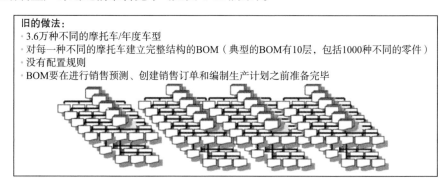

旧的做法：
- 3.6 万种不同的摩托车/年度车型
- 对每一种不同的摩托车建立完整结构的 BOM（典型的 BOM 有 10 层，包括 1000 种不同的零件）
- 没有配置规则
- BOM 要在进行销售预测、创建销售订单和编制生产计划之前准备完毕

图 8-20　哈雷 – 戴维森摩托旧有的产品数据结构定义示意

为了适应变革的需要，哈雷采用了新的面向大规模定制的手段，用配置规则来取代静态的 BOM，通过 2500 个变量对产品进行描述。对于客户来说，如图 8-21 所示，为了描述所需要的产品，最主要的变量包括车型、目标市场、颜色和选配。

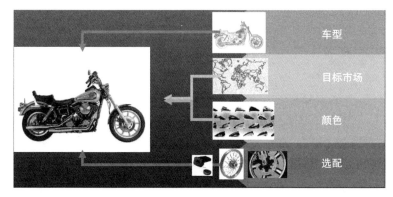

车型

目标市场

颜色

选配

图 8-21　哈雷 – 戴维森摩托基于变量来定义大规模定制的产品

如图 8-22 所示，在 SAP 的平台上，哈雷进一步实现了销售环节、计划环节和制造环节的数据集成与转换。这其中最核心的转变，是在计划环节采用了集成的产品与工艺工程 IPPE（Integrated Product & Process Engineering）来定义产品结构，并实现产品变量结构、工厂布局与工具模型三者之间的映射。

为了提高交货速度，哈雷需要在客户订货之前，根据预测先对一部分零部件进行备料。在这里，哈雷使用了 SAP 基于属性的预测功能。相对于零部件而言，属性是一种更加稳定的预测对象。如图 8-23 所示，SAP 系统通过定义预测项目、计划项目、订货项目、物料项目的映射组合，以及灵活定义属性值组合，实现了对哈雷摩托产品属性的有效预测，以帮助哈雷驱动中长期零部件采购，更好地对供应链进行优化管理。

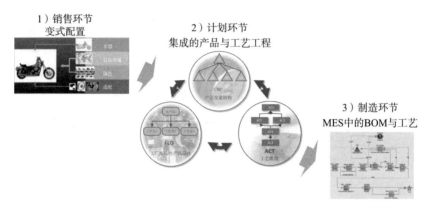

图 8-22　在 SAP 的平台上，哈雷实现了销售环节、计划环节和制造环节的数据集成与转换

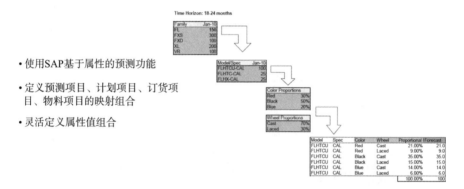

图 8-23　用需求计划来驱动中长期采购，带动供应链的高效率执行

如图 8-24 所示，哈雷的制造现场采用了 SAP 的制造执行解决方案，大量使用了 AGV、传感器、无纸化装配、配置变量参数向工具传输等先进的制造技术。

- 从多个物理装配线到一个数字装配线：哈雷摆脱了之前僵化的物理装配线——摩托车需要严格地沿着预定的路径移动，转变为一个数字装配线，通过规划需求和软件驱动，实现 AGV 的灵活移动，增强了灵活性和实时调度的功能。
- 采用了机器人技术：将低附加值和重复性活动完全自动化。机器人用来将零件焊接在一起，为底盘涂漆，并让制造挡泥板更精确、更快。
- 车间透明度提高：生产的每一步都被跟踪，并被整合到一个实时的性能管理系统中，该系统可以在工厂周围的大屏幕、桌面和移动设备上查看，使得管理层对车间绩效有一个充分的了解。

AGV运送待装配的摩托车到下一个工作中心

通过传感器（RFID或条码）在摩托车抵达
工作中心时传递相关信息

· 对于每一个摩托车的配置变量，在作业现场
　实现了无纸化作业
· 工作指令在摩托车到达工作中心后自动现实

· 在装配过程中的质量保证
· 配置变量的参数直接传输到装配工具

图 8-24　哈雷的柔性化生产现场

　　在哈雷的新制造设施中，每一台机器都是连通的设备，每一个参数和变量都被连续地测量和分析。这些设备提供了性能数据，制造系统用来在机器停机之前预测维护上的问题，从而将对工作流的中断造成的影响减至最小。哈雷还能够以精确到分秒级别的精度给出摩托车上每个零件的安装时间，因此系统可以警告车间管理员在单个零件级别上发生了哪些问题。不仅如此，哈雷甚至可以测量建筑物的温度、湿度和换气扇的转速。所有这些数据都可以被连续地加以分析，以找出有哪些因素可以用来改进效率和提高产出。

　　如图 8-25 所示，在这个新的、应用了最新技术的工厂设施里，哈雷可以在生产线上制造带有 2500 个变量的摩托车，且每 90 秒交付一台定制的摩托车。哈雷现在的产量较之从前增加了 25%，但人手却减少了 30%，而生产计划的锁定期也从以前的 21 天缩短到只要 6 个小时。在制品库存从 8~10 天减少到只有 3 个小时。更重要的是，哈雷终于从一场危机中获得了重生。

商业效益

>$2.5MM

股份回购

从21天到6小时

减少时间

-7%

降低成本

+19%

净利润

+25%

分红

图 8-25　哈雷－戴维森摩托实施大规模定制变革取得的效益

8.5　小结

大规模定制从工业 3.0 时代开始，借助信息化技术，从产品研发的模块化以及供应链整合等角度，于 2000 年左右在国外取得了较为突出的进展。在工业 4.0 概念兴起的早期，结合工业 4.0 垂直集成的概念，国内也涌现一批大规模定制的案例。但是与真正的工业 4.0 的目标相比，这些案例还存在很大的差距。

SAP 提出的第三代数字化工厂的解决方案结合了目前业界最前沿的机器人技术、自动驾驶技术和人工智能技术，实现了从流水线生产到无流水线生产的突破，在生产成本和生产柔性上具有巨大的潜力，为大规模定制提供了创新空间。另外很重要的一点是，SAP 的第三代数字化工厂继承和发展了前两代数字化工厂的成果，具有坚实的落地性和可靠性的优点。伴随着各个行业不断加快数字化工厂的建设进程，将会有越来越多的企业意识到大规模定制的重要性，以及新的模块化生产 / 矩阵式生产的先进性和实用价值。

从传统的线型供应链向数字化网状供应链的创新

　　随着制造企业不断向以工业互联网为代表的数字化转型目标迈进，企业的供应链成为制造业转型的重要内容，它将变得更加互联、智能和高效。

　　自工业革命以来，企业一直以大规模生产为前提。在这种模式下，大公司具有无可比拟的优势——它们通过在全球范围内整合资源，同步各地的供应链活动，通过规模经济降低生产成本而获胜。然而在今天，数字经济正在展示一条新的前进方向。商业成功取决于个性化，而不是大规模生产，而在个性化的背后无疑是"以一为单位的数字化供应链"（Digital Supply Chain of ONE）在发挥作用。

　　今天的供应链依旧是一个贯穿在市场、研发、制造、分销和零售环节之间的一系列孤岛式的业务步骤。尽管在过去的几十年中，人们通过各种技术，试图填补阻隔在这些孤岛之间的鸿沟，将其变成一个完全集成的生态系统，但是效果仍然有限。通过应用数字化技术打造数字化供应链，"以一为单位的数字化供应链"的愿景才有望真正得到实现。在未来，对供应链涉及的所有成员，无论是供应商还是运输商、零售商，都能够实现充分透明。对于供应链上的意外事件，可以做出快速响应，甚至可以对供应链进行建模，对意外事件做出预测，实时地根据状态变化调整供应链。也只有实现了数字化供应链，数字化工厂才有可能真正得到实现。

　　数字化供应链的实现离不开一系列核心技术的支持，包括数字化业务计划、数字化采购、数字化物流与订单执行、数字化供应链可视化。本章将结合 SAP Leonardo 的相关技术，主要围绕数字化业务计划和数字化物流与订单执行，介绍制造企业如何搭建自己的"以一为单位的数字化供应链"系统。

9.1 以一为单位的数字化网状供应链

9.1.1 数字化供应链从线型向网状的演进

在数字化时代，供应链和制造过程不是正在发生改变，而是正在被重新发明。今天，企业业务的每个方面都可以通过工业 4.0 所倡导的垂直集成、水平集成和产品全生命周期端到端的集成所改造，向完全的数字化生态系统迈进。这个数字化生态系统将会在实施了广泛的数字化技术的基础上得以实现——云计算、大数据、物联网、3D 打印、虚拟现实和增强现实，等等。这些技术汇集在一起，可以实现新的业务模型、产品和服务的数字化，以及企业价值链上每个环节的数字化和集成。

数字化供应链是所有这些改变的核心。对于很多企业来说，供应链就是业务。数字化供应链将企业垂直集成的所有职能的水平集成进行了扩展，由互联网、物联网和社交技术将所有相关成员连接到一起，构成了一个供应网络，通过一个中心进行监督，并通过数据分析引擎进行管理（如图 9-1 所示）。与之前传统的线型供应链模型相比，数字化供应链在架构上发生了根本性的变化。应该说，网状架构的好处是不言而喻的。但是如果没有无处不在、广泛互联的数字化技术的支撑，仅靠传统的信息技术甚至是互联网技术，无法在现实场景中支撑起网状架构的供应链。

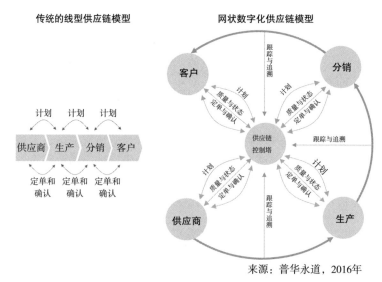

来源：普华永道，2016年

图 9-1 传统的线型供应链与网状数字化供应链的区别

具体来说，这两种供应链架构的差别反映在以下几个方面。

一是透明度的差别。在线型架构下，传统的供应链上的成员由于受到拓扑结构的限制，对于供应链的情况只能局限在上下游之间达到有限的掌握；而在网状架构下，供应链上的成员可以较为方便地掌握整个供应链全面的信息，供应链上发生的事件可以很快地传达给每个成员。

二是通信效果的差别。在线型架构下，信息在供应链的不同成员之间进行传递的时候，需要通过专有的供应链应用系统进行通信，这常常会产生明显的延迟。而在网状数字化架构下，信息的发送可以通过物联网甚至社交网络直接进行，其便捷性、实时性有了明显的改善。

三是协同能力的差别。在线型架构下，由于供应链成员对于整个供应链的情况缺乏全局掌握，这不仅阻碍了深度协同，同样也难以避免"长尾效应"。在网状架构下，可以自然而然地发展为深度协同，产生出显著的供应链价值。

四是灵活性的差别。在线型架构下，终端客户的需求信息只能沿着物流逆向而行，导致了信息的大量扭曲和丢失，这其实也是传统供应链架构下大规模定制难以得到实现的一个重要原因。而在网状架构下，终端客户的需求信息可以直达供应链的每个环节，"让工厂的每台设备都能呼吸到市场的气息"，从而极大地提高供应链的灵活性。

五是响应速度和能力的差别。在线型架构下，供应链的执行是通过各个环节的不同循环周期下的供应链计划推动的，在层级之间常常会出现延迟和不同步的情况，阻碍了供应链对市场变化和异常事件的响应性能。而在网状架构下，可以跨供应链的多个层次，在计划和执行上做出实时响应，从而大大提高响应的速度和能力。

显然，这五大区别都与企业的核心竞争力息息相关。因此，各个行业的企业无不在数字化供应链上进行大量的投资。根据普华永道的一项统计，在 2000 多家不同行业的企业中，三分之一已经启动了数字化供应链的改造项目，预计在未来五年内完成数字化供应链的改造的企业超过七成。据调查，企业希望通过对数字化供应链的改造，每年实现 4.1% 的效率提升，以及每年 2.9% 的收入增加。在本章最后，微软硬件部门打造的需求驱动供应链的案例就是一个非常好的说明。

9.1.2   数字化网状供应链是企业打造差异化战略的核心武器

"以一为单位的数字化供应链"是以大规模定制为代表的新商业模式的必然产物，也是数字化供应链最核心的特征，如图 9-2 所示。

我们生活在一个行业界限日渐模糊的世界，每家企业都在设想用数字化技术重塑业务，这种由数字化技术推动的变化正在颠覆很多行业。高度敏捷的供应链能够为企业提供新的能力，使其快速抓住新的机会来打破旧的障碍，特别是让企业进入以前对它们关闭的领域，以新的方式争夺市场份额。因此，供应链已成为数字化技术的关键应用领域。如图 9-2 所示，我们可以列举几个常见的例子。

消费品企业　　网上零售商　　物流公司　　制造商　　服务提供商

从 批 发 模 式 到 客 户 直 销 模 式
从 一 天 内 交 付 到 一 小 时 内 交 付
从 物 理 库 存 到 数 字 化 库 存
从 产 品 到 解 决 方 案

图 9-2　新的商业模式呼唤新的数字化供应链

第一个例子是从"批发模式"转向"客户直销模式"。几乎所有的消费品公司都希望更接近它们的最终客户，并梦想着将商业模式从"批发"转为"直销"。宝洁一直以批发模式闻名于世。它与 Walmart 和 Target 等大型超市合作，在批发领域做出了很多的创新。2016 年 7 月，宝洁在美国宣布启动名为"Direct-To-Customer"的电商直销业务，将汰渍洗衣液推向直销领域。直销业务的另一个例子是，一些消费品公司专门设计能够感知消费并预测更换的智能产品。例如雀巢公司在东南亚推出的一种儿童朱古力奶，通过物联网技术让母亲监控儿童饮用量，从而自动触发订货和交付流程。这些都是一些向直销转型的例子。

第二个例子是"从一天内交付"到"一小时内交付"。今天，因为有越来越多的客户要求下单后同一天交货，在线零售商看到了完全控制端到端供应链和投资在物流技术上的价值。在某些市场上甚至需要在下单后一小时内交货。在一些大城市里，这些都已经不再是梦想。

第三个例子是从"物理库存"到"数字化库存"。随着 3D 打印技术的成熟，物流公司为了在市场中保持竞争力，提高自身的商业价值，正在进入提供 3D 打印服务等增值服务的市场。客户只需要上传数字化文件，便可以在指定的地点拿到 3D 打印的产品，从而通过提供"数字化库存"来帮助客户减少物理库存——这在以 UPS 为代表的"按需打印"（On-Demand Printing）案例中得到了充分的体现[注]。

第四个例子是从"产品"转向"解决方案"，这种情况常见于一些试图将商业模式从以制造为中心向以服务为中心转型的案例中。大量以制造为中心的传统企业正在寻求通过从交付产品转向提供可作为服务消费的解决方案来实现差异化。一个典型的例子是前面的章节介绍过的凯撒公司从销售压缩机转向销售

⊖　UPS 的"按需打印"案例将在第 10 章进行详细的介绍。

压缩空气，以及喜得利从销售钻头转向销售"洞"（客户要的是"洞"，而不是钻头）。为了实现这种转型，凯撒和喜得利必须要确保压缩机配件以及工业工具的及时供应。

　　所有这些例子都有一个共同点，那就是这些转变都需要基于强大的数字化供应链。供应链在企业中的定位已经从"节约成本和提高效率"，转变为"实现公司差异化战略"。而供应链管理的最小单位，则是每一件产品和每一个客户。

9.1.3　实现数字化网状供应链的关键是"以一为单位"

　　数字化供应链的实现有四个重要的前提，它们分别是以客户为中心、预测性业务、智能自动化和全可视（如图 9-3 所示）。这四个前提有一个共同的基础，即"以一为单位"。

以客户为中心　　　预测性业务　　　智能自动化　　　全可视

图 9-3　实现数字化供应链的四大前提

1. 以客户为中心——满足每一位客户的个性需求

　　在数字经济中，以客户为中心的体验不仅是一种愿望。它还需要与数字供应链的功能集成，以便始终如一地"满足每一位客户的个性需求"。而为了实现这一点，提高供应链的预测水平和响应能力，加强合作伙伴的协同，建设全渠道的物流，都是必不可少的。

　　这种以客户为中心的体验始于非接触式供应链（Touchless Supply Chain）。无论是通过销售部门还是零售商，所获得的订单都可以直接由供应商来完成。整个过程可以尽量实现自动化，并通过例外方式进行管理。这种方法使实战中的供应链从业者能够将精力聚焦在客户身上，专注于与客户相关的增值活动和流程。

　　在这里，提高预测准确性仍然至关重要。企业需要从多个数据源实时捕获需求信号。这些来源包括结构化数据，如订单、销售点和物联网上的传感器数据，以及非结构化数据（包括文本、电子邮件、社交媒体、情绪分析和预测算法等）。所有这些信息必须汇集在一起，提供实际需求的真实情况，以产生有助于提高业务绩效和优质客户服务的见解。

　　这些需求将推动企业建立整合的供应链计划流程，可以对整个供应链中的供应、需求和其他信号的变化做出响应和灵活改变，使企业能够更好地管理合作伙伴网络之间的协作，提供客户想要的结果。

2. 预测性业务——以"一"为单位建立全生命周期上的数字化双胞胎

面对日益复杂和快速的变化，企业如果想要跟上步伐，最好是能在变化发生之前就有把握，这样做的好处具体如下。

- 在潜在问题成为重大问题之前把它解决掉。
- 在设备发生故障之前修理设备。
- 对运输进行调整，避免交通或天气问题。
- 对客户进行情绪分析，根据结果对制造进行调整。

上述这些设想，在过去无疑是天方夜谭。但是在新兴的数字技术的推动下，这些都已经可以实现。目前实现这些预测性业务的最前沿实践是为每一件产品建立和管理数字化双胞胎。数字化双胞胎使用物联网传感器数据，来建立物理产品或资产与其设计、制造和部署的数字映像之间的联系。

通过在产品全生命周期上为每一件产品建立数字化双胞胎，可以360°全方位查看整个网络设备、产品和资产——无论是在客户家中运行的电器，还是在现场部署的企业级资产，以及运行中的机器和设备。当然，如果仅仅做到查看是没有价值的。通过捕获和整合数字化双胞胎所代表的产品和资产中的各类数据，可以获得即将发生的各类变化的宝贵线索，它能为企业带来的优势是更好的产品设计、更高的现场可用性，以及其他客户渴望的结果。

3. 智能自动化—— 以"一"为批量灵活地组织生产

自动化在整个供应链中无处不在，如从生产线上的机器人、仓库中的自动叉车到目前热门的无人机运输。但是，在智能自动化方面，制造业则处于领先地位——这在很大程度上是因为从大规模生产转向个性化大规模定制。

为了抓住这个机会，领先的企业正在重新考虑它们的制造和物流流程。正如第8章所介绍的模块化生产，目前制造业的一个关键的趋势是从连续生产线转变为灵活的生产单元，可以用近乎即插即用的方式移动和使用这些生产单元。通过提供关键状态数据的智能传感器，系统在恰当的规则和算法的支持下，可以将产品自动地路由到生产过程中的下一个生产单元。通过实现以模块化生产为代表的智能自动化，企业可以按照个性化产品所需的以"一"为批量进行生产。通过与灵活的制造流程相结合，企业也可以重组其分销和交付流程。甚至传统上被视为成本中心的配送中心现在也被视为战略资产，可以为企业提供独特的竞争优势。

4. 全可视——建立整条供应链的业务数字镜像

在数字经济中取得成功，除了前面提到的所需的个性化、预测响应能力和自动化之外，为扩展供应链上的每个角色提供实时可见性也是至关重要的。它的目标是识别潜在的供应中断或感知出需求的激增。获得这种能力之后，企业将能够提高业务的响应能力，最大限度地降低整个供应链的风险，并提供客户所渴望的各种体验和成果。

为了实现整个供应链上的可视性，需要建立整个供应链的业务数字镜像，其目标是看到一切——从生产或运输中的货物移动，到客户需求信号以及情绪分析、销售点系统和其他关键来源的相关数据。全可视性还意味着能够查看可能影响销售和交付或导致供应链中断的交通拥堵、事故和天气模式。

由于数字化供应链超越了组织的四面墙，因此需要在合作伙伴、制造工厂、仓库和配送中心的复杂业务网络之间灵活地进行协调和协作。借助数字化供应链的业务数字镜像，可以将现实世界与计划世界联系起来。

9.2 支撑数字化网状供应链的核心技术

如图 9-4 所示，目前在业界，促进这场数字化网状供应链转型的力量主要来自制造企业和客户两个方面。

图 9-4 来自企业端和客户端促进供应链数字化转型的两股力量

一股力量来自于制造企业，从搭建云平台入手，更好地支撑供应链上的智能传感器、移动设备和跟踪系统进行数据采集，在此基础上进一步建立起互联的信息物理系统（CPS），在强大的计算能力和智能算法的支持下将供应链上的物件和服务连接起来，从而推动整条供应链向网状结构发展。

另一股力量来自于客户，或者是一些收集、交换和汇集客户需求的中间商、代理商或电子商务网站，通过客户的需求（常常是个性化需求），提高供应链的复杂度以及对合作伙伴集成的要求，加大对制造业上游的成本和服务水平的压力，从而对供应链提出更高的整合要求，拉动供应链向更加动态灵活的方向演进。

目前，一共有四大技术可以帮助实现数字化网状供应链的转型，它们分别是数字化业务计划、数字化采购、数字化物流与订单执行和数字化供应链可视化。本书因为篇幅限制，主要对数字化业务计划、数字化物流与订单执行这两部分加以介绍。

9.2.1　数字化业务计划——将供应链转型为需求驱动业务计划的网络

如果我们回顾一下数字化业务计划的演进方向，就会清晰地了解它与目前的
计划手段有哪些不同。

如图 9-5 所示，在目前的环境下，企业对供应链计划的需求从 10 年前就发生
了显著的变化。客户有了更多的选择，忠诚度更低，并基于价格优惠和交货速度
做出采购决策，从而导致更高的需求波动。尽管下游的需求信号可以帮助上游企
业提高预测精度，但即便如此，预测精度的提高也非常有限。这使得企业必须要
能够快速地调整计划，来满足需求和供应的变化。总的来说，计划的频率在加快，
"速度"因素在端到端的供应链中是必不可少的。这些业务上的需求正在影响着供
应链计划的实现方式，具体表现在如下几个方面。

- 计划的方法从以前的顺序批处理方式，即物料主计划（Master Production Schedule，MPS）→物料需求计划（Material Requirement Planning，MRP）→能力需求计划（Capacity Requirements Planning，CRP）→资金需求计划（Finance Requirement Planning，FRP），计划方向已从供应驱动转向需求驱动。
- 更强大的计算能力为计划人员提供了更加复杂的预测、优化和调度工具。
- 出现了更多的工具，使得计划人员可以加快解决问题的速度。
- 大规模定制产品为消费者提供了更多的选择，推动了对自适应规划策略的需求，如第 8 章谈到的延迟策略。
- 跨企业和业务线的集成已经是供应链计划的"最佳实践"。

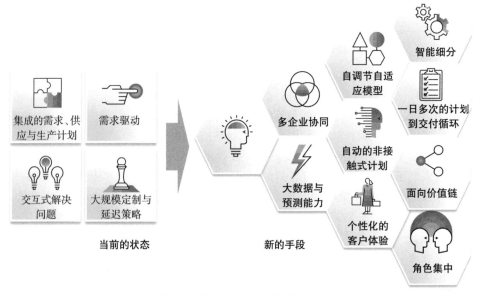

图 9-5　供应链计划的演进方向

新的供应链计划手段的特点具体如下。

- 跨业务线（财务、运营、供应链）进行综合计划的方法已经成为业界标准。现在的趋势是转向对价值链进行计划，而不是仅仅对供应链进行计划。
- 通过消耗大量的计算能力和使用大数据分析，使其能够预测客户的行为。
- 针对变化预留缓冲的自调节进行自适应规划。
- 当计划专家完成了一次任务之后，就会有越来越多地使用人工智能的机器学习技术使其自动化。
- 整合计划角色。新的计划角色是事件或价值链驱动的，需要一定的高级分析技能（数据科学）。
- 供应链计划正转向更短的计划周期，传统的供应链计划和供应链执行之间的功能划分开始模糊。
- 使用智能细分技术来细化计划方法，以便使计划策略和流程能够根据不同的客户、产品和需求进行微调。

总的来说，数字化业务计划能够通过与核心业务流程相连接的物理传感器，实时采集数据，实现实时监控、测量和响应，来满足企业在供应链上制定的目标。SAP 在数字化供应链解决方案中，提供了需求驱动的业务计划解决方案，可以帮助企业在所有的渠道上，获得短期、中期和长期的需求计划，从而减少缺货的情况（如图 9-6 所示）。此外，数字化业务计划还采用了机器学习的方法，不断改进需求预测。在可用库存和服务水平协议（Service Level Agreement，SLA）之间保持适当的平衡，可以在面对需求变化和供应中断的情况下，最大程度地优化供应链的供给和需求。

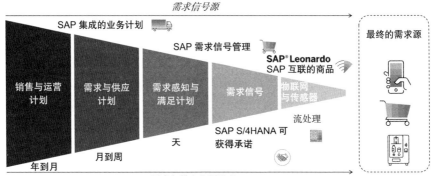

图 9-6　SAP 提供了不同颗粒度的数字化业务计划功能

9.2.2　数字化物流与订单执行

在供应链转型的各个环节中，数字化物流占据了比较重要的位置。如图 9-7

所示，数字化物流转型包括四大优先任务，具体如下。

- 优先级 1：端到端的物流——通过多模式物流的无缝集成，实现对全渠道
  业务的承诺。这对于目前很多依靠单一的物流模式和销售渠道的企业来说，
  具有很大的挑战性。
- 优先级 2：成本效率——即便是在更小的运输尺寸下，也能够对运输支出进
  行优化，提高资产的利用率和供应链效率。这一点对物流管理的优化能力
  提出了很高的要求。
- 优先级 3：互联的网络——将客户和供应商的供应链集成起来，以开启更大
  的价值空间。对于很多企业特别是从事零售与分销行业的企业来说，数字
  化技术为它们创造了更多的互联机会。
- 优先级 4：在数字化映像中增强透明度——在对资产进行洞察和对产品进行
  唯一辨识的基础上，建立供应执行和采购流程的数字化双胞胎，从而为企
  业的商业模式转型（如服务转型）创造基础。

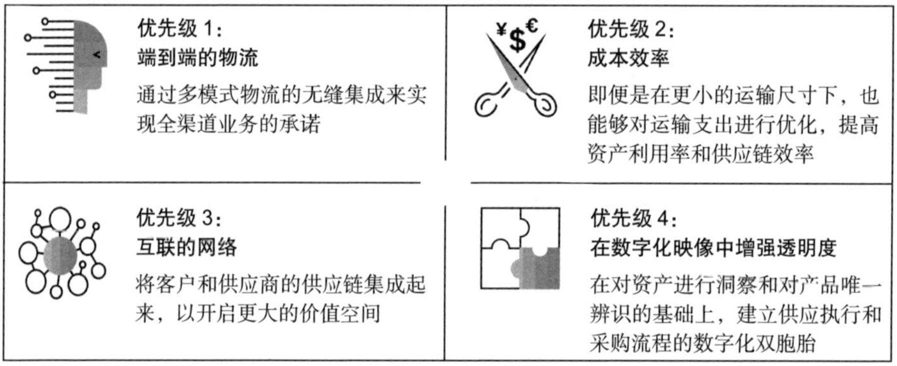

 优先级 1：
端到端的物流
通过多模式物流的无缝集成来实现全渠道业务的承诺

 优先级 2：
成本效率
即便是在更小的运输尺寸下，也能够对运输支出进行优化，提高资产利用率和供应链效率

 优先级 3：
互联的网络
将客户和供应商的供应链集成起来，以开启更大的价值空间

 优先级 4：
在数字化映像中增强透明度
在对资产进行洞察和对产品唯一辨识的基础上，建立供应执行和采购流程的数字化双胞胎

图 9-7　数字化物流转型的四大优先任务

图 9-8 给出了 SAP 的数字化物流与订单解决方案的概览。传统的物流与订单执行包括仓库管理、堆场物流、运输管理和物流的跟踪与追溯等功能。SAP 将这些系统迁移到了 SAP HANA 平台和 SAP 云平台之上。此外，SAP Leonardo 创新平台增加了全局跟踪与追溯、物流业务网络和互联的车队等系统。在新的 SAP HANA 平台和 SAP 云平台上，这些系统的目标是实现功能的完备性（全局性和垂直性两个维度）、集成性（端到端集成）、灵活性（流程可配置和混合部署）以及互联（支持实时洞察和网络通信）。

其中，SAP 物流业务网络（Logistics Business Network，LBN）是一个基于云的协同网络，可以让物流领域的业务合作伙伴合作开展业务。这个网络中的合作伙伴，无论是承运商还是对应的订货方，都可以在网络上运行物流流程——主要是运输发标和分包。

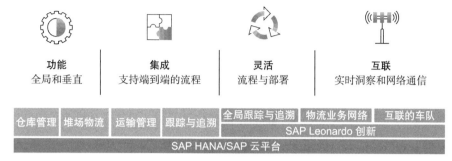

图 9-8　SAP 的数字化物流与订单执行解决方案一览

而对于那些希望能够用一种全局管理的方式对全球运输和物流进行管理和提高效率的企业，SAP LBN 是目前市场上唯一一款可以涵盖所有主要运输模式和地区的网络，它是简化全球物流和与其他企业同步物流事件的一站式解决方案。如图 9-9 所示，对于很多客户来说，物流直接关系到如何在变化的市场和客户的满意度之间搭起一道桥梁。尽管上下游企业通过物流合同建立了契约关系，但是由于不同企业之间的孤岛式运营和跨生态系统的不透明，造成了很多痛点，尤其是在物联网普及后，物流和信息流之间存在不连接的问题。LBN 可以较好地解决这些问题。

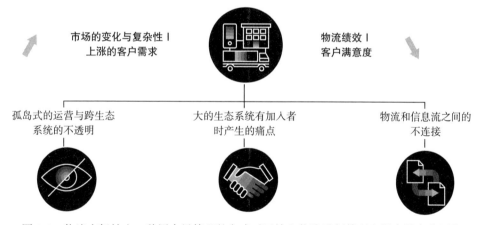

图 9-9　物流市场缺少一种用全局管理的方式对运输和物流进行管理和提高效率的网络

在工业 4.0 的概念被提出之后，物流界也提出了物流 4.0 的概念，与工业 4.0 类似，其中非常重要的概念就是实现物流领域的横向集成（实现跨物流企业的互通）和纵向集成（基于物联网技术，打通与运输资源的连接）。对此，SAP 的解决方案包括了三个组件：除了上面提到的物流业务网络（LBN）之外，还包括 SAP 车辆洞察（Vehicle Insight，VI）和 SAP 全局跟踪与追溯（Global Track & Trace）。如图 9-10 所示，车辆洞察（VI）通过实时收集、映射、存储和分析来自运输车辆的传感器数据，实现纵向集成；LBN 可以看作 SAP 在实现横向集成上的努力；全局跟踪与追溯既有横向集成，也有纵向集成的功能。这三个组件的结合为物流 4.0 概念的实现打下了坚实的基础。

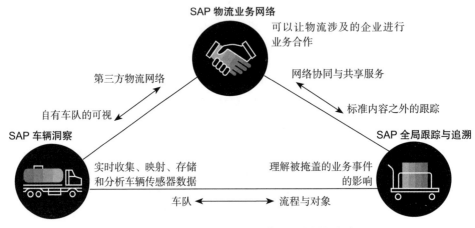

图 9-10   SAP 在物流 4.0 领域的三个创新方案

9.3   深度案例分析：微软硬件部门打造需求驱动的数字化供应链

9.3.1   公司简介

微软（Microsoft）是全球最大的软件公司，在全球有超过 13 万名的员工，其 2018 财年的营业收入达到了 1104 亿美元。

微软虽然向来以软件闻名，但是它的硬件业务也同样历史悠久（如图 9-11 所示）。最早的产品可以追溯到 1980 年为 Apple II 电脑配套的软件卡。实际上，早期的微软其实是一家靠苹果电脑赚钱的硬件公司。打开 Apple II，插入这种软件卡，它就可以让 Apple II 在另外一种不同的名为 CP/M 的操作系统上运行各种软件。这使得 Apple II 用户可以购买和使用针对 CP/M 电脑开发的各种软件。另一个著名的例子是 1983 年开始的微软鼠标业务，用来鼓励用户使用微软操作系统的图形用户界面。近年来，微软在硬件产品商方面进行了更多的创新，推出了诸如 Holens、Surface Book 等产品。

在微软内部，与硬件产品对应的硬件部门也拥有可观的业务体量。如图 9-12 所示，微软硬件部门在全球拥有 13 座工厂、52 个分销中心、600 多个供应商、3 万多家门店、3.1 万个 SKU——这是一个相当复杂的业务实体。

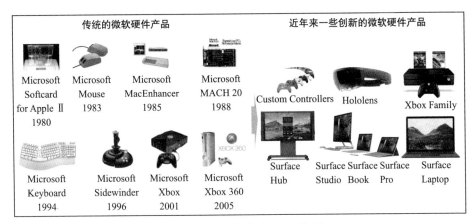

图 9-11　微软的硬件产品发展历史

图 9-12　微软的硬件部门概况

9.3.2　项目背景

　　随着时间的推移，微软的硬件业务正在发生改变。如图 9-13 所示，微软供应链转型项目的本质是要将从前的以预测和分配来驱动的供应链模式，转变为以需求驱动的供应链模式，从而保证在客户的容忍时间范围内，能够将正确的产品运送到正确的地点。那么，这么做的原因是什么呢？

　　微软今天的硬件产品处在竞争激烈的市场当中，与微软进入硬件市场的早期已经完全不同。之前的硬件市场，每年只有一类围绕着节假日展开的主要营销事件，而今天的营销事件则各种各样，既可以是商家创造的营销事件，也可以是各种偶发的社交事件。产品本身的更新速度也在不断地加快，从过去的 2～3 年更新一次到今天的每年都会有更新，而产品的生命周期也从过去的 2～3 年缩短到 1～2 年。这种频繁的更新换代为生产带来了很大的压力，生产成本从过去占收入的 20% 上升到 35%。这种生产成本每年提高 15%～33% 的速度，以及库存的严重呆滞，为其供应链部门带来了很大的管理压力。

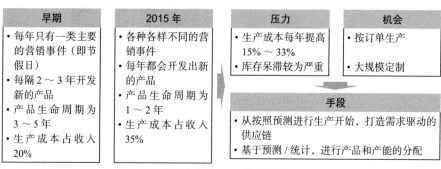

图 9-13　微软硬件部门面临的供应链挑战

此外，微软的供应链还面临着以下一些挑战：

- 定价压力和薄利润。制造和供应链需要积极管理采购、生产、执行和售后支持成本，以使产品能够在激烈竞争的市场中取胜。
- 提高客户服务期望。大量新出现的客户服务方式，如免费送货、当天送货、白手套服务（即送货上门，又负责安装）和自由退货政策，都与利润指标相冲突。
- 提高产品质量势在必行。运输消费电子产品会因为产品寿命期间出现的质量问题而承担重大风险。供应链明显需要通过在运送给客户之前主动识别和解决问题来减轻这些风险。
- 更短的产品生命周期已经是当今市场的现实。精确的全球产品发布窗口需要进行精心和复杂的安排——如果错误则会导致更高的注销、减记和错失销售商机等风险。

从供应链的视角来看，微软希望拥有最好的客户服务。如果供应链或生产线出现了问题，制造商不能按时发货，就会影响客户和未来的销售。事实上，在 2016 财年，微软的硬件业务就已经超过了 80 亿美元。这个数字强调了为什么供应链管理在微软如此重要，以及为什么微软在现在这个时间点进行向按订单生产的转型。

微软目前的供应链管理方式成型于十几年前，属于典型的传统线型供应链。由于微软自身的特殊行业属性，其对于数字化供应链技术十分敏感，在制定向订单生产转型之时，就已经确定了采用数字化进行供应链改造升级的技术路线。

微软供应链所进行的数字化转型意味着微软将改变其供应链的运营方式。这场"转型之旅"被分为三个阶段（互联、预测与认知），希望实现如下三大目标。

- 提高生产力。通过获取数据，创建有关生产、出货量和质量的报告，并不断加快报告的精度和生成速度。
- 在实时获得报告的基础上，改进运营评估，根据当前可信的交互式数据做出决策。
- 缩短寻找根本原因的时间，并推动持续改进。通过快速检测与流程相关的问题和异常情况，不断改进供应链的管理方式。

9.3.3　阶段一：互联

供应链转型的第一个阶段是连接来自各个数据系统的数据，并将这些数据加以适当的组合后显示出来，以帮助运营人员、工厂经理、高管和其他人员发现趋势和问题。

在这个阶段的一开始，从常见的基本报告开始，包括产出报告、装箱（生产线制造）报告、发运报告、维修库存报告、开箱检查（Open Box Audit，OBA）报告和齐套报表，并将生成这些报告的过程实现自动化。数字化供应链肯定离不开来自物联网的支持。微软使用物联网技术，直接从工厂收集与机器和操作相关的数据，丰富了数据的来源，从中找出存在哪些可以在未来改进供应链的机会和场景。所有这些数据都上传到智能供应链云中（如图 9-14 所示）。

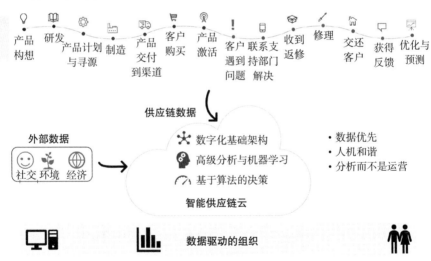

图 9-14　微软的"智能供应链云"的愿景

通过"互联"阶段的实施，微软期望能够实现完整的供应链仪表板，无论是在总部还是在工厂，都可以掌握全局并下钻到细节，从而提供一个数据分析和可视化的框架，并与实时的流式分析技术结合在一起，实现以下目标。

- 提高运营效率。

- 进行远程监控和预测性维护。
- 实时地从传感器中把握供应链事件。

9.3.4 阶段二：预测

第二个阶段需要超越上面提到的各种基本的报告，从数据中获得更丰富的洞察力和价值。这个阶段的目标是使得流程变得更加具有预见性，能够在出现潜在问题之前就发现它们。"智能供应链云"中的高级分析与机器学习技术，可以识别出供应链数据中的任何变化或异常，并提前做出反应，从而有助于节省成本和避免问题。

为了实现这一目标，无疑必须要先实现实时的数据捕获和分析。通过前一个阶段，微软计划实现与设备的广泛连接，从工厂设备中直接采集制造数据，并进一步将供应链的流程控制与特定设备的监控联系起来。通过收集流程级和设备级的供应链数据，为实现预测做好准备。

如图 9-15 所示，在项目中，可以使用数据仓库和数据湖来采集连接工厂设备的大量数据，使得微软的供应链部门能够准确、实时地做出预测。以前，微软每天采集大约 10 亿个数据点，并只能对其中大约 1% 的数据进行分析。现在，微软计划采集多达 100 亿个数据点，每天对它们进行 100% 的分析，从而大大提高了管理部门对供应链的把握程度和预测能力。

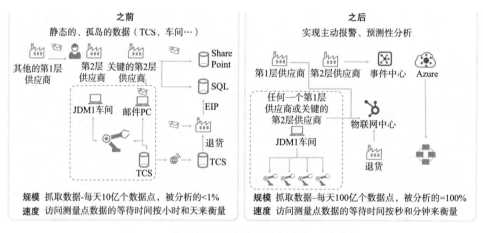

图 9-15 微软计划实现的主动报警与预测分析

9.3.5 阶段三：认知

微软的供应链数字化转型的第三个也是最后一个阶段是将机器学习和预测性维护集成到供应链流程中，这个阶段能使微软在整个供应链运行流程中充分实现和发挥在上一个阶段中实现的用物联网连接工厂和其他供应链组件的优势。下面列举两个例子,具体如下。

- 预测如何提高产量:从生产制造流程中获取数据,使用机器学习来评估单个设备的生产数据,并预测这些数据中的模式,如缺陷、材料浪费或其他可以提高产量的因素。一些模拟场景表明,通过认知技术,在整个制造过程中有可能将产量提高 30%。
- 预测如何减少退货:这意味着可以使用生产过程中的大数据来检查产品退货流程的各个方面。使用机器学习可以创建对应的模型,识别是由哪些关键的硬件谱系造成了退货的原因和方式。接下来,管理部门将变更应用于供应商、工厂和供应商流程,可以大大提高管理精度,从而能够更有效地预测和管理产品的退货周期。

9.3.6　SAP 在微软数字化供应链转型中的作用

随着接入数字化供应链的数据源和业务流程的日益复杂,打造一个统一的数字化供应链的业务平台,使其作为微软硬件供应链的"操作系统"就显得尤为重要了。它为如图 9-16 所示的智能供应链云提供了完整的端到端的供应链的业务数据来源。

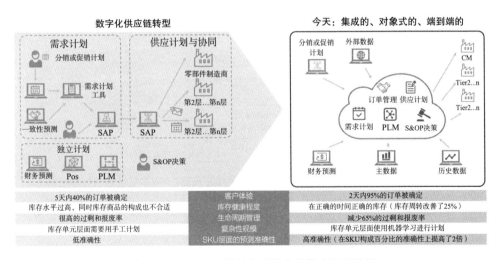

图 9-16　SAP 助力微软实现数字化供应链的转型

SAP 承担了微软供应链的骨干业务系统的搭建工作,涵盖了从供应链计划、协同到执行的整个过程,提供了在一个数字化供应链平台上实现供应链计划和供应链执行与协同的能力(如图 9-16 所示)。

通过实施 SAP 的数字化供应链系统,微软的硬件部门在供应链转型项目中取得了显著的效果，具体如下。

- 订单的确定率大幅度提高，从之前的 5 天内只能确定 40% 的订单，到 2 天内能够确定 95% 的订单，大大提高了按订单生产的比例。
- 显著降低了库存水平，将库存的周转水平提高了 25%。
- 减少了 65% 的产品过剩和报废率。
- 实现了在库存单元层面用机器学习进行计划，取代了手工编制计划。
- 提高了库存单元层面的预测准确性，在其百分比构成的预测准确性上提高了 2 倍。

这些改进的取得，与组成供应链"操作系统"的各个子系统的功劳密不可分。以供应链采购和供应链计划两个环节为例，通过采用 SAP 的集成业务计划（Integrated Business Planning，IBP）和 SAP 的 Ariba 应用，实现了微软与其硬件供应商之间在采购和供货上的协同（如图 9-17 所示）。微软创建了一个现代化的采购协同平台，可以安全轻松地与多个合同制造商和供应商在关键的供应链计划中进行协作；建立了与合同制造商和供应商的多层规划和协作机制，共享生产预测、订单、质量和库存信息，预见和解决供应保障问题，以及加快了新的供应商的上线过程，总之取得了以下效果。

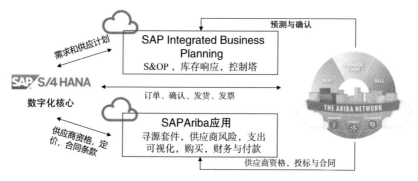

图 9-17　基于 SAP IBP 和 Ariba 打造微软硬件部门的供应商多层规划和协作机制

- 效率提高了 95% 以上（订单跟进和加急时间从 1 ～ 2 天加快到 1 ～ 2 个小时）。
- 供应商就绪时间缩短了 75%（从 3 ～ 4 个月缩短到 3 ～ 4 周）。
- 每年实现库存节省 3 亿美元，采购成本节省 1500 万美元。

9.4　小结

从线型供应链到网状供应链的转变离不开数字化技术的支撑。企业对供应链管理的认识和实践在经历了一段不短的发展历程之后，开始从采购管理向供应管理、生产与库存管理向运营管理、计划管理向需求管理等方向转变。供应链管理在打破传统的部门和职能割据的缺陷之后，逐渐走向整合，这就意味着线型供应链结构开始解体。数字化技术的应用恰好为建立新的网状结构提供了黏合剂。企业在基于工业互联网转型的过程中，无论是个性化定制、还是服务化转型，都离不开网状数字化供应链技术的支撑。

　　SAP 作为在供应链领域有着多年积累的应用软件商，基于云计算和物联网技术，对传统的供应链管理模块进行了大刀阔斧的升级和改造。本章介绍的微软供应链转型案例充分体现了 SAP 的数字化供应链技术是如何与微软的云与大数据分析技术相结合，并实现供应链的数字化转型的。实际上，在今天的工业互联网市场上，人们对于供应链的转型认识得还不足。这也是制约工业互联网真正发挥提质增效作用的瓶颈。

第 10 章 | Chapter 10

从集中式制造到分布式制造的创新

制造企业必须适应不断变化的客户需求，而不受不灵活的供应链或传统制造方式的限制。通过从集中式制造向分布式制造进行转变，可以将供应链解决方案与全球制造和物流合作伙伴网络的 3D 打印能力相连接，从而有效地满足波动的客户需求。这种创新将有可能改变传统以来一直延续的集中式制造的基础。

让我们想象一下：既能够显著减少零件库存，实现经济高效的快速生产和运行原型系统，又可以按需访问 3D 打印——这不就是制造业的未来吗？而这一未来的实现有赖于 3D 打印所代表的在制造业中的设计坏节和生产环节的数字化转型，它使得企业能够提供比传统方法更快、更便宜和更多样化的复杂零件。

10.1　3D 打印技术正在快速走向成熟

3D 打印又称作 "增量制造"（Additive Manufacturing），近年来一直在抓取企业家和业余爱好者的眼球。广泛的媒体报道，主流的商业对于 3D 打印的兴趣日益激增，激动人心的新突破和应用几乎每天都在公布。

在制造业，3D 打印技术正在迅速进入实用阶段，并有可能在以下几个方面改变整个制造业。

- 降低复杂性：传统制造中由多个零部件构成的复杂 BOM 可以在很大程度上被简化，提高零部件的功能集中度。此外，3D 打印更容易被外包、设计更改速度更快、工装更简单，从而可以减少零部件的自制比例，更多地采取制造外包的方式。
- 更少的限制：对于零部件的复杂几何形状的限制更少，并且重量更轻（甚至只有原来的 30% 到 50%）。特别是在成本不是最关键的场合中，零部件的形状可以设计得更具创新性。

- 简化：减少了对复杂制造设备的需求；由于可以在任何地方生产，因此生产所需的配套空间也更小；上市速度更快；售后配件的成本更低（对于慢流件，可以通过 3D 打印来实现，而无须囤积库存）。

如图 10-1 所示，3D 打印技术的特点决定了其成本曲线与传统制造的成本曲线的根本差异。后者随着产量的上升而下降，前者则与产量没有直接关系。随着 3D 打印技术的日益成熟，3D 打印的经济批量空间将会越来越大。

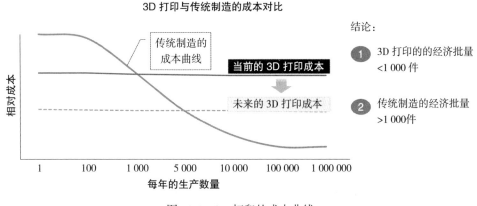

图 10-1　3D 打印的成本曲线

10.2　从传统的集中式制造到基于 3D 打印的分布式制造

多年以来，人们一直习惯于集中式制造的模式。最典型的场景是，采用传统的机械加工工艺，对以金属为主的材料进行加工和装配。整个生产过程由总装厂或主机厂进行计划和调度——首先将所需的材料、零件和总成从各家供应商运送到某个集中的地点，然后进行集中的生产与装配，再根据客户的交货地点运送到客户手中。这种大规模的集中式的生产方式从第一次工业革命开始已经持续了很多年，生产和物流周期长、反应速度慢。

在 3D 打印技术和众包技术的推动下，分布式制造逐渐成为一种崭新的生产模式，在市场上崭露头角。3D 打印技术让生产过程得到了巨大的简化和标准化，制造不同产品之间的区别仅在于采用不同的打印材料和输入对应的打印参数文件。因此，分布式制造与集中式制造最大的区别是，分布式制造可以通过在全球各地建立"按需 3D 打印中心"（On-Demand 3D Printing Center）的方式，在最靠近客户交货地点的位置进行生产，从而大大地减少了入厂物流和出厂物流的工作量，对客户来说这样做提高了生产的灵活性和柔性。此外，在新的分布式制造的生产模式下，传统的物理供应链得到大大简化，取而代之的是以数字化方式传递的产品的设计参数信息、打印参数信息和打印材料参数信息。在这些信息的背后可以是不同的专业厂家所提供的专业服务。只要客户提出了需求，就会有相应的供应商通过网上众包的方式，提供相应的从产品设计、提供满足使用的打印材料、编制打印参数文件、进行打印和直到完成最后一公里的物流交付的服务。我们可以形象地说，分布式制造以一种更加易于数字化的交付方式，取代了传统的集中式制造，分布式制造采用先进的 3D 打印技术和众包设计，在靠近需求的地点生产和交付，具有灵活性和柔性特点。这种数字化、协同化的特点与工业互联网具有极高的匹配度。

无疑，分布式制造背后需要有强大的系统进行支撑，并且还需要整合不同环节、不同供应商的系统。在这里，SAP 已经迈出了整合的第一步。通过将 SAP 的供应链解决方案与工业级的 3D 打印以及强大的制造和物流网络相结合，可支持从订单到交付的无缝的分布式制造流程。它的目标是，使得各种规模的制造商都可以轻松触摸按钮，充分利用分布式制造技术，为客户提供独特的客户需求，为理顺供应链提供新的机会，以加快产品推向市场的速度，使其更加低成本和高效益。

10.3　面向分布式制造的 SAP 制造网络解决方案

10.3.1　满足独特和变化需求的制造业

灵活地响应变化的客户需求、加速产品交付、实现具有成本效益的快速生产和原型运行、降低零部件的库存水平——这些问题的答案一直以来就是制造企业孜孜以求的梦想。如图 10-2 所示，工业互联网时代给出的解决方案核心就是 3D 打印，它代表了制造业设计和生产的数字化转型，使企业能够以比传统方法更快、更便宜、更多样化的方式提供复杂的零部件。

众所周知，制造企业一直都在努力适应不断变化的客户需求，减少甚至不受不灵活的供应链或传统制造方式带来的限制。借助 SAP 的制造网络（Manufacturing Network）应用，可以将 SAP 的供应链解决方案与客户的全球制造和物流合作伙伴网络的 3D 打印能力连接在一起，以高效地满足不断变化的客户需求。

在这里，SAP 已经迈出了整合的第一步。其制造网络解决方案同时支持具有工业级别的 3D 打印和强大的制造和物流网络，支持从订单到交付的无缝分布式制造流程。其成果反映为各种规模的制造企业都可以通过点击按钮的方式，充分利用分布式制造的优势，使供应链更加平滑。无论客户具有怎样的独特需求，都可以更快、更经济地将产品推向市场。

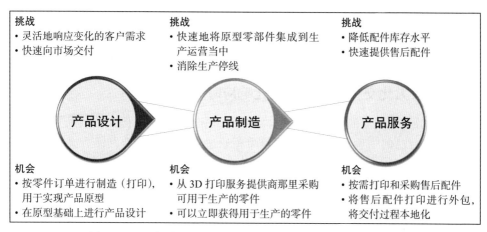

图 10-2 3D 打印可以帮助制造企业实现价值链上的诸多梦想

10.3.2 无延迟交货

无延迟交货无疑是每个行业的梦想。极端情况下，医疗保健公司的任务就是为医院提供独特设计的救生部件，以适合每个病人的个人医疗需求。在这里，制造上的任何延迟都会导致时间和资源上的浪费，甚至可能造成生命的损失。如图 10-3 所示，借助 SAP 的制造网络解决方案，可以在世界各地的战略性位置的设施上访问分布式制造网络和 3D 打印中心，从而能够以前所未有的速度快速生产和交付救生产品。

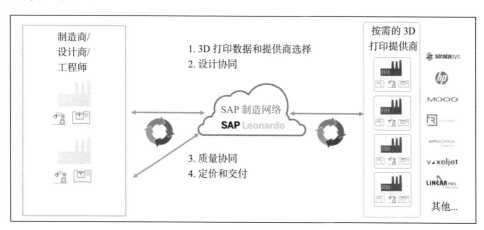

图 10-3 SAP 的制造网络方案将需求方和按需的 3D 打印提供商联系在一起

又例如一个向军方提供配件的航空零部件制造商，当某一热点地区爆发紧急情况，部队需要零配件来维修或保养飞机，而向制造商订货。由于在美国的设施生产这些零件的时间过长，限制了应对即将到来的威胁的能力，而随着 SAP 制造网络解决方案的到位，可以选择在本地进行 3D 打印服务的合作伙伴，按需生产和交付这些配件，从而让飞机更快地投入正常飞行，以节省金钱和挽救生命。

10.3.3　最大化交付能力和最小化响应时间

虽然分布式制造的想法对许多公司来说非常有吸引力，但大多数人并不认为 3D 打印是自己的一项核心能力，而是希望通过类似 SAP 制造网络方案提供的功能，将 3D 打印作为其制造业务的有益补充。如图 10-4 所示，SAP 与 3D 打印制造合作伙伴一同合作，确保产品以一致的质量、可预测的成本和最大的能力进行交付。随着 3D 打印技术在更大范围内变得更容易获得，跨多个行业的公司无须大量投资，就可以更容易地利用这项技术。

- 与许多提供商一道开展设计和制造协同
  □ 集中管理信息
  □ 易于交换信息
  □ 保存协作历史

- 以较低的投资成本获得 3D 打印技能
  □ 接近零的资本投入

- 零件采购质量
  □ 确保质量参数
  □ 首件产品检验复查程序

- 支持原型件和生产件

- 减少昂贵的、慢流件库存成本

- 访问 SAP 客户以扩大可见度和需求量

- 在可靠的数据源上工作

- 建立新的商业模式

- 从具有持续的零件销售收入的供应商处进行采购

图 10-4　分布式制造的价值

10.3.4　从快速原型到快速生产

一般来说，大多数人都会将 3D 打印与原型设计方法相关联。SAP 通过分布式制造解决方案解决了三个关键的核心问题，从而将该技术简单化和标准化，使其真正成为可以向市场大规模交付的技术，让其市场化水平提升到一个新的高度。

首先，SAP 的分布式制造解决方案可以支持零件的数字化。如图 10-5 所示，用户可以在业务中分析哪些零件适合进行 3D 打印，以确定优先级，并确定最适合 3D 打印的零件。一旦确定，零件就可以被数字化，并转换为 3D 可打印文件（CAD 文件和 STL 文件⊖），然后将这些文件集成到其他 SAP 的解决方案中，在业

⊖　STL 是由 3D SYSTEMS 公司于 1988 年制定的一个接口协议，是一种为快速原型制造技术服务的三维图形文件格式，可以为大多数的 3D 打印机所识别。

务上实现互联，完成订单处理的全过程。

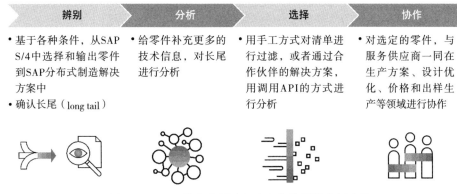

辨别	分析	选择	协作
• 基于各种条件，从SAP S/4中选择和输出零件到SAP分布式制造解决方案中 • 确认长尾（long tail）	• 给零件补充更多的技术信息，对长尾进行分析	• 用手工方式对清单进行过滤，或者通过合作伙伴的解决方案，用调用API的方式进行分析	• 对选定的零件，与服务供应商一同在生产方案、设计优化、价格和出样生产等领域进行协作

图 10-5　SAP 分布式制造解决方案的零件分析功能

其次，SAP 的分布式制造解决方案支持设计协作和认证流程。这意味着用户可以与合格的合作伙伴开展协作，选用最佳材料、设备和后处理步骤来生产零件，并且可以用认证的方式，让合作伙伴提供详细的打印和质量控制说明，以证明零件符合关键规格。

总的来说，SAP 的分布式制造解决方案支持简化和标准化的生产流程，让用户能够更灵活、更有效地开展制造业务，使其更具响应性、盈利性和竞争力。

10.3.5　实现重要的商业收益

SAP 的分布式制造可以帮助优化企业的整个生产过程——从设计、原型到主流制造（如图 10-6 所示）。这套应用程序存储了按需生产所需的所有数字资产，以满足客户需求和需求变化的独特特性。它的商业价值体现在以下几个方面。

- 在满足对时间敏感的客户需求的同时，尽量减少慢流件的库存。
- 通过迅速和经济高效的原型设计，快速地完成从创意到最终产品以及试生产的整个过程。
- 与零售商合作，轻松地满足客户的独特定制要求。
- 通过高质量、低成本的认证部件提高生产一致性。
- 通过先进的 3D 打印，实现产品设计的创新和构想。

如图 10-7 所示，SAP 的制造网络解决方案提供了一个基于云的协作平台，它将客户与 3D 制造服务提供商（例如 3D 打印服务供应商、材料供应商、原始设备制造商 OEM 和技术认证商）连接起来，完成基于 3D 打印的分布式制造的整个业务流程。

SAP 制造网络解决方案的业务流程如图 10-8 所示，从辨识哪些零部件可以进入制造网络开始，然后选择制造服务提供商，并与其在设计和制造过程中就制造的各个方面，如设计、质量、材料等进行协同，直至制造、交付和完成整个流程。

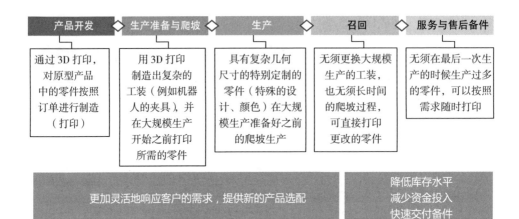

图 10-6　3D 打印在产品全生命周期各个阶段的应用

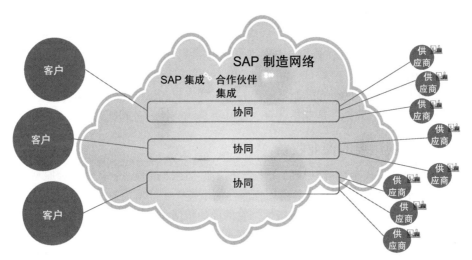

图 10-7　SAP 制造网络解决方案是一个客户与供应商协同的云平台

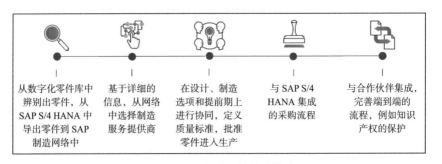

图 10-8　SAP 制造网络的总体流程

10.4　深度案例分析：售后配件的 3D 打印与 Krones 的实践

今天的售后配件供应商普遍都不能满足客户尤其是企业级客户的需求。50%
的企业都在寻求 3D 打印的手段，克朗斯公司（Krones）就是其中的一个代表。通
过与 SAP 合作，Krones 成功地找到了一个为其产品线及时供应售后配件的方法。

10.4.1　当前的售后配件业务存在挑战

一般来说，工业设备的组成都很复杂，其中许多零部件都必须在设备的使用
寿命期间进行更换。由于这些设备可能会在世界各地使用，因此当客户需要更换
特定的零件的时候，对于供应商来说，在提供高水平服务的同时降低成本是一项
难度极大的挑战。但是，为了满足客户的需求，配件供应商必须精心管理和设计
每一个配件的生产、销售和物流网络，所有这些都需要一系列重要的战略决策，
具体包括以下几个方面。

- 是生产还是购买配件？
- 是按库存生产配件还是按订单生产配件？
- 在哪里生产配件？
- 在哪里存储配件？
- 以多高的服务水平提供配件？
- 是否继续生产配件，还是一次性生产后停止生产？

在使用传统的生产方法时，配件供应商必须在其服务水平和成本之间进行权
衡。事实上，根据普华永道的一项研究，22% 的企业认为它们的配件库存中有超
过 10% 的配件已经过时或者对利润没有贡献。有些配件供应商正在从按库存生产
方式转变为按订单生产，以此来降低库存成本，但却延长了交货时间，从而降低
了服务水平。

鉴于这些挑战和成本负担，近一半的购买配件的公司一直在考虑使用 3D 打印
来自己制造配件。许多企业认为，除非供应商承诺不会停止所有的配件生产，并
逐步提高服务水平，否则别无选择。

10.4.2　3D 打印是有望解决配件困境的重要手段

3D 打印是典型的将信息化与制造相结合的技术，打印过程中产品的"每一个
点"都是由计算机控制的。曾有人对 3D 打印是否适用于复杂产品持有疑问。但正
是因为智能化的 3D 打印是微观的制造，计算机可以控制每一个点，所以打印出来
的产品强度高、残品率低。在要求最高的航天航空领域，以前最好的材料只能耐 2
千度高温，现在 3D 打印的材料可以耐 3 千度甚至 5 千度高温。

3D 打印将以我们今天无法想象的方式，将生产复杂零件变得可行，从而从根

本上改变配件市场的游戏规则。图 10-9 显示了一个明显的趋势：3D 打印将成为小批量零件、复杂的大批量零件和高性能零件（在运行期间提高效率和效果的零件）的游戏规则改变者。此外，由于 3D 打印不需要特殊的工具，因此公司可以在产品生命周期的任何阶段打印零件。因此，开发工程师需要改变他们传统的零件设计方式，以充分发挥 3D 打印的潜力。

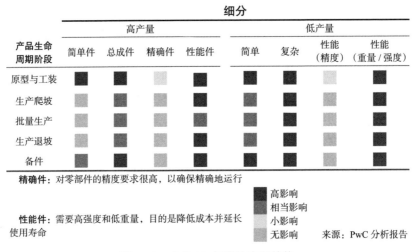

图 10-9　未来 3D 打印的应用趋势

10.4.3　Krones 的售后配件实践

总部位于德国的 Krones 集团，主要从事开发和制造加工、灌装和包装技术领域的机器和成套生产线。每天都有数以百万计的瓶子、罐头和各种专业形状的容器在其提供的生产线上被加工和包装，特别是在啤酒厂、软饮料以及葡萄酒和烈酒的生产上。Krones 的主要客户包括雀巢、可口可乐等知名企业。

Krones 的客户总是在寻找适合的机器：易于操作、性能卓越，而且停机时间最短。但是，一旦发生机器故障或计划外维护，就会因为某些备件的长时间交货周期而导致大量的生产损失。

为了确保客户工厂的不间断运作，Krones 需要使用 3D 打印来满足紧急状况下的备件需求。利用 3D 打印技术，紧急备件可以更快地被生产出来并运送到客户手中，最大限度地减少机器停机时间。这些紧急备件被安装在生产线上之后，可以立即发挥作用，直到原件从供应商那里运来，再加以替换。Krones 希望确保用户订购紧急备件的体验，与从仓库中订购标准备件相同。

如图 10-10 所示，SAP ERP、SAP 制造网络和 SAP Hybris 集成的综合解决

方案为 Krones 提供了一个强大且可扩展的平台，用于处理其 B2B 电子商务平台
KRONES.shop 上的备件订单。当紧急备件的订单被放置在购物车中并结账后，将
立即激活相应的设备或第三方制造服务打印出该零件。

图 10-10　Krones 基于 SAP Hybris 和分布式制造及解决方案打造的备件供应平台

SAP 云网络连接了 3D 制造业务合作伙伴，并将其业务流程与 Krones 及其客
户集成，为它们提供了完美的解决方案。SAP 开发的解决方案使 Krones 能够创建
一个新的紧急备件业务并将其与 KRONES.shop 集成。Krones 的客户现在可以获得
更好、更快的服务，并最大限度地减少机器停机时间，在尽可能减少业务中断的
同时大幅度减少备件库存。

10.5　小结

分布式制造是 3D 打印技术与互联网技术的完美结合，也是工业互联网的典型
应用之一。通过建立制造网络平台，将围绕 3D 打印的各方，包括客户、设计方、
打印方、材料商和物流商等联系在一起，可以让 3D 打印技术以易于普及的方式为
工业企业甚至消费者所用。在这方面，SAP 和 UPS 等企业走在了行业的前列。

数字化服务

第 11 章 | Chapter 11

从被动式维修向基于机器学习
的大数据预测性维修的创新

生产设备是保障企业生产和提供合格产品的基础。诞生于 20 世纪 60 年代的预测性维护与服务（Predictive Maintenance & Service，PdMS）近年来在工业领域逐渐得到了广泛的重视。该技术的基本原理是在设备运行时，对选定的部位进行定期或连续的数据采集，通过分析所采集的数据，预测出设备未来的发展趋势和可能的故障模式，从而帮助相关方预先制定维修计划，并驱动相应的维修活动。相比传统的基于簿记的记录手段和事后维修或预防性维修的方式，这种集设备状态监控、故障诊断与预测、维修决策和维修活动于一体的解决方案无疑更为先进。

随着近年来以物联网和大数据为代表的技术进步，PdMS 的理论和方法也在不断演进，开始朝着 IT 数据与 OT 数据融合、多变量的大数据机器学习、预测与维修活动一体化管理等方向发展。与此同时，在数字技术的推动下，制造企业的服务转型也对 PdMS 提出了新的要求。为了抓住这一商机，SAP 在 Leonardo 平台上也推出了自己的 PdMS 产品，推动企业更快地完成从传统的设备维修向基于物联网大数据的预测性维修的数字化转型。PdMS 也是当前工业互联网领域非常活跃的话题。

11.1 传统设备维修管理面临的挑战

如图 11-1 所示，一般认为，设备维修管理的策略可以分为被动式维修、预防性维修、基于状态的维修和基于大数据和机器学习的预测性维修这四种方式。相比较而言，只有第一种策略的定义和边界比较清晰，后面三种相互之间都存在交叉地带。

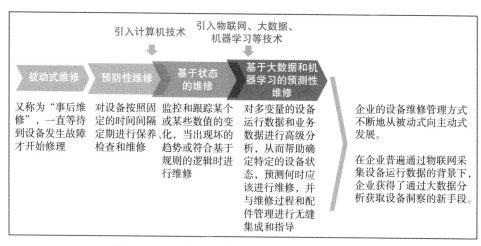

图 11-1　企业设备维修管理的成熟度正在不断提高

　　"被动式维修"（Reactive Maintenance）又被称为"事后维修"，是指设备发生故障并停机之后，再对设备进行修理，即不坏不维修（run it till it breaks）。之所以采用这种最简单的维修方式，一方面是因为设备检查和诊断不可能发现所有的故障隐患，设备故障在生产过程中时有发生；另一方面，这种维修方式对于设备维修部门来说比较经济。因此，事实上在今天，"被动式维修"依旧是生产中采用得最多的维修方式。

　　"预防性维修"（Preventive Maintenance）最早是由美国海军用来提高其船舶舰艇的可靠性的维修方式，其全称为"基于时间的预防性维修"，是指在设备使用过程中做好维护保养工作，加强日常检查和定期检查，根据零件磨损规律和检查结果，在设备发生故障之前按照规定的时间周期有计划地进行修理。"预防性维修"的依据是"设备修理周期结构"理论，它以摩擦学为基础，根据设备的机械磨损规律，认为随着磨损时间的延续和磨损量的增加，将会引起机器零件表层的破坏和几何形状与尺寸的改变，从而造成机构动作的失调和工作精度的下降，最后导致故障或事故的发生。按照这种理论，从机器零件的磨损规律出发（如图 11-2a 所示零件磨损示意图），可以总结出设备发生故障的规律（如图 11-2b 所示的设备故障曲线，又称为"浴盆曲线"），进一步总结出同一种类型设备发生故障的统计学规律，从而指导开展定期维修，如定期的年、半年、月、周检修及保养，或者大修、中修、小修及保养。

　　随着计算机技术，特别是计算机监控技术的引入，"预防性维修"得到了进一步的发展。在设备现场安装微机化的、具有完善通信功能的、能够在工业现场实现测量控制功能的设备，这些设备可以实时采集反映现场设备的状态数据。根据这些数据的变化来判断设备状态是否稳定、是否需要安排大修，从而大大节省维修费用，这就是所谓的"基于状态的维修"（Condition-based Maintenance，CBM）。

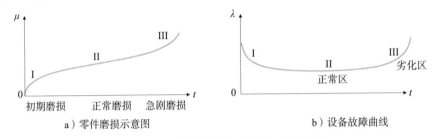

a）零件磨损示意图　　　　　　　　　　　b）设备故障曲线

图 11-2　零件磨损示意图和设备故障曲线

"预防性维修"和"基于状态的维修"的最大区别就是前者依据的是同一类型设备发生故障的统计学规律进行诊断，而后者是根据每台设备的状态数据来进行有针对性的诊断。"基于状态的维修"依据的是"故障分析与状态管理"理论，它是建立在故障物理学基础之上的，以设备的故障规律和设备的可靠性为研究内容。该理论认为，设备发生故障的原因除了磨损之外，还有外界工作条件如温度、压力、振动等，以及内部工作条件如内应力、变形、疲劳及老化等。对设备进行异常现象的检测、机器故障频率分布的分析和设备可靠性的分析，并运用数理统计方法分析它的规律性，可以得到设备劣化与维修必要性等重要信息，从而指导相应的维护策略。显然，"基于状态的维修"可以与"预防性维修"相结合。如果将状态数据的诊断结果用于确定维修间隔，则演变为"基于状态的预防性维修"。而如果将状态数据用于预测未来故障发生的时间，则演变为"基于状态的预测性维修"。

早期的"基于状态的维修"技术受到传感器技术和计算能力的限制，偏重于对采集到的某个或某些不多的数据进行区间监测，并结合一些诊断技术，如时频诊断、统计诊断，甚至包括人工智能技术（如专家系统、神经网络），对监测的项目进行故障诊断和预测。这些诊断技术依赖于对设备故障机理的深刻理解，往往只有原制造厂商才有能力进行建模，并且也没有考虑每台设备之间的差异性，以及设备运行的环境数据，在推广使用时存在一定的困难。

最近几年，随着物联网技术的发展，以及"信息技术/运营技术"IT/OT 的日益融合，设备可以通过传感器采集到的状态数据的种类越来越多（如温度、振动、压力、噪声、油液、红外、超声波等），同时还导入了与业务系统相关的其他状态数据（如环境数据、维修记录等），使得这些状态数据的维度大幅增加。这些具有大量维度的状态数据以较高的速度不断地产生，使得这些数据和故障诊断结果之间的关系变得高度非线性，从而对采用基于设备故障机理的诊断和预测造成了非常大的挑战。而这些挑战，恰好是基于机器学习的大数据技术可以发挥作用的地方。如果能够将两者结合起来，往往可以取得非常好的效果，这也正是本章将要重点介绍的预测性维护与服务，它可以对多变量的设备运行数据和业务数据，运用基于机器学习的大数据技术进行分析，从而帮助确定特定的设备状态，预测何时应该进行维修，并与维修过程和配件管理进行无缝集成和指导。

11.2　基于物联网大数据的预测性维修

那么，为什么说基于机器学习的大数据技术可以克服传统的 CBM 技术面临的一些挑战呢？简单地说，就是因为前者解决了后者难以克服的一些问题。如图 11-3 所示是今天传统的"基于状态的维修"技术所面临的挑战，以及基于机器学习的大数据分析技术的应对方案。

图 11-3　传统的 CBM 技术面临的挑战，以及基于机器学习的大数据分析技术的应对手段

11.2.1　高维度数据的降维处理

首先，由于传感器的应用普及和成本下降，以及无线通信技术的快速发展，人们可以在一台设备上安装多个传感器并经济方便地进行数据传输，从而使得采集数据的维度大幅增加，数据采样的频率也很快，得到了所谓的"快速流动的高维度数据流"。此外，不同维度的数据之间的关系也常常是非线性的，已经超过了机器设备故障机理所能解释的能力边界。这些难点都不可能是传统的 CBM 技术可以解决的，正如尽管人类积累了数百年的围棋棋理，但仍旧无法打败基于人工智能的"阿法狗"一样。机器学习可以选取合适的算法，对从设备采集到的复杂数据进行降维，提取出数据的主要特征分量，从而揭示出隐藏在复杂数据背后的简单结构和趋势。

针对多维数据进行降维处理，比较常用的算法之一就是主成分分析（Principal

Components Analysis，PCA）。引入这样一个算法的原因是在实际情况中，我们经常会碰到采集数据的特征（即维度）过多或累赘，如电风扇的档位和转速，这两个特征之间有较强的相关性。当档位较高时，转速也较高。如果删除一个指标，我们可以期待并不会丢失太多的信息。PCA 就是用来解决这种问题的算法，其核心思想就是将 N 维特征映射到 K 维上（$N>K$），而这里的 K 维是全新的重新构造出来的 K 维特征，而不是简单地从 N 维特征中拿走 $N-K$ 维特征。

　　如图 11-4 所示，以一台离心泵为例，为了简单起见，我们假设采集了三个维度的变量，即压力、温度和电流（在实际应用中，甚至可以达到数千个维度的变量）。通过 PCA 算法，可以将这三个维度映射为两个维度（PC1 和 PC2），以便找出 PC1 和 PC2 之间的关系。实际上，PCA 算法不仅可以用在设备故障预测中，它还被广泛地应用在诸如人脸识别等场景中。在进行人脸识别时，输入 200×200 大小的人脸图像，即便是简化为黑白照片，单单提取灰度作为特征，也会得到 40000 万个维度的特征。如果照片像素更高，那么维度就会更多。通过 PCA 算法，对于 40000 万个维度，可以从 N=40000 万维降到 K 维，计算每张人脸 K 维向量之间的距离，若小于某一阈值，就可以认为两个 K 维向量代表的是同一个人的脸。实际上，这里的 K 维向量并没有实际的物理含义。同样，在离心泵的例子里，PC1 和 PC2 也没有实际的物理含义，但并不妨碍推导出有意义的结果，这也是基于机器学习的大数据预测性维护与传统的基于设备故障机理算法的最大区别。

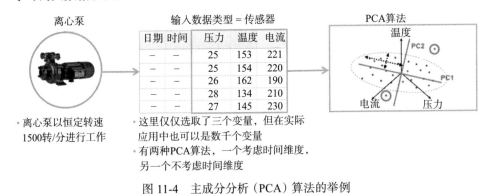

图 11-4　主成分分析（PCA）算法的举例

11.2.2　异常状态检测

　　在对设备大数据进行故障预测的时候，经常会遇到的另外一个难题是数据不完备。其中最常见的就是对于大量的历史数据，没有进行故障标注，也就是不清楚哪些数据对应的是在设备发生故障期间采集的数据。这时就需要使用如图 11-5 所示的堆土移动距离（Earth-Movers Distance，EMD）算法，这是一种基于距离的异常检查方法。

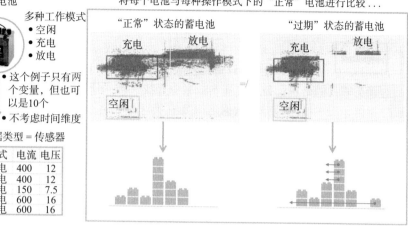

图 11-5　堆土移动距离（EMD）算法的举例

在图 11-5 中，飞机上配备的蓄电池至少配有两个发送数据的传感器，分别发送电流和电压测量的数据。这两个数据不仅取决于蓄电池设备本身是否在充放电，而且取决于使用蓄电池的其他因素，如飞机上的天气、驾驶舱中使用蓄电池的频率等。因此，这两个传感器发送的数据会在某一平均数上下变化。通过散点图，可以将采集的数据可视化。这种可视化就好比是飞机上每个蓄电池的"指纹"。

为了通过分析"指纹"来判别蓄电池是否有异常，我们将蓄电池"正常"状态的指纹映射到一个像"泥堆"一样的直方图上，并将其命名为 A，而将"过期"状态的蓄电池映射到另一个"泥堆" B 上，泥堆 A 和 B 都是由相同数量的泥土组成的。EMD 算法用于测量需要用多长时间运输多少泥土，才能将泥堆 B 变为泥堆 A。该算法比较了两个泥堆的位置：它们是否彼此靠近，或者泥土从泥堆 B 到泥堆 A 必须运输很长距离吗？该算法还比较了两个泥堆的形状。如果它们有类似的形状，那么就不需要或者只需要很少的重建工作。如果它们的形状差异很大，则需要相当大的努力来重建泥堆 A，使其看起来像泥堆 B。在图 11-5 中，例如将蓄电池 B 的指纹与良好运行的蓄电池 A 的指纹进行比较，用 EMD 计算的分数越低，指纹越相似（电池 B 像电池 A 一样工作）；得分越高，指纹越不同。当得分超过了某一阈值就意味着出现了异常状况。

11.2.3　无监督学习与监督学习

在预测性维护的应用中，经常会遇到的另一个难题是，有时候设备极少发生故障，因此缺少故障数据进行机器学习。对这种情况采取的对策是使用无监督学习（Unsupervised Learning）算法。

无监督学习可谓是机器学习的圣杯。通常我们遇到的情况是在监督数据集上进行学习，即每条数据都有一个对应的标签（如设备是否发生故障）。但是对于缺少历史故障的设备历史数据，或是只有极少历史故障的设备历史数据，就需要使用无监督学习算法来建立一种模型，对历史数据进行聚类分析（Clustering Analysis），从而帮助算法根据设备的新数据进行故障预测。

聚类的目的是在设备历史样本数据中寻找一种"分组"，希望同组的样本数据较为相似，而不同组的样本数据之间具有明显的不同，从而将设备的正常状态和故障状态分开。这里将要介绍多元自回归（Multivariate Auto Regression，MAR）算法，它是一种适用于故障分析的聚类算法，如图 11-6 所示。

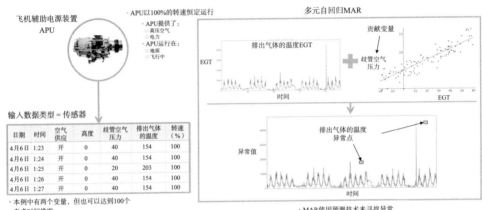

图 11-6　多元自回归 MAR 算法的举例

MAR 算法是基于时间序列的历史数据（在图 11-6 中以飞机辅助电源装置为例）来进行训练的算法。通过对无异常现象存在的数据进行训练，模型能够学习系统的常规行为，从而根据最近观测到的数据记录，预测未来的数据记录，从而与实际值进行比较。如果出现较大的偏差，就意味着发生了异常行为。通过这种方法，MAR 算法实现了将样本数据分为"正常"和"异常"两组数据的目标。

11.2.4　算法的管理和扩展

运用机器学习方法进行预测性维护，算法模型无疑扮演着十分重要的作用。不仅每一台设备都需要有对应的算法模型，以便当有了新的采集数据之后可以自动进行运算，而且还需要对算法模型定期进行重新训练，并对模型进行版本管理和打分。当模型不再适合设备运行特点的时候，必须关闭该模型并将其退出使用（如图 11-7 所示）。

与此同时，我们也应该清醒地了解到，在预测性维修领域只有合适的算法，而不存在所谓的万能算法。并且随着时间的推移，业界还在不断引入新的算法，这就对系统提出了扩展新的算法的要求。

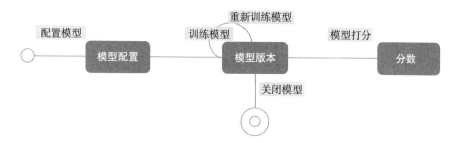

图 11-7　基于物联网大数据的预测性维修的算法管理

11.3　SAP PdMS 的架构和功能特点

　　SAP 的预测性维护与服务（PdMS）同时提供了云端版本和本地版本，以最大程度方便客户根据情况进行部署。在这里，我们以本地版本为例来介绍 SAP PdMS 的功能。

　　如图 11-8 所示，SAP PdMS 采用了面向实时大数据处理的 Lambda 架构，以有效地处理海量的数据，它具有高容错、低延时和可扩展等特点。Lambda 架构分为三个层次——批处理层（Batch Layer）、实时处理层（Speed Layer）和服务层（Serving Layer）。无论是来自设备的 OT 数据，还是来自其他业务系统的 IT 数据，都会进入批处理层和实时处理层。批处理层的功能是主数据管理，以及进行预计算，获得对设备的"批处理视图"（Batch View）。服务层则对批处理视图进行索引，以应对客户的随时查询。一般来说对于这类查询，客户要求系统的响应速度能够做到低延迟。实时处理层则可用来处理最新的数据，其目的是对服务层的处理速度进行补偿，获得"实时视图"（Real-Time View）。对于客户的随时查询，则是通过将"批处理视图"和"实时视图"整合在一起来完成。

　　如图 11-9 所示，SAP PdMS 明显地展示出了"数据 – 洞察 – 行动"的分层结构。最底层是数据管理员负责的原始数据收集和处理，可以支持设备数据和业务数据的导入。对于设备数据，系统使用了基于 SAP HANA 的智能流数据处理（Smart Data Streaming）的功能，在设备数据流上实现复杂的事件处理逻辑。对于业务数据，系统可以根据来源的不同，实现对数据的复制（对 SAP 系统可以实现实时的数据复制）。在设备数据和业务数据被导入之后，可以进行数据的融合和转换。

　　接下来，数据科学家可以在准备好的数据上，运用机器学习引擎和规则计算引擎，进行数据分析。SAP PdMS 的机器学习引擎内置了一些面向设备故障预测的算法模型，同时也可以与其他预测引擎，如 SAP 预测分析（Predictive Analytics，PA）、SAP HANA 中的算法模型甚至是 R 语言进行连接。在选择了合适的算法模型之后，系统就可以根据导入的数据进行计算了。

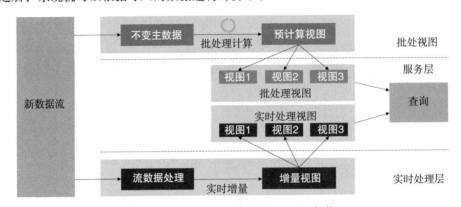

图 11-8　SAP PdMS 采用的 Lambda 架构

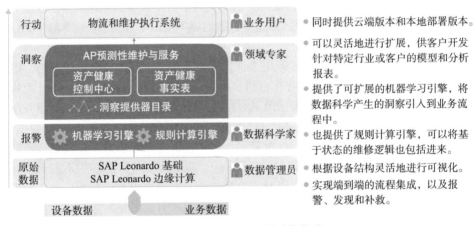

图 11-9　SAP PdMS 的功能构成

　　下面就到了产生洞察的阶段。这里的核心共包括三个部分，前两个部分是资产健康控制中心和资产健康事实表。前者可以支持用户对运行中的资产的健康状况进行全局监控，后者是对某项资产及其组件显示详细的健康信息。第三个部分是洞察提供器目录，它实际上是各种微服务（Microservice）的集合，用来对资产及其部件进行分析。用户可以将洞察加入到资产健康控制中心或资产健康事实表中，以满足特定场合下的用途。通过这三个部分的组合，可以实现根据设备结构，灵活地进行可视化的目标。

　　最后，根据 PdMS 得出的资产健康状况，可以与物流和维护执行系统进行连接或集成。例如，洞察提供器会显示一份当前工作活动的清单。如果一项资产发生了异常的健康状况，就可以使用洞察提供器中的活动清单来建立任务，与后台的企业资源计划（Enterprise Resource Management，ERP）、客户关系管理（Customer Relationship Management，CRM）或客户云（Cloud for Customer，C4C）进行连接。

无疑，在 SAP PdMS 的功能构成中，机器学习引擎是最为核心的部分。机器学习的主要特点是计算机在无须显性编程的前提下，对历史数据进行训练，将训练好的模型应用到新的数据上，从而进行异常的预测或检测。如前所述，机器学习可以分为有监督学习和无监督学习两类。前者用于故障预测，当系统找到了输入的新数据和历史上的设备失效之间的关系时，就可以做出故障预测。后者用于异常检测，当系统从历史数据中学习设备正常运行的模式，并发现输入的新数据存在异常模式的时候，就可以发出异常报警，如图 11-10 所示。

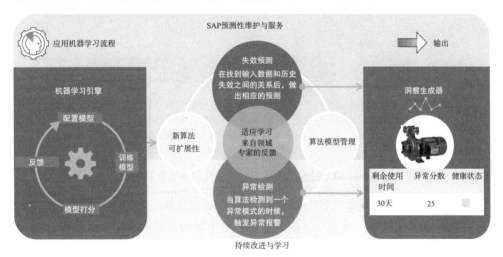

图 11-10　SAP PdMS 的机器学习引擎

11.4　SAP PdMS 的价值分析

如图 11-11 所示，根据相关的行业分析，大多数企业（大于 70%）在今天仍然在使用被动式维修策略和预防式维修策略。应该说，尽管这两种策略在一些场合下是有效的，但是它们在消除计划外停机方面收效甚微，会导致过高的维修成本。随着物联网技术被不断地广泛应用，采用基于状态的维修策略，特别是加入了机器学习的大数据分析的预测性维修策略，将会成为未来发展的趋势。预测在未来，基于状态和预测性的这两种维修策略将会成为主流。

之所以预防性维修策略不能成为未来的主流，这是由其理论基础——"浴盆曲线"的缺陷决定的。"浴盆曲线"的适用对象是传统的机械设备，并且是以摩擦学为依据，将设备发生故障的规律分为初始故障、偶发故障和耗损故障三个阶段，对应的故障分布分别为故障递减、故障恒定和故障递增。但实际上，自 20 世纪 60 年代开始人们就已经发现，对于复杂设备的故障，除了浴盆曲线故障之外，还存在其他五种模型（如图 11-12 所示）。只有 A、B、C 三种类型适用于以时间为间隔定义计划大修或更换零件，它们只占到故障总概率的 11%，对应的是简单的磨损、疲劳或腐蚀等情况。D、E、F 则对应于复杂的设备，占到故障总概率的 89%（其中故障减缓的类型占到 68%），它们的故障基本上是随机发生的。在这种情况下，就需要加强对设备的检测和诊断，采用基于状态或预测性维修的策略。

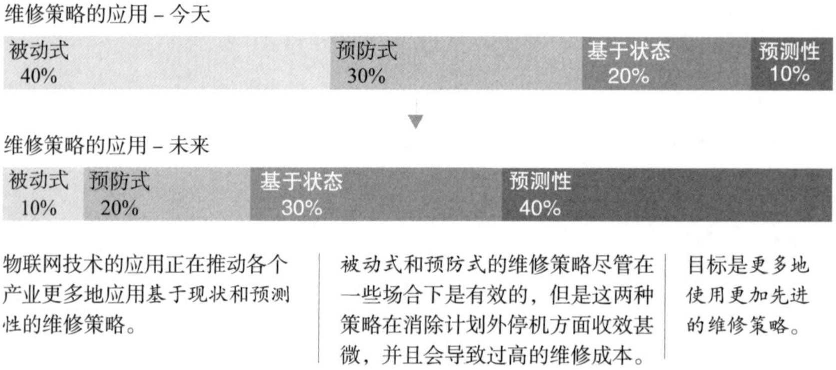

维修策略的应用 – 今天

被动式 40%	预防式 30%	基于状态 20%	预测性 10%

▼

维修策略的应用 – 未来

被动式 10%	预防式 20%	基于状态 30%	预测性 40%

物联网技术的应用正在推动各个产业更多地应用基于现状和预测性的维修策略。

被动式和预防式的维修策略尽管在一些场合下是有效的，但是这两种策略在消除计划外停机方面收效甚微，并且会导致过高的维修成本。

目标是更多地使用更加先进的维修策略。

图 11-11　技术的进步正在改变我们的维修策略

如图 11-13 所示，设备的性能在故障发生之前，存在一个由开始劣化并进入潜在故障期的渐变过程，逐渐地从微缺陷发展到中缺陷乃至大缺陷。通过传统的基于状态的维修策略（例如振动分析、油液分析、噪声分析、温度分析等），有可能在发生功能故障之前做出诊断，从而为维修人员提供一定的响应时间。

如图 11-14 所示，事实上，在潜在故障发生之后，所产生的各种类型的偶发的微缺陷，在一开始的阶段里，并不会立即反映在振动、油液、噪声或温度的可报警的区间，因此这个时间段难以被传统的基于状态的分析手段所诊断。通过采集高维度的传感器数据，应用基于机器学习的大数据预测维护分析，可以将潜在故障的发现时间提前，从而帮助企业更加灵活和动态地规划维修时间。大数据的这一独特的价值已经为很多成功案例所证实。

SAP 的预测性维护与服务系统可以为企业带来显著的应用价值。如图 11-15 所示，从整个生态系统和资产的全生命周期的角度，无论是制造商的研发部门，还是采购、生产、售后部门，都可以从 PdMS 中获益——包括增加服务利润、带来新的商业模式和减少索赔成本。而制造商的下游，从经销商、服务提供商一直到业主和运营商，也都可以从提高第一次到场修复率、降低维修成本和提高资产利用率等方面获利。这些获益与 SAP PdMS 将设备数据与业务数据结合在一起，建立一个完整的上下文决策环境分不开的。

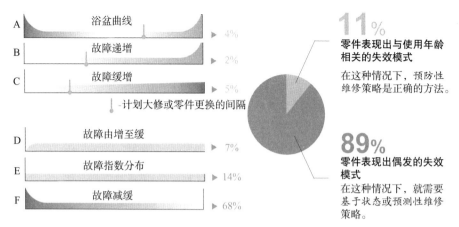

图 11-12　在大部分情况下，资产的使用年龄和可靠性之间是一种弱关联

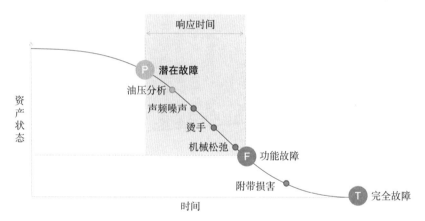

图 11-13　传统的基于状态的维修策略为维修人员提供了一定的响应时间

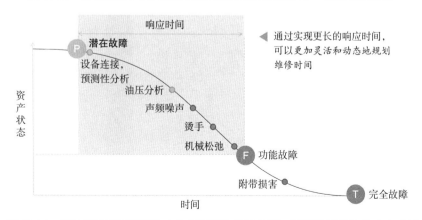

图 11-14　通过基于机器学习的大数据预测性维修分析，可以提供更长的响应时间

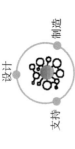

制造商				经销商	服务提供商	业主运营商	
研发	采购	生产	售后	销售	服务	机群	操作员
提高资产可靠性和正常运行时间	监控采购件的质量	改进制造流程和工艺	满足合同上的服务水平协议	提高客户满意度和忠诚度	以正确的价格支付增值服务	降低维护成本	增加设备正常运行时间

增加服务利润　**新的商业模式**　**减少索赔成本**　**提高第一次到场修复率**　**降低维修成本**　**提高资产利用率**

制造商和第三方服务提供商可以用较低的风险提供高利润水平的服务　制造商可以提供新的服务商业模式，例如按使用付款协议，或按使用付款　服务、制造和设计工程师可以通过对现场运行的资产更透明的了解，降低索赔成本　服务经理可以在派工到达工作场地之前就确定所需的技能和配件　可以动态地对维修活动进行规划和整合，从而更好地利用资源和规划资产停机时间　通过应用数据科学，资产运营方或服务提供商可以提早预测故障，进行修理，从而避免计划外停机时间

设备数据

业务数据

为报警、决策和补救提供决策支持

通过将IT与OT数据结合在一起，为设备数据提供上下文决策环境

图 11-15　通过 SAP PdMS，可以为整个生态系统在资产全生命周期提供决策支持

从定量的角度来看，预测性维修的效益十分可观。如图 11-16 所示，据估算，在 2025 年之前，以装备制造行业为例，可以为设备制造商带来 6300 亿美元的效益，包括降低 10%～30% 的工厂设备维修成本，减少最高 50% 的设备停机时间，并将机器设备的有效生命延长 3%～5%，从而降低设备资产投资率。对于使用这些设备的运营商来说，其效益也是巨大的（如图 11-16 所示）。

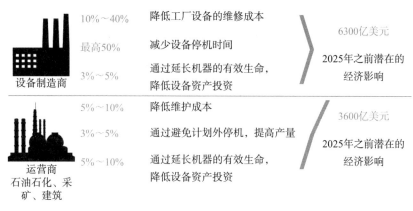

图 11-16　以装备制造行业为例，预测性维修可以带来的商业价值

11.5　深度案例分析：意大利铁路公司动态维护管理系统

11.5.1　意大利铁路公司介绍

意大利铁路公司由意大利国家铁路控股公司全权管理，它是一个管理短途和中长途铁路客运交通，以及一些跨境铁路交通的公司。该公司每年的收入大约为 55 亿欧元，其网络涵盖了超过 140 条 365 天运行的连接各个城市中心的高速路线。意大利铁路公司每天的客运量约为 200 万名旅客，年运输里程为 2.5 亿公里。

今天，意大利铁路公司已然成为欧洲最重要的铁路公司之一，平均每天有 6300 趟列车在这一地区运行，其中 241 趟是高速铁路。通过开通 Lefrecce 高速列车，即 Frecciarossa 红箭列车和 Frecciargento 银箭列车（如图 11-17 所示），意大利铁路公司彻底改变了列车穿越国境的方式。与此同时，在过去几年的时间里，意大利铁路公司也树立了强大的国际使命感：在法国，它与 Thello 夜间列车一起运行 "巴黎 – 米兰 – 威尼斯" 路线，并在日间运行 "马赛 – 尼斯 – 米兰" 路线；在德国、奥地利和瑞士，它与其他铁路公司合作，共同管理意大利和上述国家不同抵达站点之间的路线。

图 11-17　意大利铁路公司的红箭和银箭高铁

11.5.2　项目背景

意大利铁路公司之所以要启动这个动态维护管理系统的项目，其原因是也是由于同样线路上高铁市场的竞争。在这一点上，欧洲的情况与中国完全不同。欧洲的铁路属于"网运分离"的模式，主要目的是克服国家对欧洲铁路的分割、打通欧洲各国铁路界限、开放铁路市场、建立统一的运输网络、满足欧洲经济一体化和可持续发展，将铁路客货运营与线路基础设施相分离。这样，即便是在意大利国内，铁路的路权必须开放，允许新的列车经营者参与运输市场的竞争。

在开放本国路权的同时，各个国家的铁路公司也可以走出去，在其他国家市场参与竞争，这也是意大利铁路希望通过这个项目提高企业竞争力的原因。在欧盟境内，高铁的招标通常是公开的，允许国际上的其他企业参与。甚至在 2020 年的时候，相应的地区和国家范围内的高铁维修服务也会纳入在招标内容当中。意大利铁路公司在这一块上自然也希望能够在国际市场上有所斩获。

11.5.3　基于状态的维修的困境

尽管意大利整个国家的面积并不大，但是意大利铁路公司的列车却需要在从高山到地中海的不同气候条件和地理环境下运行。有些列车的行驶距离虽然很短，但是车轮却要承受很多次刹车和加速，车门的开关也很频繁。有些列车的行驶距离虽然很长，但主要是正常行驶。另外，列车在左右两个车轮上常常会发生不均匀的磨损，这取决于在行驶过程中它们倾斜的方向所带来的不对称的车轮加速度。因此，传统的基于行驶里程的预防性维护，对于意大利铁路公司来说，并不是一种有效的管理方法。这是因为即便对列车进行非常频繁的检查和维护，但常常没有发现什么异常，而最后却仍然不能防止故障。由于列车维护是意大利铁路公司最大的开支，因此调整为更有效的维护方法对其的运营无疑至关重要。

在与 SAP 开展合作之前，意大利铁路公司实际上已经开始采用物联网的方式对列车的维修进行管理，实现了实时的基于状态的维修（CBM）。每趟列车可以在每秒钟收集 1 万个参数，通过互联网实时传输，利用它们来更好地了解列车设备的健康状况。意大利铁路公司进而开发了近乎实时更新的数字仪表板，显示设备的状态信息和事件信息，并提供复杂的基于规则的系统，其中包含专家知识，以帮助确定是否需要立即维护或延期维护。尽管在某些情况下，故障和被动维护是不可避免的，但是在其他情况下，意大利铁路公司确实可以有效地做出提前反应，以避免故障和相关损失。

如果需要马上对列车进行维护，那么通常情况下会立即完成。然而在极少数情况下，公司将派新的列车到车站，搭乘乘客，替换有问题的列车。尽管这么做会浪费五到十分钟的行驶时间，但这要远远好于在隧道中因为故障而停留的数小时。

尽管如此，目前的系统仍然非常接近响应性维修，并导致干预效率低下。意大利铁路公司也认为，这套远程诊断平台的可扩展性有限，对异常检测受限于工程师的经验。并且，安装传感器数量也受到了限制，过多的传感器会超过处理能力。这套系统甚至对故障的描述也是不统一的。

11.5.4　与 SAP 合作展开的预测性维护

从 2014 年开始，意大利铁路公司开始与 SAP 展开紧密合作，将物联网数据引入 SAP HANA 系统中进行分析。事实上，对类似列车这样的复杂系统进行故障预测，很难做到高准确率和高精度。但是，通过一系列的分析，项目组找到了除了之前采用的行驶里程之外的更多的有代表性的 KPI，如列车车门的开 / 关次数。通过这些新的 KPI，项目组可以将列车的零部件按照故障风险的高低进行分组。通过这种方式，意大利铁路将原有的维修方式转型为动态的基于部件的维护策略（Dynamic & Component-based Maintenance Strategy），对那些达到 KPI 限制的高风险的部件，会更加频繁地进行维护，而对于其他部件的维护则不会那么频繁（见图 11-18）。在某些情况下，可以通过选择特定的目标来平衡同一列火车上的组件的不同 KPI。例如，导致更多的左轮旋转和加速的行程可以与导致更多的右车轮加速度的行程来平衡。意大利铁路公司必须将其行驶和维护计划更加集成和细化，以达到预期的可靠性，并节省维护费用。

意大利铁路的首席信息官 Danilo Gismondi 认为，新系统的投资相当可观——大约需要 5000 万欧元，包括远程诊断和维修设备的改进。同时他也认为，相信这项投资将能够为意大利铁路当前的维护成本（约合 13 亿欧元）带来 8% 到 10% 的节省，将列车可用率提高 5% 到 8%，并降低故障成本以及对客户的相关影响（约合 1000 万到 2000 万欧元）。

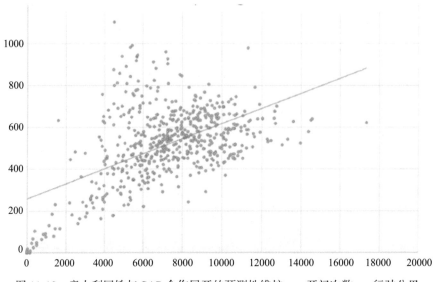

图 11-18　意大利国铁与 SAP 合作展开的预测性维护——开门次数 vs. 行驶公里

11.6　小结

　　设备的预测性维修是工业互联网最常见的应用场景，也是很多新商业模式成功的关键。它克服了传统的基于设备运行机理进行建模的低效率的缺点，通过运用大数据方法，特别是基于机器学习的技术，可以大大提高建模效率，并在预测效果上获得相应的提升。在物联网技术得到深入应用、设备运行大数据日益丰富和多样化的今天，预测性维修技术有望在设备管理领域得到广泛的应用。

　　SAP 的 PdMS 为企业从被动式维修向预测性维修的转型与创新提供了一条可靠的道路。SAP 不仅提供了设备预测性维护所需的框架、机制和算法，还实现了与周围相关系统的连接和集成，从而使预测性维护从前期的数据采集和预处理，以及后续的服务活动，形成了一个有机的整体，从而真正完成从数据到洞察，再到行动和效果的闭环。

从以制造为中心向以服务为中心的创新

近年来,制造行业里涌现了大量利用数字化技术,实现从制造向服务进行转型的成功案例。相比国外市场来说,这一领域是国内制造企业普遍相对落后的地方。如图 12-1 所示,以工程机械行业为例,美国和日本的领先企业在后服务市场上的收入,普遍能够达到总营业收的 50% 以上。而我国尽管在工业机械的销量上占据全球第一,但国内的领先企业的后服务市场收入仅为 15%。而在国内企业另一个擅长的风机行业,全球最大的风机制造商在 2016 年实现了高达 56% 的服务占比,超过国内领先企业同一指标 4 倍以上。无疑,服务是国内企业需要奋起直追的重要领域。利用工业互联网技术,加快制造向服务的转型,对于我国的制造业来说具有重要的现实意义。

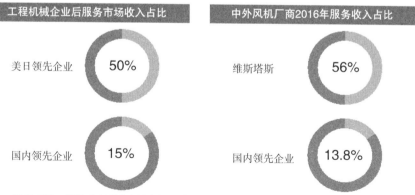

数据来源:德勤《在不确定的市场环境下竞争:中国工程机械企业的五大战略选择》,2013;2016年维斯塔斯和该中国领先厂商年报

图 12-1　国内的制造企业在服务收入占比指标上大幅度落后于国外同行

12.1　从制造向服务的转型已经出现在很多行业

通常在传统的制造行业，产品销售完成之后就会进入售后服务阶段。尽管对于某些制造业（特别是一些工业产品）来说，售后服务甚至可以提供比主机销售更高的利润，但主机销售依旧是销售额的主要来源，也是企业的主要商业模式。随着以物联网、大数据为代表的一批新技术的诞生，制造行业进行数字化转型的趋势已不可逆转。通过这种数字化转型，一批传统企业和新的入场者另辟蹊径，在与客户交互的接触点上直接与客户进行沟通和提供增值服务，创造出从产品向服务转型的新的商业模式，这对那些依旧停留在原地的制造厂商造成了不可忽视的威胁。

如图 12-2 所示，近年来在不少制造行业里出现了一大批这样的例子，它们给传统的商业模式带来了新的思路和冲击，具体示例如下。

- "压缩空气作为服务"：压缩空气设备制造商将原有的销售设备的商业模式，转变为销售"压缩空气"给客户，按照客户使用压缩空气的体积等指标来进行收费。
- "精密加工能力作为服务"：机床制造商将已出售给客户的精密加工机床进行联网，把客户机床的富余加工能力进行出售，并帮助客户按照加工时间或加工精度进行收费。
- "咖啡作为服务"：咖啡机生产厂家将咖啡机加以联网，进行远程监控和维护，厂家掌握了何时应该上门补充咖啡豆原料和保养或修理机器的信息，并派人上门补充咖啡豆或进行设备维护，并按照客户饮用的咖啡量（如杯数）进行收费。
- "轮胎数据服务"：轮胎制造商通过在轮胎上安装联网的传感器，实时收集轮胎使用数据，来帮助物流车队对轮胎的使用进行管理和优化，并按照车队行驶距离进行收费。

一批传统企业和新的入场者另辟蹊径，在与客户交互的接触点上直接与客户进行沟通和提供增值服务，创造出从产品向服务转型的新的商业模式，对那些依旧停留在原地的制造厂商造成不可忽视的威胁。

空气压缩机：空气压缩机生产企业从生产压缩机到提供压缩空气。制造厂商通过压缩机上的传感器，远程监控和维护压缩机设备——"压缩空气作为服务"	机床：机床生产企业将高精度大型加工中心联网进行远程维护，并通过"出租或出售加工能力"，提高设备使用效率——"精密加工能力作为服务"	咖啡机：咖啡机生产企业从提供咖啡机到提供咖啡。制造厂通过咖啡机上的传感器，负责补充咖啡原料罐，并随时维护咖啡机——"咖啡作为服务"	轮胎：轮胎生产企业通过在轮胎上安装传感器，收集轮胎行驶距离、磨损、温度等信息上传至云中心进行分析为车队提供"轮胎数据服务"

图 12-2　近年来制造行业里利用数字化技术，从制造向服务进行转型的一些案例

　　这种数字化转型不仅出现在一些制造工具或设备的面向企业客户的制造行业里，而且即便是像汽车这样的面向最终消费者的传统制造业，随着自动化驾驶技术的出现，也出现了向服务商进行转型的趋势。

　　如图 12-3 所示，今天的汽车工业依然停留在以"个人购车 + 个人驾驶"为特征的"制造驱动的产品"的商业模式中。消费者在购车的时候考虑的是个人拥有车辆的价值，如品牌、技术、价格和驾驶者个性化的彰显。很多人愿意为了追求品牌而购买价格昂贵的汽车。而今天，在以谷歌为代表的无人驾驶技术和以优步为代表的城市汽车共享潮流的影响下，一种"数字驱动的服务"的雏形正在逐渐形成。运营的核心转向了数据，包括车辆数据、道路数据、环境数据和个人出行需求数据，而非产品。未来随着智能交通技术的出现和普及，人们期望的是随叫随停的出行方式，追求便利、安全、舒适和绿色，而汽车厂商则会向社会交通工具运营商的方向发展。这时，汽车品牌、技术等现在的竞争要点会变得弱化，这对以豪华品牌和"高技术 + 豪华品牌—> 产品溢价"的德国汽车工业来说，其将会面临巨大的挑战。汽车业如此，其他制造业也面临着类似的挑战。

图 12-3　即便是像汽车这样的传统制造业，随着自动化驾驶技术的出现，也出现了向交通服务商转型的趋势

　　在这一转型的背后是制造企业的商业模式从传统的以加工制造为中心，转向了以数字化技术为手段和支撑的服务为中心。它是在智能产品的基础上，通过物联网技术将产品连接到互联网上，并应用大数据和其他 IT 技术将企业的商业模式从销售产品转变为销售服务或产出，从物理的产品驱动转变为虚拟的数据驱动，从而实现商业模式的升级甚至革新。

　　类似于这种情况，被称为智能服务（Smart Service）。所谓"智能服务"，简单地说，就是一种"为个人 / 单个企业配置的产品和服务的捆绑"。如图 12-4 所示，不仅是在制造行业，在媒体、零售、健康、金融等其他产业，在国外都出现了基于数字化架构的、以数据驱动为特征的、以智能服务为中心的商业模式。这些商业模式具有一个共同的特征，那就是以用户为中心，服务的提供是随时随需的。

来源：德国acatech智能服务世界报告（2015）

图 12-4　智能服务已经从制造业扩展到很多行业，体现了以用户为中心的思想

12.2　工业产品服务系统的定义和分类

让我们再回到制造行业的服务转型。实际上，从数字化角度提出的智能服务这一概念，可以追溯到工业界里的"工业产品服务系统"（Industrial Product-Service System，IPSS）或"产品服务系统"（Product-Service System，PSS）这两个概念。有些时候，客户对获得产品的功能或能力更加感兴趣，而非直接采购或拥有产品。如果能够在客户获得产品的功能或能力方面进行提高，对于制造商和客户来说都会从中获益。在这一背景下，制造商可以通过在报价中提供服务来增加自身的价值，这一转变被定义为一个通用的名词——"服务化"（servitization）。做出这种转变的必要原因是，无论是客户对缺乏吸引力的产品的需求，还是制造商从销售这些产品中获得的利润，两者都在下降。在工业领域，提供服务的主要优点是可以在长期的关系中锁定这些客户，通过让制造商来承担产品使用过程中的风险和不确定性，为客户提供足够的信心。这种做法有很多类似的名称，如"功能销售"、"集成的解决方案"或"软产品"等。

如图 12-5 所示，在有关"服务化"的实践中，PSS 或 IPSS 是一个特殊的种类。PSS 的商业模式可以让企业建立价值增值和竞争力的新来源，具体包括如下内容。

- 以一种集成和定制化的方式来满足客户的需求，通过客户的使用过程来实现价值，从而让客户更加关注于自身的核心业务。

- 无论是厂商还是客户，双方对于产品的全生命周期的成本上的追求不再是对立关系，而是一致的。
- 与客户建立独特的关系，加深客户忠诚度。
- 由于对客户跟进得更好，从而加快产品和服务的创新速度。

产品服务系统（Product–Service System, PSS）

定义 PSS是一个一体化的产品与服务交付形式，它在使用过程中产生价值。

实质 客户其实并不一定需要一个产品，他们实际上是寻求产品及其服务所能提供的效能。通过接受一项服务而不是购买一台产品，可以使用更少的物料和更少的能耗来满足更多的需求。

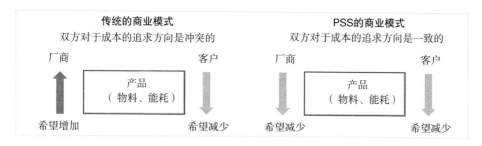

图 12-5　在这一转型的背后，是制造企业的商业模型，从传统的以加工制造为中心，转向了以产品服务系统（PSS）为中心

实际上，PSS 并不是一个新的概念。最早的 PSS 实践案例甚至可以追溯到第一次工业革命，也就是由瓦特在 1775 年发明的蒸汽机。除了销售蒸汽机之外，瓦特还免费进行蒸汽机的安装和维护，并且从客户下一年比上一年通过蒸汽机节省的费用中获取利润。效率低的蒸汽机的燃煤消耗量会非常高，直接带动了成本的上扬。

而在研究文献中，向产品 - 服务集成模式迁移的研究是由 Vandermerwe 和 Rada 在 1988 年提出的制造业的服务化（Servitization of Manufacturing）所引发的。他们二人将"服务化"的概念描述为"以客户为中心的商品、服务、支持、自服务、知识的捆绑"。在接下来的二十年里，有关制造商向服务商转型的研究得到了大量的关注，出现了很多类似的概念和实践。

实际上，PSS 的设计并不是简单地转为"按使用次数收费"的商业模式。历史上已经有过很多这样的 PSS 案例，它们要么以失败告终，要么是利润下滑到与市场上传统制造的商业模式没有区别——也就是说，这些案例里的 PSS 并不是"可持续"（sustainable）的。或许一开始会因为商业模式的新鲜度而走红于市场，但很快就会开始走下坡路——今天流行的共享单车，在被短暂地追捧之后，很多人已经开始怀疑其可持续能力。

如图 12-6 所示，在数字化转型不断深入的今天，数字化为服务化提供了更多的可能和更强的可持续能力。于是，服务化和数字化之间的关系成为一个值得研究和探讨的课题。

- 对于制造企业来说，服务化的水平和数字化的程度之间是否存在一定的联系？
- 如何搭建面向制造企业产品服务系统（PSS）的数字化架构和系统？或者说，如何搭建面向智能服务的企业数字化架构和系统？
- 对于尚处于较为原始阶段的制造企业来说，如何开始服务化进程，并逐步通过数字化技术提高服务化水平？

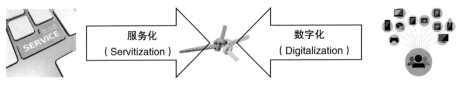

图 12-6   服务化和数字化之间的关系

接下来，我们就来剖析一下 PSS 的种类。从便于分类的角度，PSS 可以被定义为"有形的产品和无形的服务"的设计和组合，将它们结合起来能够满足客户的特定需求。

如图 12-7 所示，从 PSS 的起点也就是纯产品出发到纯服务，一共有三个大类。每一种大类之下，还有不同的小类，一共可分为八种，具体如下。

第一类是面向产品的服务（Product-Oriented Service）。它的商业模式依旧主要还是产品的销售，但是提供了一些额外的服务，具体如下。

- 产品相关的服务（Product-Related Service）：制造商不仅销售产品，还提供使用阶段所需的服务。这些服务可能是维护合同、贷款计划或配件供应，甚至是产品退役后的回收。
- 建议和咨询服务（Advice and Consultancy）：除了销售产品之外，制造商还对产品的高效使用提供建议，包括诸如使用产品的时候人员的组织结构、如何在产品是作为一个生产单元来使用的时候对物流进行优化。

第二类是面向使用的服务（Use-Oriented Services）。尽管传统的产品依然扮演着主要的作用，但是其商业模式已经不是为了销售产品。产品的所有权属于制造商，并且产品是按照一种不同的方式加以制造，有的时候可供多个用户共享，具体如下。

- 产品租赁服务（Product Lease）：从制造商的角度来说，产品的所有权不转移，并对产品的保养、维修和控制负责。承租方为使用产品而定期付费，在租用期间对产品有无限和单独的使用权。
- 产品出租/分享服务（Product Renting or Sharing）：同样，从制造商的角度来说，产品的所有权不转移，并对产品的保养、维修和控制负责，承租方需要为使用产品付费。该类型与前一种类型的区别在于使用方对于产品没有无限和单独的使用权，其他的使用方也可以在其他时间使用该产品。

- 产品池服务（Product Pooling）：它与产品租赁、出租 / 分享的做法类似，但多个使用方可以同时使用产品。

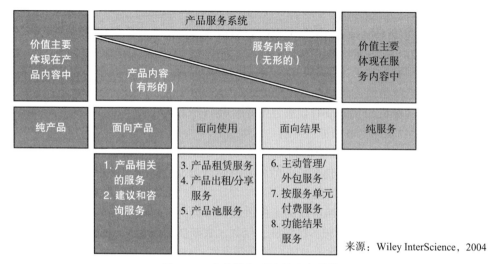

来源：Wiley InterScience，2004

图 12-7　产品服务系统的八个种类

第三类是面向结果的服务（Result-Oriented Service）。客户和制造商就某一结果达成协议，并且不引入预先定义的产品，具体如下。

- 主动管理 / 外包（Activity Management/Outsourcing）服务：在这里，一家公司的一项活动的一部分被外包给第三方。大多数外包合同都包括了绩效指标，对外包活动进行的质量加以控制。常见的例子包括办公室的清洁服务。
- 按服务单元付费（Pay per Service Unit）服务：这种类型包括了 PSS 的许多典型例子。这里依旧有一个产品，但是用户不购买产品，而是根据使用水平来购买产品的输出。常见的例子包括办公室使用的按复印数量收费的复印机。复印机公司负责所有的保证该复印机正常工作的活动，包括补充纸张、替换硒鼓、对复印机进行保养、维修甚至替换。
- 功能结果（Functional Result）服务：产品制造商和客户在产品所交付的结果上达成一致。该类型与前面的"主动管理 / 外包"不同，其目标是一个功能上的结果，而不是一些抽象的条款，它与一个具体的技术系统没有直播的联系。产品制造商对于如何交付这一结果，从原则上讲是完全自由的。典型的例子是设备供应商为办公室提供"舒适的问题"，而不是制冷制热设备；或者是向农民承诺最大的收获，而不是销售杀虫剂。

显然，从第一种服务到最后一种服务，对产品的依赖程度在不断地下降，或者说有形的产品内容越来越少；而与客户签署的条款或者说是服务内容或要求，则越来越抽象，而提供给制造商的自由空间也越来越大。越抽象的服务要求，意味着越难以被翻译为具体的指标。对于制造商来说，就越难以判断应该供应什么；对于客户来说，就越难以了解他们是否得到了他们想要的。

12.3 不同类型 PSS 的商业可持续性分析

这些不同种类的 PSS 明显对应了不同的商业模式。接下来一个很自然的问题就是，如何选择最能创造附加价值的 PSS 种类？对于这个问题，业界从不同的角度做了很多的分析，其中最有代表性的是从经济附加值（Economic Value Added，EVA）的角度，从四个方面进行衡量，具体如下。

- PSS 的市场价值（有形的和无形的）：有形的价值包括节省的资源、时间和资本；无形的价值包括额外的、有时候是无价的体验。这一部分的价值通常是非常直接和显性的。
- PSS 的生产成本：制造商为了提供服务所需的有形成本。此外，也必须考虑与此相关的风险和不确定性，例如，农药制造商如果承诺了庄稼的损失率低于某个比例，那么其同时就必须提供一旦未能兑现时的风险补偿。
- PSS 的生产投资：制造商为了提供服务所需的生产投资。这里的投资既可以是直接与提供服务相关的（例如为了提供产品池服务而需要增加的产品），也可能是额外需要的"转型"投资，如软件和解决方案等。
- 现在和未来在价值链上获取价值的能力：包括在价值网络上的战略定位、降低接触客户的门槛、对提高客户忠诚度的帮助，以及对加快创新速度的贡献。

上面的这些分析可以概括到下面的一张表（表 12-1）中。我们可以发现，不同类型的 PSS 之间的差异性很大。

表 12-1 不同类型 PSS 的经济性分析

服务大类	服务小类	对用户的市场价值		生产成本		生产投资		未来可维持价值的能力		
		有形价值	无形价值	有形成本	风险收益	直接投资	转型成本	% 获取价值	客户忠诚	创新速度
面向产品的服务	产品相关的服务	0/+	0/+	−/0	0	−/0	−/0	0	+	0/+
	建议和咨询服务	0/+	0/+	0	0	0	−/0	0	+	0/+
面向使用的服务	产品租赁服务	0/+	?	−/0	−/0	−	−	+	−/+	0
	产品出租／分享服务	−/+	"−−"	+	0	−/+	−	?	?	?
	产品池服务	−/+	"−−"	+	0	−/+	−	?	?	?

（续）

服务大类	服务小类	对用户的市场价值		生产成本		生产投资		未来可维持价值的能力		
		有形价值	无形价值	有形成本	风险收益	直接投资	转型成本	% 获取价值	客户忠诚	创新速度
面向结果的服务	主动管理 / 外包	+?	+?	0	−/0	0	−	?	+	+
	按服务单元付费服务	+	?	0	?	0	−	+	+	+
	功能结果服务	0	?	++/?	"− −"	++/?	"− −"	?	?	+

来源：Wiley InterScience 2004

++: 比参考好多　　　　　　−: 比参考差

+: 比参考好　　　　　　　　?: 无从判断

0: 没有区别　　　　　　　"− −": 存在很多问题的领域

　　在对不同种类 PSS 进行经济性分析之后，让我们再回到问题的起点，分析一下它们的可持续性如何。无论是哪一种类型的 PSS，一般来说都需要付出一定的成本和投资。根据这些成本和投资所能带来的好的变化，按照程度高低，我们将其分为三个大类，如表 12-2 所示，具体如下。

- 导致有额外或平均影响程度的变化（10%~20%）。例如，通过产品相关的服务的维护合同，可以获得更好的维护，从而导致了对产品更加密集的使用，或者延长了产品的使用周期，或者在使用过程中减少了能源和耗材的消耗。
- 导致了平均或高影响程度的变化（达到 50% 甚至更高）。
  - 制造商在设计产品的时候将产品的全生命周期成本考虑在内（如按服务单元付费服务）。
  - 制造商对于系统中资产商品的使用更加密集，或者具有更长的生命周期（如产品租赁服务）。
  - 制造商在使用阶段消耗更少的能源和其他耗材（如产品分享服务）。
  - 制造商使用具有更高规模经济的技术。
- 导致了非常高的影响程度的变化（达到 90% 甚至更高）。例如，对于功能结果服务，制造商会倾向于使用彻底不同的技术系统，从而产生截然不同的非常高程度的变化。

表 12-2　不同类型 PSS 的可持续性分析

PSS 类型　影响程度	产品相关的服务	建议和咨询服务	产品租赁服务	产品出租 / 分享服务	产品池服务	主动管理 / 外包	按服务单元付费服务	功能结果服务
导致有额外或平均影响程度的变化								
额外或平均的效率改进	+	+	?	?	?	+	+	+
导致了平均或高影响程度的变化								
按产品全生命周期成本设计	?	n.r.	?	?	?	+/?	+	+
更密集的使用或延长生命周期	n.r.	n.r.	n.r.	+	+	+/?	+	+
在使用阶段消耗较少的能源和耗材	n.r.	n.r.	n.r.	+	+	+/?	?	+

（续）

PSS 类型　　影响程度	产品相关的服务	建议和咨询服务	产品租赁服务	产品出租／分享服务	产品池服务	主动管理／外包	按服务单元付费服务	功能结果服务
更高规模经济的有效技术	n.r.	n.r.	n.r.	n.r.	n.r.	?	n.r.	?
导致了非常高的影响程度的变化								
应用彻底不同的技术系统	n.r.	n.r.	n.r.	n.r.	n.r.	n.r.	n.r.	+

来源：Wiley InterScience 2004

+：比参考好　　　　　　　　?：无从判断

-：比参考差　　　　　　　　n.r.：无关

上述分析其实并没有得出哪一种类型的 PSS 的可持续性更高的结论。一般来说，人们会认为"功能结果服务"的可持续性更高，原因是它可以带来非常明显而巨大的好处。例如，在前面提到的汽车行业的例子中，如果客户不再拥有和驾驶汽车，而是由汽车厂商提供"将顾客从甲地运送到乙地"的机器人驾驶服务，无疑会大幅减少今天汽车的空驶距离，这无论是对汽车的设计还是能源与耗材的消耗，都会带来极大的好处。但是，此项技术的难度和投资是如此巨大，直到今天还只能是一个梦想。而在洗衣机行业，却鲜有厂商开展上门收取衣物洗净后送回的业务，其根本原因还是因为行业和产品属性的不同。

尽管如此，对于很多制造行业，提供更多种类的 PSS 并向"功能结果服务"一端迁移和升级，确实提供了更大的价值创造空间和可能性。如图 12-8 所示，某采矿机械设备通过对其 PSS 服务包不断进行扩展和升级，将其销售收入提高了 20%。

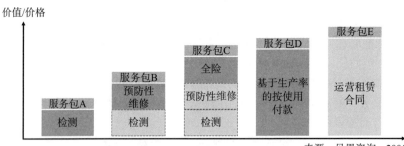

来源：贝恩咨询，2005

图 12-8　某采矿机械设备制造商的 PSS 升级之路

12.4　制造商通过数字化技术向服务提供商转型的路线

现在，我们假设产品制造商沿着从制造商向服务提供商转型的路径，从最基本的具有服务义务的制造商开始前行，逐渐转向提供面向产品的服务、面向使用和面向结果的服务的制造商。这种转型可以增加客户价值，或者增加客户价值的空间和可能性，为提供商带来竞争优势。在路径的终点，制造商提供创新的 PSS，包括各种类型的可获得性保障，乃至"建设－经营－转让"（Build-Operate-Transfer，BoT）模式。

如图 12-9 所示，我们将制造商向高阶的服务提供商转型的路径分为三个阶段。在每一个阶段，制造商与客户交互和协同的范围都不相同。对于具有服务义务的制造商，只需要与客户在交易的场合进行接触，附加少许服务即可。随着服务化水平的不断提升，制造商需要与客户在产品生命周期的更大范围内进行协同，这里面也离不开数字化技术的支持。

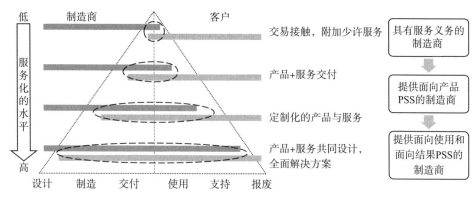

图 12-9　制造商向高阶的服务提供商转型的路径

前面的介绍中已经涉及了数字化对于服务化的支持，包括从较初级的 PSS 类型向较高级的 PSS 类型的迁移和升级，以及在产品生命周期里制造商与客户之间的协同，都离不开数字化技术的帮助。今天，已经有越来越多的制造商开始在提供服务的时候使用数字系统，如图 12-10 所示。

来源：SAP，2015年

图 12-10　制造商在 PSS 中开始使用越来越多的数字化技术

实际上，服务化与数字化早已密不可分。制造商在产品和设备上安装智能的数字系统，这样就可以在独立运作的同时与其他设备通信，从而进行远程的设备维护与服务，是服务领域里 IT 的标准解决方案。随着 PSS 类型的迁移和升级，越来越多的信息与通信技术（Information and Communications Technology，ICT）解决方案得以使用，以改进和扩展服务交付。近年来，随着物联网的不断普及，数字系统越来越多地作为 PSS 的创新和智能的部件得到广泛使用。

如图 12-11 所示是结合了数字化和服务化两个维度的制造商的转型路径，也可以看成是制造商如何通过数字化转型，实现向服务提供商转型的路线。显然，数字化转型的路径取决于数字化部件对工业服务交付的贡献。

如何在国内的工业领域建立数据共享的平台，让数字化绩效卓越的龙头企业带动整体行业生态向数字化、智能化发展？这是一个非常有趣的问题。按照德国国家科学与工程院的研究，企业按照工业 4.0 的思路发展下去到达一定的阶段，需要建立"智能服务世界"（Smart Service Welt）这样一个平台，共享企业的数据，将传统的线下的供货或服务转变为线上的数字化服务，从而带动行业的生态发展，如图 12-12 所示。显然，这是一种生态系统的玩法。它实际上是企业数字化转型发展到一定的高级阶段，由"水平集成"演化为数字化服务的商业模式，通过云平台进行固化。在这里，"生态"是关键词。

我国目前出现了非常多的行业云，基本上都是各个行业的龙头企业自建的云平台。国外的很多企业则都准备做类似 GE 的 Predix，将自己在某一方面取得进展的数字化技术（例如一些工业物联网应用）通过云服务销售给其他同类型企业。显然，这与上面提到的面向行业生态的做法有一定的区别。

在实现方法上，这两种做法也存在一些区别。"智能服务世界"的目标是带动行业生态的发展，并不强调自建云，它的搭建完全可以基于公有云的 SaaS 应用。原因是国外的公有云 SaaS 应用比较丰富，或者是国外企业并没有非常多的非标准化应用。例如设备云，SAP 称为资产智能网络 AIN，这就是一个公有云的 SaaS 应用。而国内的行业云则倾向于自建云。

回到所提的问题，国内的工业领域如果要建立像国外一样的基于智能服务的数字化平台，那么首先要推进一批龙头企业进行比较充分的数字化转型（例如达到上一个问题中的等级 4），才存在一定的可能。

12.5 深度案例分析：卡特彼勒通过以配件为核心的售后服务打造企业核心竞争力

作为全球最大的工程机械制造企业，卡特彼勒的案例横跨了前文所介绍的制造企业向服务转型的三个阶段。

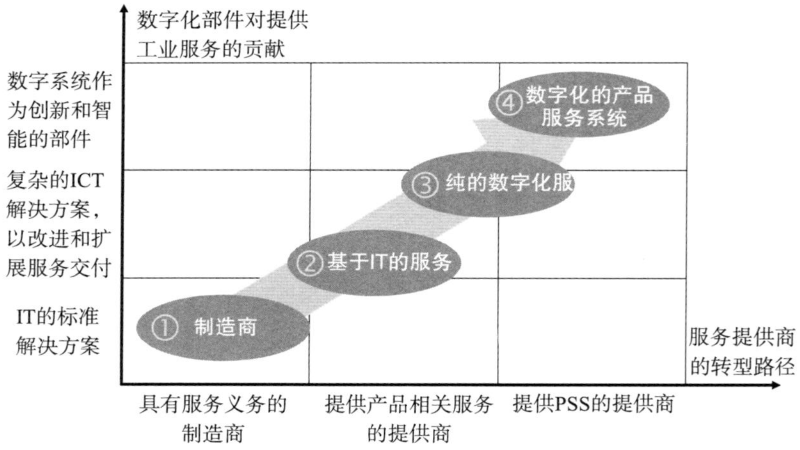

① **制造商**
- 提供必要的与产品相关的服务，例如安装或维护和维修
- 对服务使用标准的ICT解决方案，例如数字化的文本文件、电子邮件、视频电话等
- 将ICT解决方案应用到日常工作中

② **基于IT的服务**
- 使用ICT解决方案来改进目前的服务交付，例如电话服务、远程服务
- 企业可以
  - 更快地提供服务
  - 消耗更少的资源
  - 更高的质量

③ **纯的数字化服务**
- 服务通过ICT系统来实现，例如基于软件模拟，增强现实或虚拟现实实现应用，或者数字化的服务内容，明显地提高了产品或服务的绩效
- 这些服务扩展了制造商开展的产品或服务的绩效

④ **数字化的产品服务系统**
- 不仅实现了物理部件和抽象部件的集成，同时还有产品-服务捆绑的数字化部件
- 全新的工业交付潜力：数字化基础架构，以建立智能的、独立的操作系统，可以实现
  - 最高的可获得性
  - 优化的运营条件
  - 资源消耗大为减少

来源：Fraunhofer，2015年

数字化部件对提供工业服务的贡献

数字系统件为创新和智能的部件

复杂的ICT解决方案，以改进和扩展服务交付

IT的标准解决方案

服务提供商的转型路径

① 制造商　② 基于IT的服务　③ 纯的数字化服务　④ 数字化的产品服务系统

具有服务义务的制造商　　提供产品相关服务的提供商　　提供PSS的提供商

图12-11 制造商通过数字化转型向服务提供商转型的路线

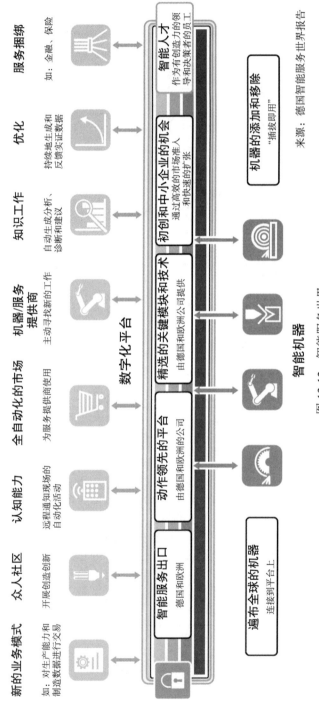

图 12-12　智能服务世界

卡特彼勒服务化转型的第一阶段是一个非常典型的利用 IT 的标准解决方案，即成为提供产品相关服务的提供商（主要集中在售后配件），从而打造企业核心竞争力的典范。

在第二阶段，卡特彼勒开始使用传感器和物联网技术，借助预测性维护，进一步提高对设备的维护水平。

在第三阶段，卡特彼勒进一步将自身产品的互联技术与客户的业务结合起来，提供更加全面的服务方案，为客户的施工作业提供全面的解决方案。

12.5.1　卡特彼勒介绍

卡特彼勒（Caterpillar）是总部位于美国伊利诺伊州皮奥里亚的重型工业设备制造公司，主要产品包括农业、建筑及采矿等工程机械和柴油发动机、天然气发动机及燃气涡轮发动机。目前，卡特彼勒是世界上最大的建筑、采矿设备、柴油、天然气引擎和工业汽轮机生产商。2017 年，卡特彼勒的收入达到 455 亿美元。按照 2017 年《财富》杂志的美国 500 强排行榜，卡特彼勒排名第 74 位。

12.5.2　第一阶段：以售后配件为核心的服务化转型

卡特彼勒的售后配件管理案例是一个非常典型的利用 IT 的标准解决方案，即成为提供产品相关服务的提供商，从成本中心变为利润中心，从而打造企业核心竞争力的典范。

卡特彼勒的售后配件业务的口号是"在正确的时间把正确的配件送达正确的地点"，并将其作为与对手的差异化竞争手段。卡特彼勒可以向全球 220 家经销商及其 1844 个门店、1665 家租赁店提供 75 万种配件，其中 99.72% 的配件可以当天发货，48 小时内送到客户手中，代表了目前世界上最先进的配件管理水平。如图 12-13 所示，典型的卡特彼勒经销商的年销售收入为 5.26 亿美元，其中有 60% 的比例来自于服务。而其竞争对手，如小松，其典型经销商的年销售收入为 1.65 亿美元，但其来自服务的收入却只有 43%。

卡特彼勒售后配件所面临的管理难度在行业中也具有一定的代表性。

随着工程机械产品质量的不断提高，以及单一型号产品平均销量的下降，在众多的售后配件中，低需求量的配件的数量在不断增加。以图 2-14 为例，根据卡特彼勒的统计数字，从 1971 年到 2005 年的这三十多年里，月平均需求小于 1 的配件的数量在不断上升，而月需求在 1～10 之间和超过 10 的数量却并没有太大的变化。很明显，卡特彼勒今天必须在支持快流件的大容量业务的同时，还需要付出更大的精力来管理不断增加的慢流件。

此外，卡特彼勒的售后配件也面临着从割据到整合的一场转变。由于一些历史原因，卡特彼勒配件供应链网络存在不合理之处，特别是各产品线的配件业务各自为政，工作效率低下。由于没有一套标准的售后配件计划和执行流程，因此造成了库存水平过高和呆滞的情况。对割裂的供应链进行整合无疑是提高售后配件管理水平的重要前提。

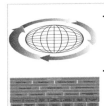
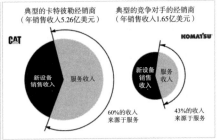

卡特彼勒作为全球最大的工程机械制造企业，它的售后配件管理案例是一个非常典型的利用IT的标准解决方案，成为提供产品相关服务的提供商，从成本中心变为利润中心，从而打造企业核心竞争力的典范。

- 卡特彼勒的售后配件业务的口号是"在正确的时间把正确的配件送达正确的地点"，并将这作为与对手的差异化竞争手段。
- 卡特彼勒可以向全球220家经销商及其1844个门店、1665家租赁店提供75万种配件，其中99.72%的配件可以当天发货，48小时内送到客户手中，代表了目前世界上最先进的配件管理水平。

来源：Caterpillar Logistics，2007年

图 12-13　卡特彼勒代表了全球工程机械行业售后配件管理的最高水平

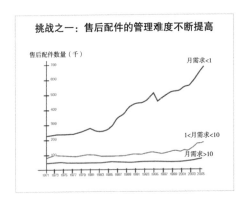
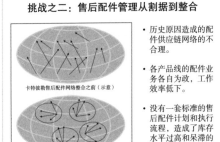

来源：Caterpillar Logistics，2007年

图 12-14　卡特彼勒售后配件所面临的管理难度

为此，卡特彼勒采取了提升售后配件管理的三大举措，一举扭转了之前的困难局面，将卡特彼勒的售后配件管理水平提高了一个新的台阶（如图 12-15 所示）。

- 措施之一：成立物流事业部，建立集中的业务部门，统一管理各产品线的售后配件业务。
- 措施之二：按照统一规划、统一管理、统一执行的战略，对全球售后配件网络进行了优化重组。
- 措施之三：在同一个 IT 平台（SAP）上，对全球售后配件管理的业务流程进行全面的管理。

来源：Caterpillar, SAP, 2010年

图 12-15　卡特彼勒所采取的提升售后配件管理的举措

在采取了上述举措之后，通过一段时间的组织调整和系统建设，卡特彼勒在售后配件领域取得了显著的成效（如图 12-16 所示），具体表现为如下三个方面。

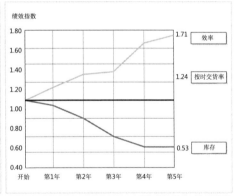

来源：Caterpillar Logistics，2007年

图 12-16　卡特彼勒在售后配件领域取得的成就

首先是为卡特彼勒售后配件业务的高速发展提供了支持。卡特彼勒每个配件中心都是 24 小时全年运作。每年在卡特彼勒供应链上处理的配件订单行数为 5 千万行，每个月为 430 万行，每天 14 万行，几乎每 2 秒钟一行。在全球工程机械行业里，这一规模和运转效率首屈一指。

其次，卡特彼勒在售后配件的服务水平上取得了长足的进步，成为卡特彼勒的重要核心竞争力之一。对经销商的配件按时交付水平在完成系统和人员整合后，从第 1 年的 78%，连续 5 年里平均每年提高 4.45%，直至第 5 年的 97% 以上。

第三，大大降低了配件流通成本。在完成机构整合及信息系统建设之后，库存水平在连续 5 年里平均每年都以 12% 的水平下降，员工效率在连续 5 年里平均每年都以 11% 的水平提升，售后配件的成本在销售价格中的比例连续 6 年里都以平均每年 11% 的比例下降。

12.5.3 第二阶段：基于传感器大数据的预测性分析

如果说在第一阶段卡特彼勒采用的还是传统的信息化技术，通过对售后配件组织和流程进行整合，提高售后业务的收入。而在第二阶段，卡特彼勒开始全面拥抱物联网时代，通过基于传感器大数据的预测性分析，实现售后服务的业务模式转型。

CAT Connect（官方翻译为"卡特智能"）通过在设备上安装的传感器以及所采集的数据，可以智能地运用各种技术与服务来监控、管理和加强设备的运行状况，从而让客户更好、更深入地控制现场作业，提高生产效率、降低成本、提高安全性，建立更加绿色和可持续性的业务。

Cat® Connect（官方翻译为"卡特智能"）通过在设备上安装的传感器以及所采集的数据，可以智能地运用各种技术与服务来监控、管理和加强设备的运行状况，从而让客户更好、更深入地控制现场作业，提高生产效率、降低成本、提高安全性，建立更加绿色和可持续性的业务。

图 12-17　卡特智能可以帮助客户提高设备管理水平和生产效率，加强安全保障，促进绿色发展

以船舶行业为例，卡特彼勒是该行业设备的领先供应商，可提供中高速船用柴油发动机、发电机组以及辅助发动机。船舶行业是一个对设备安全性要求较高的行业，设备几乎全天候运行，并且不可避免地常常在恶劣的天气和环境下运行，盐和水雾造成不可避免的设备腐蚀和损坏。对于低利润的航运业务来说，任何计划外的设备停机都可能是灾难性的，特别是对于那些通过小空间运送货物或拖拽大型运输船舶的小型船舶来说，这是非常可怕的。紧张的航运时间表不允许任何延迟延误：如果拖船在客户需要的时候不在那里，那么其马上就会被竞争对手所取代。如图 12-18 所示，目前大多数企业都停留在传统的出现故障后及时修理的阶段。

针对这样一个背景，卡特彼勒提供了船用数据分析的解决方案。实际上，在物联网尚未成为"时尚"的流行技术之前，卡特彼勒就已经开始使用嵌入或连接到设备上的传感器，对即将发生的故障的迹象，如压力、温度或发动机转速的变化，进行数据采集和分析。通过预测设备将何时失效，卡特彼勒为其客户（主要是船队所有者）在计划停机期间安排维护，避免了工作船只突然在航行中停机的噩梦。CAT Connect 提供了板载检测和复杂的预测分析。它代替了传统的报警系统（这些报警系统在设备损坏已经发生之后才会被触发），并且能够及时将预先解决问题的情报发送给船东。

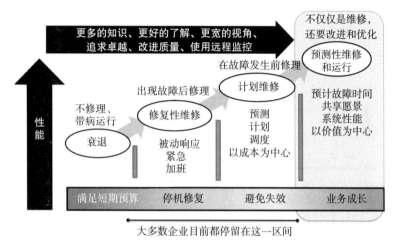

图 12-18　卡特彼勒描绘的售后服务发展阶段

　　卡特彼勒的技术可以实现以平均每秒一次到每秒 2 万次不等的采样率进行采样、处理、清洗和鉴定数据。通过大数据分析，可以在发出警报之前确定失效的趋势。例如，如果压力仍在正常工作范围内，油压的下降可能不会触发警报。然而，油压下降的趋势表明可能即将发生故障。在知道这一事实之后，操作员能够在设备故障之前采取动作。尽管偏差不会引发警报，但是趋势可以说明设备已经在走向失效的道路上。

　　对于客户来说，采用这种技术的回报是非常及时的。例如，如图 12-19 所示，使用上述趋势分析技术来预测单个燃油泵的故障，一个卡特彼勒船舶客户每年可在维护费用上节省 3.5 万美元，并降低了因停机而导致客户损失的风险。有的客户发现燃油泵在公司的拖船上每两三个月就要停机一次。数据分析显示，泵压力在失效前七天开始下降，三天后再次下降。由于该模式是可预测的，因此卡特彼勒推荐客户采用基于传感器数据分析生成的更换计划，以消除船舶停机时间。这是一个非常实用的技术，可以让客户的投资即时得到回报。

　　实际上，CAT Connect 所能做的远不止预测性维修这么简单。当分析了大量的数据，并与指向更大的节省成本的机会相结合的时候，可以获得更大的潜在回报。每隔 15 分钟，卡特彼勒就会对船上的系统收集的数据进行整理，并将其传送到岸边进行深入分析。

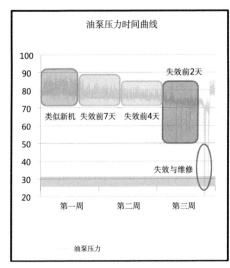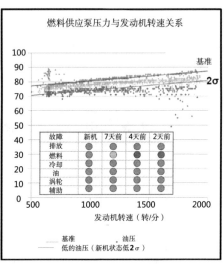

图 12-19　通过预测性维护避免油泵故障停机

　　卡特彼勒对来自各种源格式的数据进行集成、协调和分析，使分析人员能够
构建复杂的模型，从而检测人类看不到的关系。来自船只的数据流有数十种格式
（如温度、压力、转速、地理坐标、几何角度等），相互之间都有差异，这些数据因
为行业标准和制造商的规格而异。通过将所有这些数据整合在一起，卡特彼勒试
图找出这些数据对船舶的性能意味着什么。实际上，每一艘船在数据采集和整理
上都不相同，所以可以想象一下每一家船企的复杂程度，每年都需要评估数万亿
个数据点。

　　在对这些复杂数据进行转换之后，分析人员就可以使用可视化和多维数据集
来关联许多变量，并识别它们相互之间的关系。例如，一个"数据立方体"（cube）
可以在几个月内组合关于燃料消耗、发动机转速、风力条件和有效载荷大小的数
据，以检测能够使船队所有者更有效地运行船舶的数据关系。

　　如图 12-20 所示，在采集了船舶近期的运行状况数据（包括位置、轨迹、速
度、转速、马力、油耗，等等）之后，通过工作周期分析，显示设备长期空闲时
间（6～8 个小时的长期闲置时间、GPS 显示没有任何移动、在闲置时间内的油耗
为 2～4 加仑 / 小时）和短暂高负荷时间，从而可以在船队中进行比较和趋势分析，
并且还可以对船舶的燃料和效率进行跨船只和跨时间分析。

　　卡特彼勒使用商业智能技术使船东了解所有拥有的船舶的设备性能。通过所
创建的数据立方体，船上的不同传感器的数据将会以可视化的方式映射到用户希
望创建的分析模型中，这种做法产生了一些戏剧性的收益。有的时候，即使是很

小的效率改善，也可以为许多船只带来可观的节省。

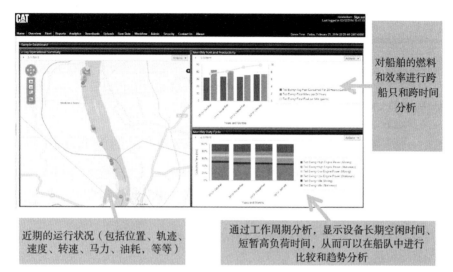

对船舶的燃料和效率进行跨船只和跨时间分析

近期的运行状况（包括位置、轨迹、速度、转速、马力、油耗，等等）

通过工作周期分析，显示设备长期空闲时间、短暂高负荷时间，从而可以在船队中进行比较和趋势分析

图 12-20　船舶燃料与效率分析

　　船东通常关注优化三方面的运作能力：燃油效率、计划外停机时间和环境合规性。例如，一些货船可携带五台车载发电机，以便为冰箱和压缩机等物品供电。这些发电机中的每一个都可以输出不同的功率量，使得它们可以根据需要进行混合和匹配。对于一个客户，标准操作程序是尽可能地启动最少数量的发电机，并以最大的速度运行它们。常识告诉我们，运行更少的发电机会使用更少的燃料，但事实证明并不总是这样。通过使用多维分析，客户发现运行更多的发电机，并将其功率设置在较低的水平，反而是更有效的方法。通过这种方式，每小时每艘船可以节省 30 美元。这一数字似乎并不是很多，但是对于每天运作 24 小时，每年 26 周共 50 艘船只的船队来说，总体节省将超过 65 万美元。

　　另外还有一个客户，卡特彼勒为其提供了发动机转速与螺旋桨推进器叶片角度之间关系的分析。通过使用不同角度的叶片进行燃油经济性测试，并将其与不同电机速度的燃油经济性进行比较，客户能够达到桨叶角度和发动机转速的最佳组合，让每艘船每月节约 2200 美元，或者每艘船每年节约超过 2.6 万美元。

　　多维分析是一种特别强大的分析形式，因为它可以将不同的因素组合起来进行比较。这种能力正在彻底改变着船舶行业。实际上，前面提到的预测性维护，通过结合关于运行条件、电力需求和其他情况因素的数据，公司可以将维护与需求进行匹配，而不是使用固定的时间表。它不仅可以用于设备失效的情况，还可以用于成本效益的分析。

　　一个卡特彼勒客户通过船体维护计划实现燃料节省，从而降低了维护成本。

随着时间的流逝，运行于海上的船体会受到藤壶、海藻和其他海洋碎屑的威胁，所造成的阻力会对燃油效率造成损失，这是众所周知的。但是大家不清楚的是，更频繁清洗的成本是否可以被燃油效率的提升所抵消。该客户每两年花 3.5 万美元清理用于运输车辆的驱动船的船体。一项分析很快发现，肮脏的船体使公司每两年因为燃油效率的降低而损失 130 万美元。非常频繁的清洁是没有头脑的做法。但是，最佳的频率是多少？通过覆盖清洁成本的趋势线，可以得出每两年六次船体清理的最佳时间表，其结果是每艘船只净成本节省超过 80 万美元。

12.5.4　第三阶段：为客户提供基于卡特彼勒产品的施工方案

作为卡特彼勒售后服务转型的第三阶段，卡特彼勒的目光没有局限在自身内部的服务能力提升之上。在第二阶段的产品智能化提升之后，卡特彼勒将目光投向了客户使用卡特彼勒产品进行施工的阶段。通过运用智能计划，帮助客户提升施工管理水平，进一步加强客户与卡特彼勒的关系，改善客户体验，进而提高产品和服务的销售。

图 12-21 以一个筑路建筑项目为例，展示了卡特智能的技术和服务如何帮助客户在时间、成本、质量和安全上取得改善。在整个工程项目开展之前，卡特智能会花几分钟时间对整个施工区域通过无人机进行测绘。图 12-21 中，我们可以通过横向柱状图代表的施工进度，来对传统施工和采用卡特智能技术驱动的施工二者的进度进行比较。

通过"卡特智能"技术，在工程布置阶段，其速度就加快了一倍，并将作业直接计划下达到每一台设备。在施工过程中，所需的作业人数也大为减少，这意味着暴露在施工风险下的人数会更少。在挖土和堆土阶段，"卡特智能"能够为客户带来最好的体验。由系统提供的更合理、智能和紧凑的设备控制和指导代替了手工流程，从而消除了作业延迟，并确保施工规范得到满足。在技术的支持下，可以实现只需要最少的作业来回，就可以实现土石方作业的目标，并满足误差要求。在通过"卡特智能"制定的清晰作业流程下，无论作业人员的技能水平如何，都能够充满信心地进行作业。在指挥现场的显示屏上，一目了然地提供了设备状况和作业进度。每一个作业人员都可以得到及时的提示，关注安全，减少疲劳。在装载机和推土机的作业系统的指导下，不仅可以减少来回作业的次数，并且可以保证按照任务的要求运载准确数量的土方材料，从而节省燃料、时间和费用。在铺路阶段，"卡特智能"技术同样可以大大提高工作效率。相比之前的作业速度，同样也可以提高一倍。

整个施工过程能够获得的效益具体如下。

- 人力时间消耗减少了 31%：实现了更好的资源分配，减少了员工暴露在野外施工风险的时间。

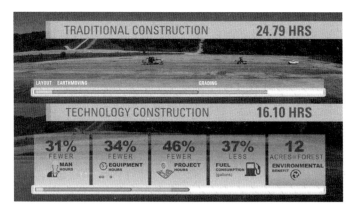

图 12-21   使用传统技术和使用"卡特智能"技术的施工项目对比

- 设备作业时间减少了 34%：这不仅是设备运行费用的减少，也意味着节省了设备保养和维修费用，提高了设备的可使用率和使用效率，延长了设备的寿命。
- 施工项目时间缩短了 46%：这意味着更低的单位成本，更高的利润，并且提高了投标的成功率。
- 燃料消耗节省 37%：这是另外一个降低成本，提高利润的重要来源，并且可以减少碳的排放污染，从温室效应来讲，相当于节省了 12 英亩的森林。

对于新技术的引入，我们也可以从另外一个角度来进行测算。无论是采用新技术还是传统的方法，由于筑路的收费总是与道路的长度成正比，因此我们可以按照与盈亏平衡点对应的筑路长度进行衡量——也就是意味着当道路修建的长度在盈亏平衡点之前时，在账面上，施工单位都是亏损的；而在盈亏平衡点之后，修的道路越长，盈利越多。上面谈到的新技术大约需要 25 万美元的一次性投入。在新技术下，每修 3 英里的道路需要花费 79 个工作日，而传统的方法下需要 147 个工作日。据测算，4 英里大约是新技术下的盈亏平衡点，与传统方法基本持平，但后续的盈利速度却快得多。

12.6   小结

从以制造为中心向以服务为中心是大多数制造企业转型的趋势和方向。实际上，这是一条漫长和艰巨的旅程。对于制造企业来说，从早期的大批量生产到后续的成套生产和提供解决方案，甚至是按使用收费的数字化产品，都是一个产品服务系统不断演进的过程。本章对产品服务系统的商业可持续性进行了分析，论述了制造商如何通过数字化技术向服务提供商进行转型的路线，并介绍了卡特彼勒的转型案例。对于很多希望向服务转型的制造企业来说，可以从中得到相应的借鉴。

从最佳业务实践到联合创新工厂

　　SAP 从 40 多年前几位前 IBM 员工辞职创办的小公司，发展到今天全球最大的企业应用软件商和德国市值最高的上市企业，在产品研发上有其独到的成功经验，这也是国内所有软件企业直到今天为止都未能学到的秘诀。

　　SAP 从 20 世纪 90 年代中期开始就意识到，为了持续推动软件销售额的进一步增长，不能只停留和满足在通用型商务软件上，而必须要走行业化道路，满足各个行业的个性化需求。但是，企业应用软件的开发是一个耗资巨大的复杂工程。如何让 SAP 的产品顺利进入如图 1 所示的五大行业群、25 个子行业，既能满足各个行业里的不同需求，又能有效地控制产品开发和维护成本，实现 SAP 公司的可持续盈利，是一个两难的挑战。非常多的软件企业在最初可以开发出一个不错的产品，但是随着市场规模的不断扩大，面对多样化的客户需求，产品无论从功能上还是架构上都变得日益臃肿和混乱，开始走下坡路直到最后被收购。但是，SAP 在 20 多年前的关键时间节点上，考虑到开发和维护的可持续性、确保软件的产品化程度和满足客户的跨行业需求，始终坚持了用一个 SAP 商务套件平台来承载所有行业解决方案的思路。或许在一开始，这么做会"束缚"住 SAP 行业开发团队的手脚，但是从长期来看，只有 SAP 取得了成功。

　　如图 2 所示，以汽车行业为例，在整条价值链上，无论是零部件供应商（离散制造或流程制造）还是整车厂（乘用车厂、商用车厂或是摩托车厂），或者是汽车销售与服务组织（汽车销售公司、进口商、经销商、维修站、汽车金融公司、汽车租赁公司、汽车保险公司），都可以使用同样的 SAP 商务套件为平台，再加上 11 个汽车行业解决方案包，以及 3 个金融行业解决方案包。在 2017 年，无论是年产近 200 万辆轿车的一汽大众，还是生产 50 多万台商用车的北汽福田，或者是国内零部件百强榜第一的延峰集团，抑或是有近 800 家 4S 店的广汇汽车，他们使用的 SAP 系统都是同样的商务套件。SAP 的平台化和配置化的能力是其成功的重要保证。

一个SAP商务套件平台　　　五大行业群、25个子行业解决方案包　　　三大原因

1. 能源与资源行业群

2. 离散制造行业群

3. 消费者行业群

4. 金融服务行业群

5. 公共服务行业群

6. 服务行业群

1. 分摊开发和维护平台的巨大费用（2017年，28%的员工从事研发，研发费用占总收入14%）

2. 有利于提高软件的产品化程度（软件行业中大量的失败案例来自于项目型软件无法产品化）

3. 将选择权尽可能交给客户（行业变化、跨行业经营，或借鉴其他行业的流程，正变得十分常见）

图 1　SAP 坚持采用"平台 + 行业"的软件开发理念

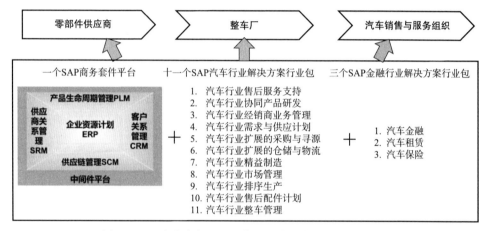

图 2　SAP 在汽车行业里的传统解决方案（2010 年以前）

进入数字化时代，各个行业都在发生巨大的变化。同样以汽车行业为例，在汽车的网联化、电动化、无人驾驶化和共享化趋势的推动下，一方面，汽车行业传统的价值链正在不断延展，大大超出了 SAP 之前的 14 个行业解决方案包的范围；而另一方面，在价值链的每一个环节都引入了物联网和大数据的技术要求，也超出了传统 SAP 商务套件的领域。

如图 3 所示，在汽车行业价值链的横向角度，对于整车厂来说，今天面向制造的汽车行业价值链既在向移动出行社会延展——如丰田的 Ha:mo 试验，对整个城市的交通资源进行统一的规划、调度和共享；更在向面向移动的生活工作空间进一步延展——如丰田在 2018 年提出的 E-Palette 概念车描绘的那样，可为每一位终端用户提供移动的生活和工作空间。每一步扩展都不断地在将汽车行业的价值链向客户拉近。仅仅满足于服务目前的价值链，对于 SAP 来说是远远不够的。

面向制造的传统的汽车行业价值链 维修，召回

面向移动出行社会的汽车行业价值链 移动出行社会 Ha:mo试验

面向移动的生活工作空间的汽车行业价值链 移动的生活工作空间 E-Palette概念车

图 3　汽车行业价值链的横向扩展

如图 4 所示，在汽车行业价值链的纵向角度，也同样发生了巨大的变化。随着物联网技术的引入，在端到端价值链的各个环节，都引入了物联网以及物联网带来的大数据和人工智能的应用。位于这个堆栈最上层的业务应用，不仅需要向设备层延展，进入物联网的边缘层，同时还要向云端迁移。总而言之，以汽车行业为例，无论是横向的延伸和纵向的扩展，传统的 SAP 解决方案都难以满足新的需求。

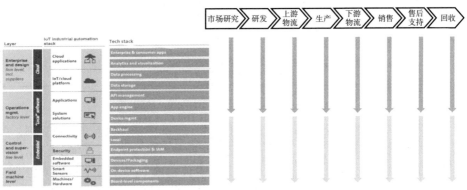

来源：大众汽车

图 4　汽车行业价值链的纵向扩展

面对巨大的开发需求，SAP 传统的开发手段也需要加以改进和优化。一直以来，SAP 将面对客户的 IT 系统交付分为四个层次——由下至上依次是 SAP 核心产品、SAP 行业解决方案、行业最佳实践和项目实施，它们很好地解决了项目实施个性化和商品化软件共性化之间的矛盾。

通过众多的项目实施，以及基于实施伙伴建立起来的生态系统，SAP 不断提炼出新的产品需求和有共性的实施方法，并将其放到行业最佳实践中。与此同时，根据产品开发路线，SAP 有计划地将成熟的最佳业务实践纳入其行业解决方案或核心产品中，并根据多个行业解决方案的兼容和互补，有计划地将行业解决方案的内容纳入产品内核中。

应该说，在业务流程相对稳定、有大量的行业领先客户按照类似的项目范围进行实施的年代，这样的开发方式是行之有效的。客户也非常熟悉这种以最佳业务实践为入口的实施方式。借助 SAP，广大企业以较低的成本，学习和复制了被 SAP 融入行业最佳实践、行业解决方案和核心产品中的管理精髓——这是一种"你教我学"的模式（如图 5 所示）。

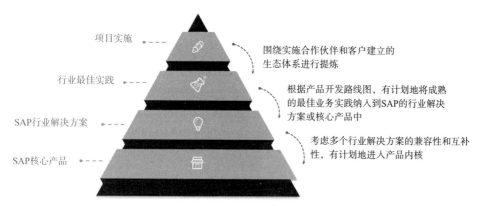

图 5　传统的 SAP 开发手段，是不断提炼最佳业务实践并融入行业解决方案

但是在数字化技术、客户产品和商业模式快速发展的今天，转型的急迫性和客户需求的个性化程度都较之以往大大提高，难以在短时间内将最佳业务实践沉淀下来。而随着软件在各个行业重要地位的提升，整个市场的供需关系开始发生深刻的变化。

同样以汽车行业为例，一般来说，整车厂在软件及其相关服务的支出可以分为 IT 支出和汽车产品的软件成本两个部分。如图 6 所示，在 2000 年前后，前者一般占其总收入的 2%，而 D 级车（可以理解为豪华车）的软件成本仅占汽车总成本的不到 3%。随着汽车产品中软件比例的不断提高，后者以线性速度不断增加。而前者在过去的 10 多年里随着 IT 整合和云计算的出现，出现了短暂的下降。但是随着前文中所述汽车行业价值链的横向和纵向扩展，未来将会呈现大幅度的增长，使得软件总成本在整车厂的总收入中所占的比例有可能达到 5% 甚至 10% 以上，这将极大地改变目前整车厂对软件的采购策略。正如大众汽车所说的，未来的汽车就是"轮子上的软件服务"。整车厂必须要以战略采购的策略对待软件采购，而整车厂与软件公司之间的合作方式将向共同创新的方向发展。

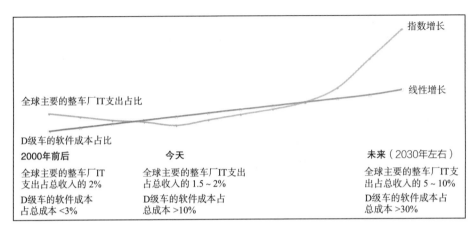

图 6　软件在汽车产品和汽车运营上的成本将急剧上升

如图 7 所示是 SAP 与全球 500 强排名第 29 位的能源企业 E.ON 的新型软件合作模式。E.ON 同样面临着电力市场的激烈竞争和能源互联网技术带来的巨大商机和挑战。双方通过共建"创新工厂"（Innovation Factory），在意愿和能力相匹配的基础上建立新型的业务和 IT 协作模式，采用敏捷参与的开发方法帮助 E.ON 重新构造业务模式、业务流程和工作方式。这种新型的软件合作模式将会是企业迈向数字化转型征途的前进方向。

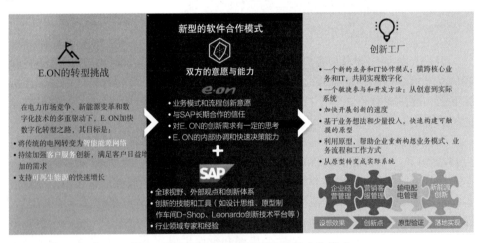

图 7　数字化时代需要新型的软件合作模式

希望有更多的企业客户意识到这场企业应用软件产业的革命性变化，并加入到共同创新的行列中来。这是工业互联网真正的主战场。

彭俊松

2018 年 10 月 11 日于上海

缩　写　表

缩写	英文	中文
AA	Asset Accounting	资产会计
AI	Artificial Intelligence	人工智能
AIN	Asset Intelligence Network	资产智能网络
AR	Augmented Reality	增强现实
C4C	Cloud for Customer	客户云
CPQ	Configure-Price- Quote	配置－定价－报价
BOM	Bill of Material	物料清单
BOT	Build-Operate-Transfer	建设－经营－转让模式
BPR	Business Proces Regineering	业务流程再造
CAD	Computer-Aided Design	计算机辅助设计
CBM	Condition-based Maintenance	基于状态的维修
CRM	Customer Relationship Management	客户关系管理
CPS	Cyber-Physical System	信息物理系统
CPPS	Cyber Physical Production System	信息物理生产系统
CRP	Capacity Requirement Planning	能力需求计划
DAI	Distributed Artificial Intelligence	分布式人工智能
DBM	Dealer Business Management	经销商业务管理
DDC	Direct Digit Control	直接数字控制
DL	Deep Learning	深度学习
DMS	Dealer Management System	经销商管理系统
DTC	Diagnostic Trouble Code	诊断故障码
DTS	Driverless Transportation System	无人驾驶运输系统
EAM	Enterprise Asset Management	企业资产管理
EMD	Earth-Mover Distance	堆土移动距离
ERP	Enterprise Resource Planning	企业资源计划
EVA	Economic Value Added	经济附加值
FRP	Finance Requirement Planning	资金需求计划
GPS	Global Positioning System	全球定位系统
GPU	Graphic Processing Unit	图形处理器
HANA	High-Performance Analytic Appliance	高性能分析应用软件
IaaS	Infrastructure as a Service	基础设施即服务
ICT	Information and Communication Technology	信息和通信技术
IIC	Industrial Internet Consortium	工业互联网联盟
IoT	Internet of Things	物联网
IMS	Importor Management System	进口商管理系统

（续）

缩写	英文	中文
INCOSE	International Council on System Engineering	国际系统工程学会
IPSS	Industrial Product-Service System	工业产品服务系统
ISA	International Society of Automation	国际自动化学会
IT	Information Technology	信息技术
LBN	Logistics Business Network	物流业务网络
LoB	Line of Business	业务部门
MaaS	Mobility as a Service	出行即服务
MAR	Multivariate Auto Regression	多元自回归
MBSE	Model-Based System Engineering	基于模型的系统工程
MES	Manufacturing Execution System	制造执行系统
ML	Machine Learning	机器学习
MPS	Master Production Schedule	物料主计划
MRP	Material Requirement Planning	物料需求计划
OBA	Open Box Audit	开箱检查
OBD	On-Board Diagnostic	车载自动诊断系统
OIF	Open Integrated Factory	开放式集成工厂
OMG	Object Management Group	对象管理组织
OPC	OLE for Process Control	用于过程控制的 OLE
OT	Operation Technology	运营技术
OTD	Order-to-Delivery	订单到交付
PA	Predictive Analytics	预测分析
PaaS	Platform as a Service	平台即服务
PCA	Principal Components Analysis	主成分分析
PdMS	Predictive Maintenance & Service	预测性维护与服务
PLC	Programmable Logic Controller	可编程逻辑控制器
PLM	Product Lifecycle Management	产品生命周期管理
PSS	Product-Service System	产品服务系统
RAMI 4.0	Reference Architectural Model Industry 4.0	参考架构模型工业 4.0
SaaA	Software as an Asset	软件作为资产
SaaS	Software as a Service	软件即服务
SRM	Supplier Relationship Management	供应商关系管理
SCADA	Supervisory Control And Data Acquisition	数据采集与监视控制
SCM	Supply Chain Management	供应链管理
SCP	SAP Cloud Platform	SAP 云平台
SLA	Service Level Agreement	服务水平协议
TBSE	Text-Based Systems Engineering	基于文本的系统工程
VI	Vehicle Insight	车辆洞察
VE	Visual Enterprise	可视化企业
VMS	Vehicle Management System	整车管理系统

参 考 文 献

[1] Kagermann H. Recommendations for implementing the strategic initiative Industrie 4.0[R]. Final report of the Industrie 4.0 Working Group，2013.

[2] McKinsey.Performance and disruption – A perspective on the automotive supplier landscape and major technology trends[R].2016.

[3] 彭俊松 . 多 Agent 协同求解模型的理论研究及其在分布式 CAIP 系统中的实践 [D]. 西安：西安交通大学，1997.

[4] 彭俊松 . 汽车行业供应链战略、管理与信息系统 [M]. 北京：电子工业出版社，2006.

[5] 彭俊松 . 汽车行业整车订单交付系统——建立需求驱动的汽车供应网络 [M]. 北京：电子工业出版社，2009.

[6] 彭俊松 . 工业 4.0 驱动下的制造业数字化转型 [M]. 北京：机械工业出版社，2016.

[7] 3D Opportunity and the Digital Thread[D]. Deloitte University Press，2016.

[8] ACATECH.Cyber-Physical System – Driving force for innovation in mobility, health, energy and production[M]. Springer Vieweg，2011.

[9] RolandBerger.Trends for the Global Auto Supplier Industry[EB/OL] . http://www.docin.com/p-1869690808.html.2014.

[10] Michael Rüßmann，Markus Lorenz，Philipp Gerbert，et al. BCG: Industry 4.0 – The future of Producticity and Growth in Manufacturing Industries[EB/OL]. http://blog.sina.cn/dpool/blog/s/blog_14ecbcfe70102wlyf.html.2015.

[11] McKinsey Global Institute Automotive Revolution – Perspective Towards 2030[EB/OL]. http://www.environmentportal.in/content/425264/automotive-revolution-perspective-towards-2030/.2016.

[12] Caterpillar .Connecting Channels to Create CAT Moments for Customers[Z]. 2013.

[13] Thomas Bauernhansl.Automotive Industry without Conveyer Belt and Cycle – Research Campus ARENA2036[EB/OL].https://link.springer.com/chapter/10.1007/978-3-658-08844-6_79?no-access=true .

[14] Kevin Prendeville，Ajay Chavali . Faster, fitter, better: Why Product Innovation is Going Digital[EB/OL].https://www.accenture.com/us-en/insight-outlook-faster-fitter-better-why-product-development-must-go-digital.Accenture.

[15] Michael Grieves. Digital Twins: Manufacturing Excellence through Virtual Factory Replication[EB/OL].http://innovate.fit.edu/plm/documents/doc_mgr/912/1411.0_Digital_Twin_White_Paper_Dr_Grieves.pdf.2014.

[16] C K M Lee，Yi Cao ，Kam Hung Ng . Big Data Analytics for Predictive Maintenance

Strategies[EB/OL].https://www.researchgate.net/publication/312004126_Big_Data_Analytics_for_Predictive_Maintenance_Strategies.

[17]　Reinhard Geissbauer，Jens Wunderlin，Jorge Lehr . The Future of Spare Parts is 3D：A look at the challenges and opportunities of 3D printing[EB/OL].https://www.strategyand.pwc.com/report/future-spare-parts-3d.2017.

[18]　Mary Mesaglio. Matthew Hotle：Pace-Layered Application Strategy and IT Organizational Design: How to Structure the Application Team for Success [EB/OL].https://www.gartner.com/doc/3297020?ref=AnalystProfile&srcId=1-4554397745.

[19]　工业互联网联盟 (Industrial Internet Consortium, IIC)[EB/OL].https://www.iiconsortium.org/.

[20]　INDUSTRY 4.0 STANDARDS[EB/OL].http://i40.semantic-interoperability.org/.

[21]　对象管理组织 (Object Management Group) [EB/OL].https://www.omg.org/.

[22]　SAP 官方网站 [EB/OL].https://www.sap.com.